Jürgen Handke

Sprachverarbeitung mit LISP und PROLOG auf dem PC

Programmieren von Mikrocomputern

Die Bände dieser Reihe geben den Benutzern von Heimcomputern, Hobbycomputern bzw. Personalcomputern über die Betriebsanleitung hinaus zusätzliche Anwendungshilfen. Der Leser findet wertvolle Informationen und Hinweise mit Beispielen zur optimalen Ausnutzung seines Gerätes, besonders auch im Hinblick auf die Entwicklung eigener Programme.

Bisher erschienene Bände

Band 1 Einführung in BASIC
von W. Schneider

Band 3 BASIC für Fortgeschrittene
von W. Schneider

Band 4 Einführung in Pascal
von W. Schneider

Band 6 BASIC-Programmierbuch zu den grundlegenden Ablaufstrukturen der Datenverarbeitung
von E. Kaier

Band 7 Lehr- und Übungsbuch für Commodore-Volkscomputer
von G. Oetzmann

Band 9 Einführung in die Anwendung des Betriebssystems CP/M
von W. Schneider

Band 10 Datenstrukturen in Pascal und BASIC
von D. Herrmann

Band 11 Programmierprinzipien in BASIC und Pascal
von D. Herrmann

Band 13 Strukturiertes Programmieren in BASIC
von W. Schneider

Band 14 Logo-Programmierkurs für Commodore 64 Logo und Terrapin Logo (Apple II)
von B. Schuppar

Band 15 Entwerfen von Programmen (Commodore 64)
von G. Oetzmann

Band 16 Einführung in die Anwendung des Betriebssystems MS-DOS
von W. Schneider

Band 17 Einführung in die Anwendung des UCSD p-Systems
von K. Buckner / M. J. Cookson / A. I. Hinxman / A. Tate

Band 18 Mikrocomputer-COBOL
von W. Kähler

Band 19 Fortgeschrittene Programmiertechniken in Turbo Pascal
von E. Hering und K. Scheurer

Band 20 Einführung in die Anwendung des Betriebssystems Apple DOS (Apple II)
von H. R. Behrendt und H. Junghans

Band 22 Einführung in Turbo Pascal unter CP/M 80
von G. Harbeck

Band 23 Pascal mit der Turtle
von K. und K. H. Beelich

Band 24 Programmieren mit UNIX
von G. Martin und M. Trostmann

Band 25 Murmeltierwelt und Pascal
von H. Pinke

Band 27 Sprachverarbeitung mit LISP und Prolog auf dem PC
von J. Handke

Programmieren von Mikrocomputern Band 27

Jürgen Handke

Sprachverarbeitung

mit LISP und PROLOG auf dem PC

Springer Fachmedien Wiesbaden GmbH

ISBN 978-3-528-04570-8   ISBN 978-3-322-89424-3 (eBook)
DOI 10.1007/978-3-322-89424-3

Vorwort

Die folgenden Motivationen haben zu dem vorliegenden Buch geführt:

Da ist zunächst einmal die eigene Unzufriedenheit mit derzeit verfügbaren Büchern, die sich mit der gleichen oder ähnlicher Materie befassen. Sowohl theoretische Abhandlungen über das Thema ‚Künstliche Intelligenz', Einführungen in moderne Programmiertechniken oder den Umgang mit Computersystemen scheinen sich heutzutage fast ausschließlich an Mathematiker, Physiker oder Informatiker zu wenden, an potentielle Computerbenutzer also, die mit vielen Aspekten der Materie bereits vertraut sind. Dies mußte ich beim Studium von Programmiersprachen wie LISP oder PROLOG schnell erkennen. Entnervt von mathematischen Problemen wie etwa dem Errechnen der Fakultät natürlicher Zahlen oder allgemeinen Problemlösungsverfahren wie etwa dem Turm von Hanoi dachte ich so manchmal daran, das Studium der jeweiligen Programmierhandbücher aufzugeben. Dabei wollte ich mich doch als Linguist mit den Problemen der natürlichen Sprache auseinandersetzen und nicht etwa mit dem Lösen algebraischer Probleme. Das allerdings, so wurde mir bald klar, war nicht vorgesehen.

Also machte ich mich selbst ans Werk. Über das Studium der elektronischen Datenverarbeitung allgemein, ersten Schritten mit einem Betriebssystem, dem Verstehen des Zusammenwirkens der Komponenten eines Computersystems bis hin zum Erlernen der Programmiersprachen BASIC, LISP und PROLOG gelang es mir, mich in die Geheimnisse moderner Computertechnologie einzuarbeiten. Schon bald wurde mir die Relevanz der Informationsverarbeitung auf einem Computer für mein Hauptarbeitsgebiet, die Linguistik, klar. Geht es doch heute der modernen Linguistik u. a. darum, die Regeln der natürlichen Sprache auf Computersystemen zu implementieren.

Was folgte lag auf der Hand: In meinen Lehrveranstaltungen nahm das Thema ‚Künstliche Intelligenz' einen breiten Raum ein. Neben theoretischen Themen waren nun auch praktische Übungen an der Tagesordnung. In Ermangelung adäquater Lehrbücher mußten wir allerdings eigene Wege gehen. Diese Wege sind im vorliegenden Buch ausgeführt.

Zum zweiten wird vielfach die neue Forschungsrichtung ‚Künstliche Intelligenz' mit der Beschäftigung mit Expertensystemen gleichgesetzt. Zwar spielen Expertensysteme in diesem Zusammenhang eine wichtige Rolle. Dennoch gibt es einen großen Bereich innerhalb der Künstlichen Intelligenz, der sowohl in Einführungsbüchern in die Künstliche Intelligenz als auch in den relevanten Programmierhandbüchern vielfach unerwähnt bleibt: Der Bereich der maschinellen Sprachverarbeitung. Bisher war dieser Bereich ausgesprochenen Experten vorbehalten: Da die Sprachwissenschaftler vielfach im Umgang mit Computern nicht vertraut waren und Programmierexperten die Komplexität natürlicher Sprache oft nur ungenügend bekannt war, gab es nur einen kleinen, exklusiven Kreis von Wissenschaftlern, dem dieser Themenkomplex vorbehalten war. Das vorliegende Buch versucht diese Diskrepanz, wenigstens zu einem Teil, zu beheben. Anhand natürlichsprachlicher Probleme wird die Programmiersprache LISP eingeführt, dem Leser werden

die wichtigsten Programmiermethoden der Verarbeitung grundlegender Strukturen natürlicher Sprache erläutert. Auf der Basis des bis dahin erarbeiteten Wissens wird ein aus-
führlicher Vergleich zwischen LISP und der zweiten Programmiersprache der Künstlichen
Intelligenz, PROLOG gezogen. Auch PROLOG wird dabei auf der Basis linguistischer
Probleme vorgestellt. Sowohl für Linguisten als auch für Informatiker dürfte dies höchst
interessant sein.

Das Buch wendet sich daher primär an all jene, die an den Problemen der natürlichen
Sprache und deren Umsetzung in Computerprogramme, geschrieben in den jeweils relevanten Programmiersprachen, interessiert sind. Darüberhinaus werden auch in der Linguistik unerfahrene Leser eine Reihe interessanter Fragestellungen und Probleme sowie
deren Beantwortung finden. Da viele Leser aus diesem Personenkreis in Bezug auf Computertechnologie oft völlig unbedarft sind, geht dem Kernthema eine allgemeine Einführung in die Computertechnologie und den Umgang mit Computern voran. Darüberhinaus hat die Erfahrung gezeigt, daß der hier angesprochene Personenkreis, wenn überhaupt, dann Erfahrungen auf dem Gebiet der Heimcomputer hat. Das schließt meistens
die Kenntnis der Programmiersprache BASIC ein. Daher werden im Programmierteil
dieses Buches gelegentlich Parallelen zu BASIC gezogen.

Insgesamt also ist das vorliegende Buch als eine Einführung in den Umgang mit den Programmiersprachen der Künstlichen Intelligenz am Beispiel sprachverarbeitender Probleme
gedacht, wobei Kenntnisse im Bereich der Informatik oder der Mathematik nicht nötig
sind.

Zu danken habe ich den Studenten der Universität Wuppertal, die neben theoretischen
KI-Lehrveranstaltungen viel Zeit mit mir im Computerraum verbracht haben und meine
Vorschläge in die Tat umgesetzt aber auch häufig kritisiert und modifiziert haben. Besonders danke ich denjenigen Studenten, die Teile dieses Buches gelesen, am Computer
erprobt und viel nützliche Kommentare abgegeben haben.

Darüberhinaus danke ich meinen Kolleginnen Anette Kahre und Gisa Rauh, die beim
Vorablesen dieses Buches mit konstruktiver Kritik nicht gespart und zahlreiche nützliche Hinweise gegeben haben. Schließlich habe ich Christine Bentlage zu danken, die mit
ihren vortrefflichen Graphiken die oft abstrakten Probleme anschaulich illustriert hat.
Daß sie dabei die Programmiersprachen LISP und PROLOG noch besser kennengelernt
hat, ist ein nützlicher Nebeneffekt. Für Fehler und Unzulänglichkeiten, die dieses Buch
trotz aller hilfreichen Kommentare enthält, bin ich allerdings allein verantwortlich.

Wuppertal, Juni 1987   *Jürgen Handke*

Der Umgang mit dem Buch

Je nach Art der Vorkenntnisse sollte man dieses Buch auf unterschiedliche Art und Weise handhaben:

Dem Kernthema des Buches, dem Umgang mit den Programmiersprachen LISP und PROLOG auf der Basis natürlichsprachlicher Fragestellungen, geht eine kurze Einführung in die Geschichte der Künstlichen Intelligenz sowie ein Überblick über die höheren Programmiersprachen voraus. Dem mit diesem Themenkatalog nicht vertrauten Leser wird empfohlen, diese Einführung (Kapitel 1 bis 3) zu bearbeiten und ggf. ein allgemeines in die EDV einführendes Handbuch zusätzlich zu Rate zu ziehen.

Der mit allgemeinen EDV-Kenntnissen ausgestattete Personenkreis kann direkt in Kapitel 4 einsteigen, um sich mit LISP und natürlichsprachlichen Problemen vertraut zu machen. Allerdings sind eine Reihe natürlichsprachlicher Phänomene in Kapitel 1 bereits erwähnt, so daß auch dieses Kapitel von Nutzen sein kann.

Da in Kapitel 5 PROLOG auf der Basis der im Umgang mit LISP erworbenen Kenntnissse vorgestellt wird, sollte man dieses Kapitel in jedem Fall nach den vorangegangenen Kapiteln bearbeiten.

Bezüglich der zahlreichen Programmierbeispiele und Aufgaben wird empfohlen, diese auf den Mikrocomputer umzusetzen bzw. die Aufgaben zu lösen.

Alle Programme wurden auf einem IBM PC bzw. IBM AT programmiert und auf Lauffähigkeit überprüft.

Inhaltsverzeichnis

Vorwort V

Der Umgang mit dem Buch VII

Inhaltsverzeichnis IX

Tabellen und Graphiken XII

1 Die Geschichte der Künstlichen Intelligenz 1

   1.1 Zahlensysteme und Zählen 3
   1.2 Von Babbage bis zum ENIAC 5
   1.3 Von Generation zu Generation 7
   1.4 Von der Rechenmaschine zur Künstlichen Intelligenz ... 8
   1.5 KI-Anwendungen (allgemein) 12
   1.6 Natürlichsprachliche Systeme 15
   1.7 Zusammenfassung 21
   1.8 Literaturhinweise zu Kapitel 1 22

2 Computersysteme und Datendarstellung 25

   2.1 Die Komponenten eines Computers 27
      2.1.1 Die Zentraleinheit 27
      2.1.2 Die Peripherie 30
   2.2 Die Darstellung von Daten im Computer 33
   2.3 Maschinen-orientierte Programmiersprachen 33
   2.4 Höhere Programmiersprachen 34
      2.4.1 Typen höherer Programmiersprachen 35
      2.4.2 Programmiersprachen der KI 37
   2.5 Zusammenfassung 42
   2.6 Literaturhinweise zu Kapitel 2 42

3 Die Bedienung des Computers 45

   3.1 Das Betriebssystem 47
   3.2 Betriebssysteme für den Personal Computer 48
   3.3 Der KI-taugliche Computer 48
   3.4 Programmierdisziplin 49
   3.5 Zusammenfassung 53
   3.6 Literaturhinweise zu Kapitel 3 53

4 LISP **55**

4.1   Die LISP-Familie 57
4.2   Datenstruktur und Dateneingabe 61
    4.2.1   Der LISP-Interpreter 61
    4.2.2   Die Struktur von Ausdrücken in LISP 62
    4.2.3   Die Auswertung von S-Ausdrücken 64
    4.2.4   Übungsaufgaben 67
4.3   Das Definieren und Manipulieren von Werten und Listen 68
    4.3.1   Wertzuweisung in LISP 68
    4.3.2   Listen-Selektoren 70
    4.3.3   Listen-Konstruktoren 74
    4.3.4   Zusammenfassung 79
    4.3.5   Übungsaufgaben 79
4.4   Die Flexibilität von LISP 81
    4.4.1   Einfache selbstdefinierte Funktionen 82
    4.4.2   Übertragungsaufgaben 85
4.5   Verzweigungen im Programm 86
    4.5.1   LISP Prädikate 86
    4.5.2   Logische Operatoren 92
    4.5.3   Das Treffen von Entscheidungen 97
    4.5.4   Zusammenfassung 104
    4.5.5   Übungsaufgaben 105
4.6   Datenein- und Ausgabe 107
    4.6.1   Das Lesen von Daten 107
    4.6.2   Die Ausgabe von Daten auf den Bildschirm 108
    4.6.3   Übungsaufgaben 111
4.7   Rekursion und Iteration 112
    4.7.1   Rekursion in natürlicher Sprache 112
    4.7.2   Rekursion in LISP 114
    4.7.3   Iteration in LISP 120
    4.7.4   Zusammenfassung 124
    4.7.5   Übungsaufgaben 124
4.8   Assoziations- und Eigenschaftslisten 125
    4.8.1   Assoziationen in Listen 125
    4.8.2   Eigenschaftslisten 127
    4.8.3   Zusammenfassung 130
    4.8.4   Übungsaufgaben 130
4.9   Das Zerlegen von Eingabewörtern 131
    4.9.1   String-Prozeduren in LISP 133
    4.9.2   Die morphologische Analyse von Verben 136
    4.9.3   Die Generierung von Wörtern 143
    4.9.4   Zusammenfassung 147
    4.9.5   Übungsaufgaben 147

4.10   Der Aufbau eines natürlichsprachlichen Systems 148
    4.10.1 Das Design eines Parsers 149
    4.10.2 Ein Parser in LISP 155
4.11   Weitere Hinweise 191
4.12   Lösung der Übungsaufgaben 193
4.13   Literaturhinweise zu Kapitel 4 206

5 PROLOG 209

5.1   Die PROLOG-Familie 211
5.2   Die Struktur von PROLOG 212
    5.2.1   Der IFPROLOG-Interpreter 213
    5.2.2   Die Struktur von PROLOG-Ausdrücken 214
5.3   Das Definieren einfacher Prädikate 215
5.4   Die Arbeitsweise von PROLOG 221
5.5   Listenverarbeitung in PROLOG 227
5.6   Datenein- und Datenausgabe 232
5.7   Das Erstellen umfangreicherer Programme 239
    5.7.1   Definite Clause Grammars 240
    5.7.2   Prozedurale Aspekte der PROLOG-Programmierung 249
5.8   Weitere Hinweise 252
5.9   Literaturhinweise zu Kapitel 5 253

6 Zusammenfassung 255

6.1   LISP oder PROLOG? 257
6.2   LISP in LISP 260
6.3   PROLOG in LISP 265
6.4   Die Problematik natürlichsprachlicher Verarbeitung auf dem
    Mikrocomputer 269
6.5   Abschlußbemerkung 271

7 Anhänge 273

7.1   Anhang A 275
    – Operationen im Dualsystem 275
    – der ASCII-Code 278
    – das Rechnen mit Binärzahlen 281
    – weitere gebräuchliche Zahlensysteme 283
7.2   Anhang B 285
    – logische Schaltungen 285
7.3   Anhang C 288
    – das Arbeiten mit Editierungsprogrammen 288

Literaturverzeichnis 291

Sachwortverzeichnis 296

Tabellen und Graphiken

Fig. 1 Computertechnologie und KI-Forschung 22
Fig. 2 Der Aufbau der CPU 30
Fig. 3 Die Komponenten eines Computers 33
Fig. 4 Maschinencode und Dualcode 34
Fig. 5 Algebraische höhere Programmiersprachen 36
Fig. 6 Kommerziell-orientierte höhere Programmiersprachen 36
Fig. 7 Vielzwecksprachen 37
Fig. 8 Programmiersprachen der KI 37
Fig. 9 Die Pointer-Technik in Listenverarbeitung 38
Fig. 10 Die Entwicklung der bekanntesten höheren Programmiersprachen 42
Fig. 11 Die gängigsten Betriebssysteme für PCs 48
Fig. 12 Flußdiagramm des Programms Ernst-Wort-Analyse 51
Fig. 13 Die grundlegenden Symbole im Flußdiagramm 52
Fig. 14 Eine einfache Entscheidungstabelle eines erweiterten Erst-Wort-Analyse-
Programms 52
Fig. 15 Die LISP-Familie 58
Fig. 16 Die Datenstruktur in LISP 63
Fig. 17 Wahrheitstabelle für Verknüpfungen mit UND 93
Fig. 18 Wahrheitstabelle für Verknüpfungen mit ODER 94
Fig. 19 Flußdiagramm der Funktion SATZ-TYP 100
Fig. 20 Eine einfache NP dargestellt in einem Übergangsnetzwerk 116
Fig. 21 Parsing Beispiel 1 184
Fig. 22 Parsing Beispiel 2 185
Fig. 23 Parsing Beispiel 3 185
Fig. 24a Das Übergangsnetzwerk des LISP-Parsers 187
Fig. 24b Kantenbedingungen und Aktionen im Übergangsnetz 188
Fig. 25 Übergänge und LISP-Funktionen beim Parsen 189
Fig. 26 Die Datenstruktur in PROLOG 215
Fig. 27 Syntaxunterschiede LISP/PROLOG 259
Fig. 28 Das Schema des Dezimalsystems 276
Fig. 29 Das Schema des Dualsystems 276
Fig. 30 Das höchste 8-bit-Muster 277
Fig. 31 Der ASCII-Code 280
Fig. 32 Unterschiedliche Zahlensysteme 284
Fig. 33 Logische Schaltelemente und ihre graphische Darstellung 285
Fig. 34 Logische Schaltelemente im Verbund 286
Fig. 35 Wertetabelle für einen einfachen Halbaddierer 286
Fig. 36 Editoraufruf 288
Fig. 37 Dateierstellung 288
Fig. 38 Dateispeicherung 289
Fig. 39 Verlassen des Editors 289
Fig. 40 Dateiladen 289
Fig. 41 LISP-Debugging 290

1 Die Geschichte der Künstlichen Intelligenz

- Zahlensysteme und Zählen
- Von Babbage bis zum ENIAC
- Von Generation zu Generation
- Von der Rechenmaschine zur Künstlichen Intelligenz
- KI-Anwendungen (allgemein)
- Zusammenfassung
- Literaturhinweise

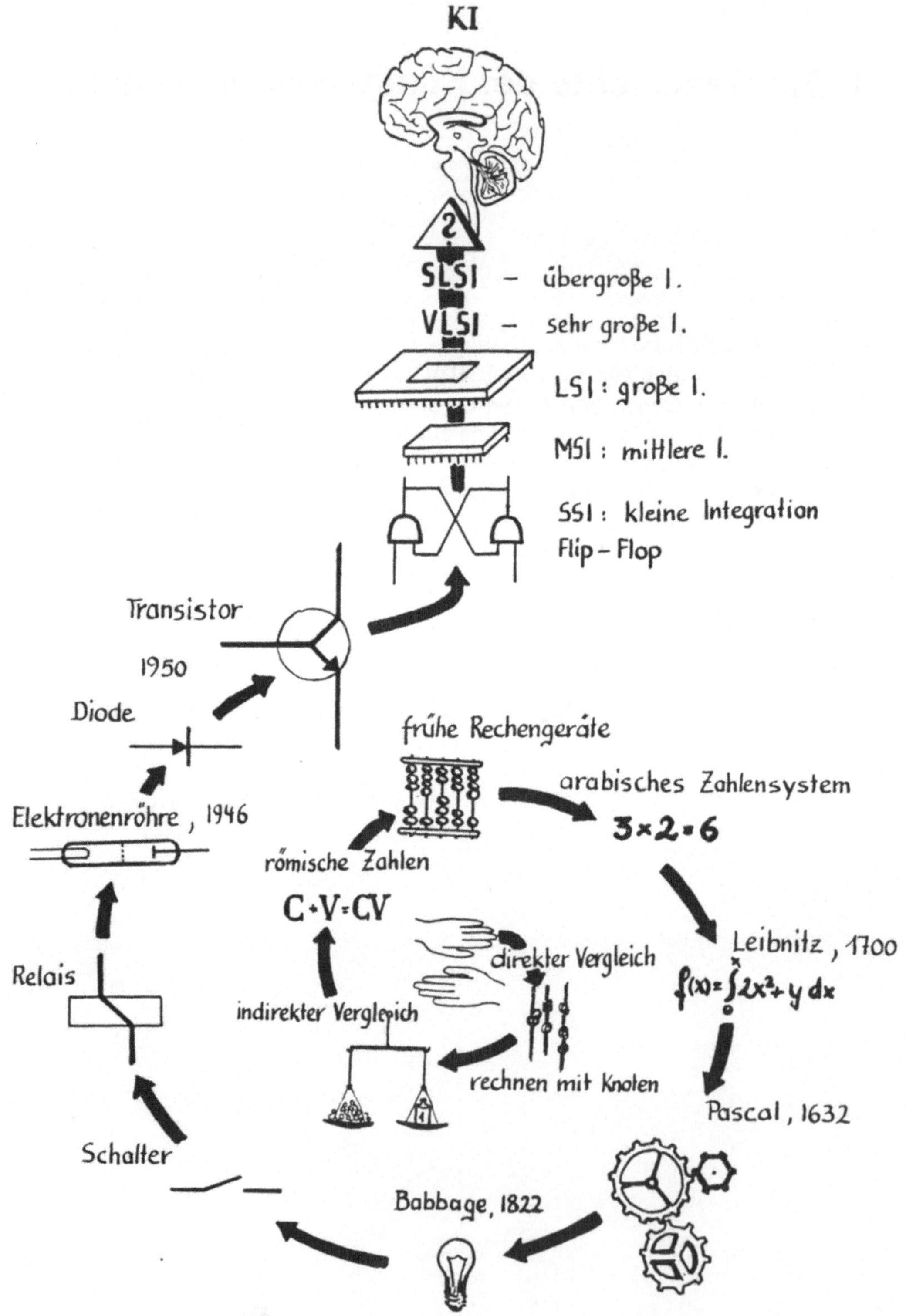

KI
SLSI – übergroße I.
VLSI – sehr große I.
LSI : große I.
MSI : mittlere I.
SSI : kleine Integration
Flip – Flop
Transistor
1950
Diode
frühe Rechengeräte
arabisches Zahlensystem
3×2=6
Elektronenröhre , 1946
römische Zahlen
C+V=CV
direkter Vergleich
Leibnitz , 1700
$f(x) = \int_0^x 2x^2 + y\, dx$
indirekter Vergleich
Relais
rechnen mit Knoten
Pascal , 1632
Schalter
Babbage, 1822

1. Die Geschichte der Künstlichen Intelligenz (KI)

"Der Weg von den frühesten Rechenapparaten wie dem
Abacus bis hin zur heutigen fünften Generation von
modernen Computersystemen und Programmen ist bedeckt
mit Geschichten fehlgeleiteter Erfindungen und zer-
platzter Träume."[1]

"Man kann die Entstehung der AI <Artificial Intelli-
gence> auf den Augenblick ansetzen, an dem mechanische Verrichtungen Aufgaben übernahmen, die bisher
nur der menschliche Geist zu bewältigen vermochte."[2]

Um die große Bedeutung heutiger Computersysteme und der damit
verbundenen Schlagwörter wie z.B. Künstliche Intelligenz,
Mikrochip-Technologie etc. zu verstehen, erscheint es sinnvoll, einen Blick in die Geschichte der Computerentwicklung
zu werfen. Es liegt auf der Hand, daß nicht alle Details,
alle Namen und alle geschichtsträchtigen Daten erwähnt werden
können, obwohl so mancher Forschungsbeitrag für die Gesamt-
entwicklung sich als sehr notwendig erwiesen hat.

1.1 Zahlensysteme und Zählen

Ein Anfangsdatum für die Entwicklung der KI-Forschung zu setzen, ist etwa so schwierig, wie einen exakten Zeitpunkt für
das erste Auftreten natürlicher Sprache bestimmen zu wollen.

Schon sehr früh in der Geschichte der Menschheit hat man sich
geeigneter Geräte bedient, um körperliche Arbeiten durchzuführen oder sich diese zumindest zu erleichtern. Vielleicht
hat man sich daher analog die Frage gestellt, ob man mit geistigen Tätigkeiten nicht ähnlich verfahren könne. So verdan-
ken auch Computer (engl. to compute = rechnen) als Werkzeuge
der KI ihre Existenz diesen Überlegungen. Die menschliche Fähigkeit, zu zählen, Schlußfolgerungen zu ziehen oder Rechen-
prozesse zu erledigen, sind solche geistigen Aktivitäten, für
die sich eine Automatisierung, also eine Arbeitserleichterung
anbietet. So gehen Computer auf eine lange Tradition zurück.
Bevor es nämlich Computer gab, gab es Addiermaschinen, vor
den Addiermaschinen gab es Zählapparate und vor all diesen
Apparaturen gab es die Kenntnis, Mengen zu definieren. Weit
in die Frühgeschichte des Menschen hinein und nur zu einem
verschwindend geringen Teil wissenschaftlich erschließbar
geht die jahrtausende alte Tradition des Zählens zurück.
Durch die Fähigkeit, Zählergebnisse durch Symbole schriftlich
festhalten zu können, entstanden im 2. Jahrtausend v. Chr.
erste Schriftsysteme. Das eröffnete ein breites Spektrum
neuer Möglichkeiten. So wurden nicht nur Zahlen notiert, Ge-

---

[1]Aus dem Englischen übertragen. Originalzitat siehe Ladd
(1986) Seite 21.

[2]Hofstadter, D. 1979. Gödel, Escher und Bach. Stuttgart:
Klett. Anm.: Das Wort **Geist** (engl. _mind_) wird im folgenden
als **Verstand** verwendet.

genstände aufgezählt oder Handelsergebnisse festgehalten, sondern man machte sich schon bald Gedanken über die Praktikabilität der verwendeten Zählsysteme. Die Entwicklung, die bald darauf eintrat, ist bekannt: Die hindu-arabische 'Positionswert'- Notation, bei der eine Ziffer in Abhängigkeit von ihrer Position in einer Zahl einen bestimmten Wert erhält, verdrängte das auf Symbolkombinatorik beruhende römische Zahlensystem. Als entscheidender Vorteil erwies sich die Möglichkeit, große Zahlenmengen schnell und leicht verarbeiten zu können. Heute gehören die numerischen Symbole des arabischen Dezimalsystems zum unabdingbaren Repertoire menschlicher Vernunft.

Schon frühzeitig gab es Wege, die Ergebnisse des Zählens und Rechnens festzuhalten. Die ersten 'Zählimpulsübertragungselemente', die vom Menschen genutzt wurden, waren die Finger, mit denen ja auch heute noch einfache arithmetische Operationen gelöst werden. Allerdings stößt man damit recht schnell an die eigenen Kapazitätsgrenzen. Über die frühesten Formen wie Einkerbungen in Zählhölzern oder Steinmarkierungen über Knotenmarkierungen in Seilen oder Pflanzenfasern bis hin zu Perlenzählgeräten hatten alle diese Werkzeuge und Hilfsmittel primär die Aufgabe, den Umgang mit Zahlen schneller, genauer und gesicherter zu machen. Natürlich fällt es uns heute schwer, diese Geräte als maschinenähnliche Instrumente zu betrachten, dennoch kann man sie als Vorläufer der später auftretenden Rechenautomaten sehen.

Ein solcher war der **Abacus** (griechisch: <u>abax</u> = <u>Tafel</u>). Er hat seinen Ursprung ca. 600 v.Chr. und wurde später u.a. in China (Suan Pan) ca. 1200 n.Chr. weiterentwickelt. Der Abacus war eine auf der Basis des Positionswertsystems der Dezimalzahlen beruhende Rechenmaschine, bei der kleine Gegenstände (Kugeln, Scheiben etc.) in Schlitzen oder auf Drähten das Ergebnis arithmetischer Operationen festhielten. Auch der Abacus stößt recht schnell an seine Grenzen. Anspruchsvollere arithmetische Operationen benötigen einen hohen Aufwand und eine gehörige Portion Geduld, bis die Kügelchen oder Perlen auf den Drähten hin und her geschoben sind. Deshalb wollte man schon bald die Zählimpulse automatisch übertragen. Als geeignetes Instrument dafür erwies sich das **Zahnrad**. Rechnungen konnten nun auf die Umdrehungen von Zahnrädern zurückgeführt werden. **W. Schickard** (1592 - 1635) baute eine erste auf Zahnrädern beruhende Rechenmaschine, die in der Lage war, die vier Grundrechenarten auszuführen. Zwar tauchten später weitere Rechenmaschinen auf, (**Pascal**, 1671; **Leibniz**, 1691), die z.T. sogar komplizierte Multiplikationen ausführen konnten, doch bedurfte es erst der Entwicklung des Dualsystems (ca. 1700, Leibniz), um den Weg für die moderne Computertechnologie zu ebnen.[3] Dieses auch binäre Zahlensystem genannte System wurde zur 'Sprache' des modernen Digitalcomputers, weil es nur zwei Ziffern kennt und somit elektronischen Schaltele-

---

[3] Der an mathematischen Fragestellungen weniger Interessierte Leser mag hier schlicht weiterlesen. Für Interessierte wird das Dualsystem im Anhang A näher erläutert.

menten, die ja auch nur zwei Zustände haben können, 'beige-
bracht' werden kann.

Übrigens hatte Leibniz mit seinen Vorstellungen vom Dualsystem weit weniger Erfolg als mit der Differential- und
Integralrechnung, die er unabhängig von Isaac Newtons System
aber in etwa zeitgleich damit entwickelte.

Gegen 1700 also war auf der mathematischen Seite der Grund-
stein für das digitale Verarbeiten von Information gelegt.
George Boole (1815 - 1864) schließlich war es, der einen weiteren wichtigen Schritt in Richtung moderne Informationsverarbeitung machte. Er stieß im Rahmen seiner mathematischen
Studien auf die Wörter und, oder und nicht. Logische Verknüpfungen nennt man das heute.[4] Und Booles System, das ihn von
einem kleinen Dorfschullehrer zum Universitätsprofessor kata-
pultierte, heißt nach seinem Entdecker heute 'Boolesche Algebra', doch mehr und mehr bürgert sich die Bezeichnung
'Schaltalgebra' ein. Heute nämlich ist das Boolesche System
zum unverzichtbaren Bestandteil der modernen Computertechnologie geworden.

Das Dualsystem und die Boolesche Algebra also waren es, die
der Computertechnologie heutiger Prägung das Fundament gaben.

1.2 Von Babbage bis zum ENIAC

Der wohl spektakulärste aber zugleich auch frustierendste
Schritt in Richtung moderner Computer wurde vom englischen
Mathematiker **Charles Babbage** (1792-1872) vollzogen. Für viele
Computertechnologen gilt Babbage heute als der Vater des di-
gitalen Computers. Ebenso wie Leibniz war Babbage frustriert
von den ständigen Routinerechnungen, die er durchzuführen
hatte. Daher entwarf er eine Maschine, die arithmetische Operationen durchführen konnte. Die erste Version seines Rechen-
apparates, die **Difference Engine** (1823) konnte schon bald die
wissenschaftliche Führungsschicht Großbritanniens in den Bann
ziehen. Durch den weitreichenden Einfluß seiner Förderin, der
Gräfin Ada Lovelace, deren Vorname bei der heutigen Computersprache **ADA** Pate stand, gelang es Babbage, an die für seine
Arbeit wichtige finanzielle Unterstützung zu gelangen. Nach
11 Jahren mühevoller Arbeit, in denen Babbage versuchte,
seine Reißbrettideen auf die Werkbank zu übertragen, ersetzte
er seine Difference Engine durch deren Weiterentwicklung, die
Analytical Engine. Dieses neue Modell stach die Difference
Engine in vielerlei Hinsicht aus: Im Gegensatz zu ihrer
Vorläuferin zeichnete sich die Analytical Engine durch genau
die Komponenten aus, die heute ein modernes Computersystem
kennzeichnen:

     - Eingabeeinheit
     - Ausgabeeinheit
     - Datenverarbeitungseinheit

---

[4]Die Funktionsweise logischer Verknüpfungen ist im Anhang B
   dargestellt.

Die Maschine von Babbage konnte somit die für eine arithmetische Operation notwendigen Schritte in Teilschritte zerlegen, die von der Maschine dann Schritt für Schritt abgearbeitet werden sollten.

Im Gegensatz zu seinen Vorgängern (Pascal, Leibniz) verließ sich Babbage nicht auf das rein mechanische Zusammenwirken der Bestandteile seiner Apparatur, sondern er wollte sie auch mit einem Antrieb versehen. Leider stand ihm nur die Dampfkraft zur Verfügung. Hätte Babbage die Grundprinzipien der Elektrizität gekannt, hätte er wahrscheinlich den ersten funktionstüchtigen Computer gebaut. So allerdings war er schlicht seiner Zeit voraus. In Ermangelung der technischen Möglichkeiten konnte es ihm nicht gelingen, seine Analytical Engine zu realisieren. Daher versiegte auch bald die finanzielle Unterstützung durch die öffentliche Hand. Babbage starb 1871 von Mißerfolgen entmutigt und nahezu mittellos.

Seit Babbage wurden immer neue Rechenapparate entwickelt. Manuell bedienbare Maschinen, welche die Grundrechenarten ausführen konnten, erlangten einen hohen Grad an Perfektion. Immer größer werdende Datenmengen, die in den großen Unternehmen des 19. Jahrhunderts anfielen, zwangen zum Einsatz derartiger Apparaturen. Doch nicht nur die mechanischen Rechenapparate selbst, sondern auch die Eingabemedien wurden verbessert. So entwickelte der Deutschamerikaner **Hermann Hollerith** auf der Basis der Ideen von Babbage die Lochkartenmaschine (1884). Mit den darauf erstellten Lochkarten konnten von nun an zeitraubende Sortier-, Tabellier- und auch arithmetische Vorgänge besser bearbeitet werden.

Trotz der ständig voranschreitenden technischen Entwicklung dauerte es bis in die 30er Jahre unseres Jahrhunderts, daß elekronische Rechenapparate gebaut wurden. Der deutsche Ingenieur **Konrad Zuse** war einer der ersten, der - anders als Leibniz und Babbage - nicht Zahnräder, sondern ausgediente Relais aus Fernsprechvermittlungen als Schaltelemente verwendete. Ebenso kopierte er die Boolesche Algebra in seine **Z3** (1941). Das geschah durch Hintereinanderpacken von Schaltelementen. Mit diesen Schaltelementen, heute nennt man sie **Gatter**, baute Zuse aus 600 Relais einen Rechner und aus weiteren 1400 Relais einen Speicher, in den Zahlen hineingeschrieben und herausgelesen werden konnten. Ihre Befehle bekam die Z3 durch vorgestanzte Kinofilmstreifen. Zwar war die Z3, die es auf 20 Additionen pro Sekunde brachte, programmgesteuert, doch war sie kein Computer im heutigen engeren Sinne. Die Relaisschalter nämlich mußten vor dem Programmablauf von Hand umgelegt werden und auch das Dualsystem war nicht im heutigen Sinne eingesetzt. Doch die Entwicklung in Richtung Digitalcomputer schritt unaufhaltsam voran.

Zusammen mit drei Ingenieuren der IBM entwickelte **Howard Aiken** 1944 die **MARK I**. Im Vergleich zur wohnzimmergroßen Z3 war die MARK I ein Gigant. Mit 15 Tonnen Gewicht, 15 Metern Länge und 2,40 Metern Höhe verbrauchte dieser Computerriese mehr als 800 km Verdrahtung, um die 3 Millionen in ihm vorhandenen Verbindungen herzustellen. Dafür konnte er aber

auch neben den vier Grundrechenarten Zwischenergebnisse
speichern und sie nach Bedarf wieder aus dem Speicher
abrufen. Ähnlich wie bei Zuses Z3 ratterten allerdings
unaufhörlich die Relaisschalter, auf deren Basis die logischen Schaltelemente aufgebaut waren.

Abgesehen von diesen noch sehr primitiven und auch schwerfäl-
ligen Schaltelementen waren nun alle Grundlagen für die Entwicklung hochleistungsfähiger Computer gelegt. Was noch
fehlte, war das elektronische Schaltelement, das die Relaisschalter ablösen sollte.

1.3 Von Generation zu Generation

Das Jahr 1943 sah den Anfang eines kühnen Projektes, das **John
von Neumann**, ein in Ungarn geborener und in Deutschland und
den USA tätiger Physiker leitete. Zusammen mit dem Physiker
John Mauchley und dem Elektroingenieur **J. Presper Eckert** und
einer Reihe von Mitarbeitern entwickelte er an der Universität von Pennsylvania das Ungetüm **ENIAC** (**E**lectronic **N**umerical
Integrator **and** **C**alculator). ENIAC, ein Rechner, der nach 32
Monaten Arbeit fertiggestellt wurde, bedeckte fast die Fläche
eines Tennisplatzes und enthielt mehr als 28000 Bauteile. Ursprünglich konzipiert, um im 2. Weltkrieg die komplizierten
Berechnungen für neue Waffen zu bewältigen, war der ENIAC
schon im Testlauf etwa 1000 mal schneller als der MARK I. Das
Neue an diesem Computer waren die viel schnelleren und ge-
räuschlosen elektronischen Vakuumröhren. Mehr als 18000 solcher Röhren bildeten das Herz dieses Giganten. Ferner umfaßte
von Neumanns Hardware-Konzept eine zentrale Prozessoreinheit
aus einem Rechen- und einem Steuerwerk und eine hierarchisch
gegliederte Einheit von Arbeits- und Hauptspeicher. Darüber
hinaus führte von Neumann zum ersten Mal das duale Rechnen
bei Computern ein.

Computer, die auf der Basis von Elektronenröhren operierten,
nennt man heute Computer der **1. Generation**.

Auf der anderen Seite des Atlantiks, in England, entwickelte
der Mathematiker **Alan Turing** mit **ENIGMA** eine Maschine mit be-
sonderer Mission: ENIGMA war ein Dekodiergerät, das die ver-
schlüsselten Botschaften Hitlers an seine Truppen aufdecken
sollte. Ebenso war Turing an den Maschinen **COLOSSUS** und **ACE**
(**A**utomatic **C**omputing **E**ngine) beteiligt, Apparaten, die zur
weiteren Entwicklung des modernen Digitalcomputers beitrugen.
Allgemein jedoch wird der ENIAC als erster elektronischer
Digitalcomputer der Welt betrachtet. Von Neumanns Grundlagen
und Ideen bezüglich der Komponenten eines Computers und der
Datenverarbeitung allgemein nämlich führten zu den revolu-
tionierenden Entwicklungen in der Computertechnologie seit
den 50er Jahren unseres Jahrhunderts.

Kaum ein Bauelement hat den Bereich der Elektronik so grundlegend verändert wie der **Transistor** (**Trans**fer Res**istor**), der
1948 erfunden wurde. Schon bald in den 50er Jahren lösten
Transistoren die voluminösen, leicht erhitzbaren und damit
anfälligen Vakuumröhren als Schaltelemente in Elektronenrech-

nern ab. Bereits 1958 tauchten die ersten Computer der neuen-
auf Transistoren basierenden **2. Generation** auf. Von nun an
überschlugen sich die Ereignisse im Bereich der
Hardwareentwicklung. Durch die Halbleitertechnologie gelang
es schon 1964 Computer der **3. Generation** zu bauen. Auf den
sogenannten **integrierten Schaltkreisen** (IC) gelang es, eine
große Anzahl von Schaltelementen (Transistoren) nebst anderen
Bauelementen (Dioden, Kondensatoren, Widerständen etc.) auf-
zudrucken und damit die Zentraleinheiten und die Speicher von
Computern weiter zu verkleinern, die sich entwickelnde Hitze
zu reduzieren und die Leiterbahnen zu verkürzen. Seit Mitte
der 70er Jahre existieren weiter verkleinerte Schaltelemente,
die sogenannten **Mikrochips**. Auf einer Grundfläche von nur wenigen Millimetern konnten bis zu 14000 Schaltelemente unter-
gebracht werden. Das bedeutete eine erhöhte Verarbeitungsgeschwindigkeit, eine Verkürzung der Leiterbahnen und Übertra-
gungswege, eine Verringerung der Störanfälligkeit und eine
extrem billige Herstellung. Diese Computer der **4. Generation**
haben heute als ihre Grundschaltelemente diese Mikrochips,
auch **Mikroprozessoren** genannt. Neben der Entwicklung der
zentralen Verarbeitungseinheiten blieb auch die Speichertech-
nologie nicht auf dem Stand Zuses oder der ENIAC stehen. Vom
Transistor über Magnettrommeln bis hin zum Magnetkernspeicher
ist eine rasante Entwicklung eingetreten.

Heute, im Jahre 1987, befinden wir uns im Zeitalter der 5.
Computergeneration. Technologisch läßt sich die 5. **Generation**
durch eine weitere Steigerung der Packungsdichte der Schaltelemente auf den Mikrochips charakterisieren. Auf der anderen
Seite wird z.Zt. an einer Verbesserung der Bedienerfreund-
lichkeit verbunden mit einer gesteigerten Intelligenz der
vorhandenen Rechner gearbeitet. Doch auch hier wird die Entwicklung nicht stehen bleiben. Neue Speicher- und Verarbei-
tungselemente zeichnen bereits heute den nahtlosen Übergang
zur 6. Computergeneration vor. Ob diese auf der Basis opti-
scher oder biochemischer Schaltelemente operieren wird, ist
gegenwärtig noch offen. Allerdings scheint die derzeitige La-
sertechnologie gegenüber der geplanten Verbindung Bio-
chemie/Elektronik etwas im Vorteil zu sein.

1.4 Von der Rechenmaschine zur Künstlichen Intelligenz

Bereits in den 30er Jahren unseres Jahrhunderts, also in den
Anfängen des modernen Computerzeitalters, machten sich einige
Wissenschaftler Gedanken über die Beziehung zwischen Computer
und menschlichem Gehirn. Hierbei stand die Frage nach der
möglichen Intelligenz der damals z.T. nur auf dem Papier existierenden Maschinen im Vordergrund. Einer der ersten Versuche, diese Beziehung in den Griff zu bekommen, war der sogenannte **Turing Test**:

> "Könnte eine Maschine von uns uneinsehbar eine gewisse
> Anzahl von Fragen so treffsicher wie ein menschli-
> ches Pendant beantworten und könnte man weder die
> Identität noch die Quelle der Antwort ausmachen, dann

sollte man die Maschine als intelligentes Gerät betrachten."[5]

Dieser zugegebenermaßen provokative Ansatz warf einige
interessante, wenn auch kaum beantwortbare, Fragen auf:

- Was ist unter Intelligenz zu verstehen?
- In welcher Beziehung stehen Computerhardware und Gehirn-
  struktur?

Turings Hauptproblem damals war, daß die Gehirnforschung weit
hinter der Elektrotechnik zurückhing.

Gegen Ende der 40er Jahre kam das Schlagwort vom **Elektronengehirn** auf. Mit dieser Bezeichnung wurde erstmalig die Frage
aufgeworfen, ob solche außerordentlich leistungsfähigen Maschinen vielleicht einmal die Arbeit des menschlichen Gehirns
übernehmen könnten.

Allerdings dauerte es bis in die 50er Jahre hinein, daß man
sich intensivere Gedanken über die Frage nach der möglichen
Denkfähigkeit von Computern machte und damit eine Beziehung
zwischen menschlichem Gehirn und Computer herzustellen versuchte. Besonders **Warren S. McCulloch** und **Walter Pitts**, der
erstere Neurophysiologe, der zweite Mathematiker, diskutierten intensiv diese Frage. McCulloch betrachtete das menschliche Gehirn als ein System von Zellen, die wie logische Schaltelemente zu Netzwerken zusammengeschaltet sind. Diese Theorie der **Neuronalen Netze**, die er schon 1942 formuliert hatte,
wurde von Pitts mathematisch ausformuliert. Jedes dieser
Netze hatte eine ganz bestimmte Aufgabe, wobei je nach Aufgabe die Anzahl der beteiligten Gehirnzellen variieren
konnte. Die Netze insgesamt, so nahm McCulloch an, wurden
ähnlich wie ein elektronischer Computer verwaltet und betrie-
ben, d.h. die Funktionsweise der Gehirnzellen basierte auf
einer 'alles-oder-nichts' Strategie und war damit den binären
an/aus Signalen elektronischer Schaltelemente ähnlich. Für
einige Forschergruppen war die Neuronale Netztheorie natürlich etwas Erhebendes, bot sie doch ein Modell an, nach dem
man Computer bauen konnte. Doch wie schon Turing zuvor so waren auch McCulloch und Pitts abhängig von dem damaligen Stand
der Neurophysiologie. Die nämlich war noch in den Kinder-
schuhen und konnte auch kein besseres Modell anbieten. Die
Ergebnisse der Gehirnforschung waren insgesamt gesehen noch
sehr unvollständig. Die Frage nach der Denkfähigkeit von Computern wurde daher zwar weiter diskutiert, doch blieben
weitreichende Ergebnisse aus. Auch heute kann man diesbezüglich noch keine Lösung anbieten. Dennoch scheint es so zu
sein, daß der Vergleich zwischen den menschlichen Gehirnleistungen und Computerprogrammen in der ursprünglichen Form
kaum aufrecht erhalten werden kann:

---

[5]Aus dem Englischen übertragen. Originalzitat siehe Ladd
   (1986), Seite 26.

"Diesen Vergleich müssen wir jetzt stark einschränken,
denn die schöpferische Tätigkeit, das kreative Element unserer vielfältigen Gehirnleistungen ist ja nun
genau die Tätigkeit, zu der ein Computer sicher nicht
fähig ist. Und doch entstehen auch schöpferisches
Denken, Einfälle und Intuitionen aus stofflichen,
also materiell gespeicherten Informationen. Wir haben
erfahren, daß diese Informationen in vielen einzelnen
Neuronen und ihren Fasern kodifiziert sind, also in
einer ungeheuren Vielzahl gleichzeitiger Speicherun-
gen von Code-Molekülen, diffus über die ganze
Großhirnrinde verteilt, also nicht streng lokali-
siert." (Vester, S. 82)

Heute weiß man, daß der Aufbau des menschlichen Gehirns
wesentlich komplizierter ist als von McCulloch und Pitts angenommen. Milliarden von Neuronen verbunden durch mehr als
500 Billionen Schaltstellen (Synapsen) regeln den gesamten
Informationsfluß im Gehirn. Gesteuert von ca. 20 verschiedenen Hormonen werden Kurzzeit- und Langzeitgedächtnis aktiviert, finden Lern- und Denkprozesse statt, werden Erkenntnisse gewonnen. Durch diese vielfache Anordnung ergeben sich
unter den Informationsmustern Resonanzen und Interferenzen,
die von Zeit zu Zeit völlig neue Sinninhalte von sich heraus
kreieren können. Informationstheoretisch läßt sich die Erzeugung solcher schöpferischer Ideen, solcher originaler Infor-
mationsmuster kaum erklären. Der Vergleich mit den Schaltkreisen in einem Computer fällt noch schwerer. Die Frage nach
möglichen Denkprozessen in einem Computer läßt sich zwar immer noch nicht genau beantworten, heutige physiologische
Erkenntnisse lassen jedoch eher auf eine negative Beantwortung dieser Frage schließen.

Auch wenn in den frühen 50er Jahren derartige Erkenntnisse
noch nicht vorlagen, die Fundamente für die Schaffung von
'Intelligenz' in Maschinen waren gelegt. Es bedurfte lediglich eines allgemeinen Anstoßes, die Entwicklung deutlich zu
beschleunigen.

Dieser Anstoß kam im Frühjahr 1956 vom **Dartmouth College** aus
Hanover in New Hampshire (USA). Etwa zwei Dutzend Forscher
aus den verschiedensten Bereichen (Physiker, Ingenieure,
Neurophysiologen, Mathematiker und der neuen Disziplin 'Computer Science') versammelten sich zu einer zwei Monate langen
Konferenz über Fragen der Datenverarbeitung auf Computern.
Auf der von Bell Laboratories und IBM organisierten Tagung
besprach man neben Fragen der 'Intelligenz' von Maschinen
auch allgemeine Fragen der Informationsverarbeitung, wie z.B.
das maschinelle Beweisen mathematischer Gleichungen. So
stellten z.B. **Herbert Simon** und **Alan Newell** den **LOGIC THEO-
RIST** vor, einen Computer, der auf der Basis von Heuristiken
(Regeln aus der Erfahrung) logische Probleme mit Regeln wie
etwa IF..THEN lösen konnte. Simon and Newell meinen noch
heute, daß der Logic Theorist einer der ersten intelligenten
Computer war. Natürlich muß man in diesem Zusammenhang Simons
Einstellung in Bezug auf das menschliche Denken in Betracht
ziehen:

"Die einzige Art und Weise, die mir bekannt ist, eine
denkende Maschine zu definieren, ist einzuschätzen,
ob sie das tun kann, was denkende Menschen tun können."[6]

Das obige Zitat verrät Simons Nähe zum Turing Test und re-
lativiert die Einschätzung des Logic Theorist als intelligente Maschine doch beträchtlich.

Über die Diskussionen der Computertechnologie und
Informationsverarbeitung hinaus legitimierte die Dartmouth
Konferenz auch die Verwendung des neuen Begriffs **Artificial
Intelligence**. Inspiriert von **John McCarthy** und **Claude Shannon**
sollte der Terminus **Künstliche Intelligenz**, wie er ins Deutsche übertragen wurde, zum Schlagwort völlig neuer Forschungsansätze werden. Wären die an der Dartmouth Konferenz
beteiligten Wissenschaftler den Vorschlägen Simons und Ne-
wells gefolgt, würde man diesen neuen Forschungszweig heute
Complex Information Processing (das Verarbeiten komplexer Information) nennen. Dies war nämlich ihr Vorschlag für die
aufblühende neue Disziplin.

Dennoch dauerte es noch einige Jahre bis die neue
Forschungsrichtung der Künstlichen Intelligenz erste Ergebnisse vorweisen konnte. Bis in die 60er Jahre hinein verband
man den Begriff Computer noch mit Maschinen, die einzig und
allein mathematische Informationen zu verarbeiten hatten. Sie
konnten Zahlen mit gewaltigem Tempo addieren, sie konnten
Zahlenkolonnen auf endlos langen Listen hin und her jonglie-
ren, aber sie waren nicht in der Lage z.B. die Eigenschaften
eines Baumes zu definieren oder den Namen 'Hasso' einem Hund
zuzuordnen.

Das änderte sich, als Mitte der 60er Jahre mit der Verbesserung der Computertechnologie erste **Expertensysteme** entwickelt
wurden. Dies sind Programme, die ein gewisses Maß menschlicher Vernunft sowie menschlicher Schlußfolgerungsfähigkeit in
einem ganz bestimmten Ausschnitt menschlichen Wissens zur Anwendung bringen konnten. Das Palo Alto Research Center der
Stanford Universität von Kalifornien unternahm besondere Anstrengungen auf diesem Gebiet. So war **Edward Feigenbaum** einer
der ersten Forscher, der die neue Herausforderung annahm. Expertensysteme, die auch heute noch entwickelt werden, beruhen
auf folgender, hier vereinfachter Idee: Man nehme eine gewisse Anzahl allgemeiner menschlicher Schlußfolgerungsstrate-
gien (Heuristiken) sowie die Methoden und Erfahrungen einiger
Experten auf ihrem speziellen Betätigungsgebiet und füge sie
zusammen. Dazu addiere man eine zu diesem speziellen Gebiet
gehörende Wissensbasis, und fertig ist das Expertensystem.

So war eines der ersten Expertensysteme das Programm **DENDRAL,**
welches auf der Basis des Expertenwissens des in Stanford
lehrenden Chemieprofessors Djerassi operierte. DENDRAL ging

---

[6]Aus dem Englischen übertragen. Originalzitat siehe Ladd
(1985) Seite 26.

1965 in Betrieb und konnte chemische Substanzen auf der Basis spektraler Daten analysieren. **MYCIN**, ein ähnliches Expertensystem (aufgebaut auf medizinischem Wissen), konnte Blutkrankheiten erkennen und spezielle Diagnosen vorschlagen. Dennoch sollte man nicht der Meinung verfallen, diese Programme als intelligente Systeme zu betrachten. Was sie taten, war nichts anderes als vorgefertigte Muster menschlichen Denkens umzusetzen, Dinge wie etwa 'gewöhnlichen Menschenverstand' konnten sie nicht an den Tag legen. Mittlerweile allerdings sind Expertensysteme ein fester Bestandteil der KI-Forschung und beschäftigen ganze Industrien.

Die Entwicklung der KI aber schritt nun unaufhaltsam voran. Immer neue Systeme wurden entwickelt, die den Leistungen des menschlichen Verstandes Stück für Stück näher kamen.

1.5 KI-Anwendungen (allgemein)

Auch heute ist die Frage nach der Intelligenz moderner Systeme eine der interessantesten aber immer noch nicht gelösten Fragestellungen in der KI-Forschung. Oft wird daher die Frage nach der Intelligenz bestimmter Systeme beiseite geschoben, dafür aber die Frage nach möglichen KI-Anwendungen in den Vordergrund gestellt:

> "Künstliche Intelligenz ist das Studium der Intelligenz mit den Methoden der Informationsverarbeitung. Unglücklicherweise erscheint eine Definition von Intelligenz momentan unmöglich zu sein, da sich Intelligenz als eine Verschmelzung so vieler informationsverarbeitender und informationsrepräsentierender Fähigkeiten darstellt."[7]

Bevor im folgenden die einzelnen Einsatzgebiete künstlich intelligenter Systeme spezifiziert werden, noch eine Vorbemerkung: Neben speziellen praktischen Einsatzgebieten können Computer als **Simulationsmaschinen** verstanden werden, welche die Funktions- und Arbeitsweise des menschlichen Verstandes simulieren sollen. Durch 'Nachbildung' des menschlichen Gehirns auf dem Computer kann der an den Problemen menschlichen Verhaltens interessierte Wissenschaftler Einsichten in die Struktur des Denkens bekommen. Unter diesem Aspekt haben Computer eindeutig modelltheoretisch erklärenden Charakter. Sie sind weniger praxis- als theoretisch orientiert. Bei den Verfahren, die man simuliert, handelt es sich um allgemeine Strategien zur Lösung bestimmter Probleme. Darunter fallen auch die Prinzipien der Verarbeitung der natürlichen Sprache (siehe unten).

Im folgenden werden die praxisbezogenen KI-Anwendungen im einzelnen vorgestellt:

---

[7] Aus dem Englischen übertragen. Originalzitat siehe Marcus (1980) im Vorwort.

Expertensysteme

Spricht man allgemein über die KI-Forschung, so kommt man zumeist als erstes auf die Expertensysteme zu sprechen. Wie
oben erläutert hatte die Entwicklung mit DENDRAL und MYCIN
begonnen, heute haben Expertensysteme auf vielerlei Gebieten
ihre Anwendung gefunden. Man kann dabei unterscheiden zwischen Expertensystemen mit nicht-natürlichsprachlichem und
natürlichsprachlichem Zugang. Letztere sind unter 1.6. näher
erläutert. Die wesentlichen Anwendungsgebiete von Expertensystemen allgemein finden sich auf folgenden Gebieten:

- Medizin
- Chemie
- Physik
- Molekularbiologie
- Geologie
- Mathematik
- Rechts- und Sozialwissenschaften
- Geisteswissenschaften
- Design und Planung

Mittlerweile sind derartig viele Expertensysteme entwickelt
worden, daß es den Rahmen dieses Kapitels sprengen würde,
auch nur einen Bruchteil von ihnen aufzählen zu wollen. Das
Grundprinzip dieser modernen Expertensysteme ist allerdings
noch das gleiche wie bei den frühen Entwicklungen: Dadurch,
daß der Computer einen Experten simuliert, wird hochspeziali-
siertes Wissen, das früher nur über kostspielige Experten zu-
gänglich war, allgemein verfügbar. Natürlich ist die Entwicklung eines Expertensystems oft mit hohen Kosten verbunden,
doch meistens bringen die jeweiligen Systeme ihre Entwick-
lungskosten schnell ein: So hat das geologische Expertensystem **PROSPECTOR**, das anhand von Gesteinsproben auf das mögliche Vorhandensein von Mineralvorkommen schließen kann, ein
Molybdänvorkommen entdeckt, das mehrere 100 Millionen Dollar
wert ist (c.f. Steinacker, 1984).

Roboterkontrolle

An vielen Arbeitsplätzen der modernen Industriebetriebe
verrichten heute Roboter (russisch: _rabotatj_ = _arbeiten_) Tätigkeiten, die bis vor wenigen Jahren Menschen vorbehalten
waren. Das sind zu einem großen Teil Tätigkeiten, die
übermäßig monoton oder ermüdend sind oder unter extremen
Umweltbedingungen ausgeführt werden müssen. Man denke hierbei
nur an die Industrieroboter der Autoindustrie, z.B. Farblak-
kierer, Fließbandroboter etc. In bestimmten Fällen, reicht es
für einen solchen Roboter nicht aus, seine Umgebung lediglich
wahrzunehmen, sondern er muß sich auch veränderten Bedingungen anpassen können. Weiterhin muß er in der Lage sein,
Gegenstände zu verändern, sei es durch Zusammenfügen mehrerer
Einzelteile oder durch Lageveränderung von Gegenständen. Allerdings werfen Roboter noch Probleme bezüglich der Steuerung
ihrer Extremitäten, z.B. ihres Greifarms, auf. Man denke
hierbei nur an die Flexibilität und Mobilität der menschli-

chen Hand. KI-Forschern ist es bis heute nur teilweise gelungen eine der Menschenhand ähnliche Roboterhand zu entwickeln.

Wahrnehmen und Erkennen von Mustern

Eng verknüpft mit der Kontrolle von Robotern ist das Erkennen von Mustern (engl. _pattern_ _recognition_). In vielen KI-Anwendungen ist die Mustererkennung Voraussetzung für weitere Anwendungen. Mit dem Terminus 'Erkennen' läßt sich dabei ein relativ großes Gebiet umreißen:

Es handelt sich dabei um das Erkennen

- graphischer Muster
- von Figuren und Strukturen
- akustischer Signale
- von zu ertastenden Merkmalen
- visueller Information
- menschlicher Sprachmuster .

Typische Einsatzgebiete derartiger erkennender Programme befassen sich mit dem Sortieren von Gegenständen, mit der Reaktion auf irgendwelche Signale oder auch mit der Befolgung vorher verbal eingegebener Anweisungen. Die Mustererkennung kann entweder mit gegenständlichen Formen in Zusammenhang stehen (z.B. Werkzeuge oder industrielle Gegenstände), sie kann aber auch im übertragenen Sinne auf wiederkehrende Muster in z.B. Geschichten auftreten. Man denke hierbei nur an die sich ständig wiederholenden Schlußsequenzen von Kriminalgeschichten. Problem für die Maschine ist es, aus Einzelteilen das Gesamtmuster zusammenzusetzen, d.h. auch auf der Basis bruchstückhafter Information das Gesamtmuster her-auszuarbeiten zu können.

Strategische Anwendungen

Obwohl oft nicht erwähnt, werden KI-Programme auch im militärisch strategischen Bereich eingesetzt. Bedenkt man, daß im Falle eines Nuklearangriffs die beiden Supermächte vom Erkennen des Angriffs bis hin zur Reaktion nur wenige Minuten Zeit haben, um die notwendigen Maßnahmen (z.B. Abwehr, Gegenangriff) einzuleiten, so dürfte es einleuchten, daß sie sich bei der Entscheidungsfindung der Unterstützung von Computern bedienen. Dabei verwenden sie 'intelligente' Programme, die im Sinne von Expertensystemen auf der Basis vorgefertigter Strategien Entscheidungen vorschlagen.

Spielprogramme

Spielprogramme sind ein weitreichendes Experimentierfeld für die KI-Forschung. Das liegt an folgenden Gründen:

- Spiele haben meist ein begrenztes Spielfeld und ein begrenztes Regelwerk, das sich relativ leicht auf einen Computer übertragen läßt;

- Trotz der meist einfachen Regeln ist es vielfach nicht einfach, funktionstüchtige Programme für Spiele wie z.B.
  Schach oder Go zu entwickeln. Die Kombinationsmöglichkeiten
  dieser Regeln lassen aus dem einfachen Regelwerk oft ein
  komplexes Gebilde entstehen;

- Für viele Spiele gibt es menschliche Experten (z.B. Groß-
  meister im Schach), die die Unzulänglichkeiten eines Programmes oft schnell aufdecken können und somit Verbesserun-
  gen erzwingen.

Gewinnen und Speichern von Information

Durch die gewaltige Informationsexplosion in unserem Jahrhun-
dert sind nur noch wenige Menschen in der Lage, die auf ihrem
Gebiet anfallende Information zu verwalten und zu verarbeiten. Computer können dies besser als Menschen. Wünschenswert
wäre es jedoch, wenn der Computer Verfahren zur Verfügung
stellte, die es ihm gestatteten, den Suchbereich nach
bestimmten Informationen einzugrenzen. Bei solchen, auch
Suchsystemen (c.f. Voß, 1985) genannten Programmen, geht es
darum, einen Computer optimale Suchprozesse durchführen zu
lassen, um z.B. den Zugriff auf die Daten einer Datenbank in
kürzest möglicher Zeit auszuführen. Häufig wird der Such-
aufwand dadurch reduziert, daß Heuristiken in den Suchal-
gorithmus aufgenommen werden.

Automatische Programmierung

Das Programmieren aufwendiger Programme und diese dann auch
noch lauffähig zu machen (engl. debugging), ist vielfach sehr
zeitaufwendig. Ein Zweig der KI beschäftigt sich damit, au-
tomatische Fehlersuch- und Fehlerkorrekturprogramme zu erstellen. Darüber hinaus gibt es auch Ansätze, Computer so zu
programmieren, daß sie sich das Programm zu einem bestimmten
Problem selbst zusammenstellen.

Das Verarbeiten natürlicher Sprache

Da dieses Feld eines der Zentralthemen für das Thema dieses
Buches darstellt, wird im nächsten Abschnitt detailliert darauf eingegangen.

1.6 Natürlichsprachliche Systeme

Eines der Hauptanliegen der gegenwärtigen KI-Forschung ist
die Implementierung natürlicher Sprache auf dem Computer. Dabei ist die Idealvorstellung, sich mit dem Rechner so
unterhalten zu können, wie man es mit einem kompetenten
menschlichen Dialogpartner kann. Aus folgenden Gründen ist
dies gegenwärtig allerdings noch nicht möglich: Zunächst
einmal ist eine natürliche Sprache ein Gebilde ungeheurer
Komplexität, die oft eine Vielzahl von Interpretationsmöglichkeiten anbietet:

<u>(a) Mehrdeutigkeit (Ambiguität)</u>

> (1) Paul sah den Herrn auf dem Berg mit einem Teleskop.

> Dieser Satz läßt auf Grund seiner grammatikalischen Struktur mehrere Interpretationen zu. Diese sogenannte strukturelle Mehrdeutigkeit wird oft durch die Mehrdeutigkeit einzelner Wörter erschwert:

> (2) Gestern ging ich zu meiner Lieblings<u>bank</u>.

> Hier können verschiedene <u>Bänke</u> gemeint sein. Im Satz:

> (3) Paul liebt seine Frau genauso wie Hermann.

> liegt eine referenzielle Mehrdeutigkeit vor, die von der Interpretation des Pronomens <u>seine</u> abhängt.

<u>(b) Vagheit</u>

> (4) Dort kommt <u>mein</u> Bus.

> Das Pronomen <u>mein</u> kann mehrere Interpretationen hervorrufen: So kann ich z.B. Besitzer, Eigentümer, ständiger Benutzer usw. des angesprochenen Busses sein. Die Bedeutung des Satzes ist daher vage oder unspezifiziert.

> (5) Heute fahren wir in die <u>Berge</u>.

> Die Frage nach der Abgrenzung zwischen einem Berg und z.B. einem Hügel wirft ebenfalls fundamentale Probleme für Begriffsdefinitionen auf.

Zu diesen noch relativ schnell in den Griff zu bekommenden Aspekten, welche die natürliche Sprache ja erst zu einem solch ausdrucksstarken Gebilde machen, wie sie es ist, gesellen sich noch eine Vielzahl weiterer Probleme:

- die Interpretation idiomatischer Ausdrücke
  z.B. das Kind mit dem Bade ausschütten;

- die Interpretation metaphorischer Ausdrücke
  z.B. jetzt <u>läuft</u> das Spiel von Becker;

- das Verarbeiten unvollständiger Information (Ellipsen)
  z.B. Paul fuhr nach London und Maria <u>fuhr</u> nach Köln;

- das Verarbeiten leicht fehlerhafter Information
  z.B. Paul <u>fur</u> nach London;

- die Interpretation ironisch-scherzhafter Ausdrücke
  z.B. Du bist ein absolutes <u>Tier</u>;

- das sich Einstellen auf den Dialogpartner
  (man spricht mit einem Universitätsprofessor in einer offiziellen Situation anders als mit einem Freund am Stammtisch, so ist z.B. die Wortwahl unterschiedlich.);

- das Inbeziehungsetzen von Gegenständen
  z.B. der Computer steht auf dem Tisch   oder
       der Tisch steht unter dem Computer ?

Schließlich kommen zu diesen Aspekten, die dem linguistisch nicht vorgebildeten Leser noch als einsichtig erscheinen mögen, weitere fundamentale Probleme hinzu:

Diese beziehen sich

(a) auf die sprachwissenschaftliche Theoriebildung
    (d.h. basiert ein Sprachverarbeitungsprogramm auf einer vernünftigen Theorie?)

(b) auf noch nicht gelöste Probleme natürlicher Sprachen
    z.B. - die Analyse gesprochener Eingaben
         - die Interpretation von Pronomina

Letztendlich ergibt sich noch ein weiteres Problem. Aus experimentellen wissenschaftlichen Untersuchungen hat man gewisse Strategien herausgearbeitet, auf deren Basis der Mensch natürliche Sprache verarbeitet. Diese Strategien weisen auf eine **parallele** Verarbeitung sprachlicher Information hin. Parallel bedeutet in diesem Zusammenhang, daß Informationsquellen der verschiedensten Art (z.B. der Bedeutungszusammenhang in einem Satz, die Intonationsstruktur in einem Satz oder dessen grammatikalische Struktur) bei der Verarbeitung einer Eingabe herangezogen werden. Die gegenwärtigen Computer -nehmen wir ruhig einmal die 5. Computergeneration als existent an- sind dazu nicht in der Lage. Sie müssen sich auf eine **serielle** (**sequentielle**) Verarbeitungsstrategie verlassen, da ihre Bauweise nicht für mehrere Eingangskanäle geeignet ist. Doch bereits seit Mitte der 70er Jahre sind Bestrebungen im Gange, auch hier Abhilfe zu schaffen: In den USA werden bereits erste Systeme, die eine parallele Verarbeitung von Information erlauben, konstruiert. So arbeitet man z.Zt. an sogenannten **Connection Machines** (Verbund Maschinen), bei denen ganze Mikroprozessoren in ähnlicher Weise wie die Neuronen im menschlichen Gehirn vernetzt sind und die sich somit einer funktionalen Parallelität Computer/Gehirn annähern. McCullochs und Pitts neuronale Netze leben also wieder auf.

Wie dem auch sei, die Probleme natürlichsprachlicher Verarbeitung sind momentan immens. Aus diesem Grunde beschränkt man sich z.Zt. auf folgende Vorgaben:

- Die sprachliche Eingabe erfolgt über eine Tastatur oder ähnliche Eingabemedien, nicht jedoch in Form des gesprochenen Wortes.

- Natürlichsprachliche Systeme beschränken sich auf einen gewissen Ausschnitt des dem Menschen zur Verfügung stehenden Wissens. Sie werden also zu natürlichsprachlichen Expertensystemen.

- Natürlichsprachliche Systeme erhalten gewisse kommunikati-
  onsbezogene Vorgaben, wie z.B. die Natur des Dialogpart-
  ners, Regeln der kommunikativen Relevanz etc.

- Natürlichsprachliche Systeme generieren oft eine Ausgabe,
  die in Form von Listen oder Tabellen angelegt ist. Dies
  verringert die Komplexität der zu erstellenden Programme.

Trotz dieser nur zum Teil gelösten Probleme gibt es bereits
heute bedeutende Bestrebungen, dem Computer natürliche Sprachen 'beizubringen'. Insbesondere beschäftigt man sich mit
folgenden Anwendungen:

(a) Natürlichsprachlicher Zugang zu Datenbanken

Die meisten bestehenden Datenbanksysteme sind komplexe
Programme. Um mit ihnen adäquat umgehen zu können, bedarf es vielfach einer langen Übung bzw. einer gezielten
Schulung oder Unterweisung. Die Bedienung solcher Systeme erfordert die Beherrschung oft komplizierter Befehlssätze, die erst einmal erlernt werden müssen. Die
Verwendung der Muttersprache des Benutzers als Eingabemedium könnte hier Abhilfe schaffen. Erste Anwendungen
dieser Art existieren bereits heute.[8]

(b) Natürlichsprachliche Betriebssysteme

Wie in den folgenden Kapiteln gezeigt werden wird, benötigen Computer wohldurchdachte Programme, die uns den
Umgang mit ihnen ermöglichen. Solche Programme, die
Betriebssysteme, sind sehr komplexer Natur und müssen
vom Benutzer erst einmal verstanden und gelernt werden.
Ein Betriebssystem, das sich einer natürlichen Sprache
bedienen würde, könnte den Umgang mit einem Computer erheblich erleichtern.

(c) Natürlichsprachliche Programmiersprachen

Ähnlich wie Betriebssysteme oder Datenbankzugriff sind
Computerprogrammiersprachen komplexe Gebilde, die viele
potentielle Anwender vor dem Umgang mit einem Computer
abschrecken. Ein Befehl wie etwa in BASIC:

```
PRINT CHR$(97)
```

könnte man sich ebensogut in der deutschen Sprache vorstellen. Dann hieße es:

Drucke mir ein a auf den Bildschirm aus.

Ziel der natürlichsprachlich orientierten KI-Forschung
ist es also, u.a. das Programmieren in natürlicher
Sprache, z.B. auf Deutsch, zu ermöglichen.

---

[8]Die allgemein bekannte QA-Datenbank (Question Answering),
ins Deutsche als F&A-System übertragen

(d) Maschinelle Übersetzung

Schon sehr früh im Zeitalter der sich entwickelnden Computertechnologie entstand die Idee der textübersetzenden Maschine. Bereits 1949 schlug **Warren Weaver** vor, intensive Forschung

"...zur Lösung der weltweit existierenden Übersetzungsprobleme zu betreiben.."[9]

Nach Weavers Memorandum begann in mehreren Computerzentren der USA die Forschung im Bereich der maschinellen Übersetzung. Doch schon bald wurde klar, daß Übersetzung mehr verlangt, als das einfache Übertragen von Wortbedeutungen in eine andere Sprache. Wirklich fähige Übersetzungssysteme müssen den zu bearbeitenden Text zunächst einmal verstehen, ehe sie sich an die Übersetzung machen. Da das damals nicht möglich war, kam man 1966 in dem berühmt gewordenen **ALPAC-Report** [10] zu dem Schluß, daß man wahrscheinlich niemals leistungsfähige und sichere Übersetzungssysteme würde entwickeln können. Doch bereits in den 70er Jahren erwachte das Interesse an maschineller Übersetzung erneut, da neue Forschungsergebnisse neue Methoden der Wissensrepräsentation zu Tage brachten. Auf der Basis solcher wissensrepräsentierender Systeme operieren derzeit eine Reihe maschineller Übersetzungssysteme, doch ist es auch heute nicht klar, ob eine vollautomatische maschinelle Übersetzung je möglich sein wird. In der Regel nämlich müssen menschliche Übersetzungsexperten die von der Maschine übersetzten Schriftstücke auf Richtigkeit hin überprüfen.

(e) Expertensysteme

Ähnlich wie in den übrigen Gebieten der KI-Forschung gibt es auch in der natürlichsprachlich orientierten KI-Forschung Bestrebungen, Systeme zu entwickeln, die in ganz bestimmten Bereichen spezialisiert sind. Dies sind z.B. Wegauskunftssysteme, Buchungssysteme, allgemeine Informationssysteme mit Spezialwissen usw. All diese Implementationen natürlicher Sprache haben eines gemeinsam: Sie verarbeiten natürlichsprachliche Eingaben und generieren natürlichsprachliche Ausgaben auf der Basis sehr speziellen Wissens.

---

[9] Aus dem Englischen übertragen. Originalzitat siehe Weaver (1955) in: W. Locke & A. Booth (eds). Machine translation of languages. New York: Technology press of MIT and Wiley.

[10] **ALPAC** = Automatic Language Processing Advisory Committee.

(f) Textgenerierungssysteme

Eine wichtige Fragestellung in der Erstellung natürlichsprachlicher Systeme beschäftigt sich mit der Erzeugung maschineller Antworten in natürlicher Sprache. Bei den sogenannten **Dialogsystemen** analysiert der Computer nicht nur die Eingabe des Benutzers, sondern er erzeugt auch eine natürlichsprachliche Ausgabe. Da hier im Gegensatz zur reinen Analyse natürlichsprachlicher Eingaben noch eine Vielzahl verkomplizierender Faktoren hinzukommt, kann man die Sprachgenerierung sogar als besondere Subdisziplin der natürlichsprachlich orientierten KI-Forschung betrachten.

(g) Simulationsprogramme

Dem Sprachwissenschaftler ist mit dem Computer ein Instrument zur Verfügung gestellt worden, das völlig neue Perspektiven eröffnet. Neben der rein technischen Motivation, d.h. der Steigerung der eigenen wissenschaftlichen Leistung durch Arbeitserleichterung können neue Einsichten in menschliche Intelligenzleistungen durch den Einsatz des Computers gewonnen werden. Natürlich kann der Sprachwissenschaftler diese Einsichten auch mit 'Bleistift und Papier' gewinnen, doch ist der Prozess dieser Art von Erkenntnisgewinnung oft sehr langwierig. Ein Computer hingegen zeigt oft gnadenlos:

(a) die Schwächen der sprachwissenschaftlichen Theorien auf,
(b) wo die Probleme natürlichsprachlicher Verarbeitung liegen.

Folgende fragwürdige Beispielsätze mögen dies verdeutlichen:

(6) [?] Der Eimer ist um den Ball herum.
(7)   A: Weißt Du wie spät es ist?
       B: Ja.

In beiden Sätzen sind linguistische Prinzipien verletzt. In (6) ist eines von mehreren Fokussierungsprinzipien verletzt und in (7) ist eine nicht kooperative Antwort generiert worden. [11] In beiden Fällen hat der Computer jedoch eine völlig logische Beziehung hergestellt. Der Sprachwissenschaftler ist allerdings gezwungen, seine Theorie diesen Gegebenheiten anzupassen. Über diesen oberflächlich vielleicht trivialen Ansatz hinaus gibt es z.Zt. in der Linguistik eine Debatte über die Effizienz der Komponenten natürlichsprachlicher Systeme (vgl. Marcus 1980, Berwick & Weinberg, 1985). Diese Debatte zeigt sehr deutlich, wie der Computer die linguistische Theoriebildung beeinflussen kann.

---

[11] siehe hierzu Clark, E. & Clark, H. 1977. Psychology and Language. New York: Harcourt., sowie Grice, H. 1975. Logic and Conversation. In: P. Cole & J. Morgan (eds.). Syntax and Semantics 3: Speech Acts, 41-58.

1.7 Zusammenfassung

Das erste Kapitel sollte dem Leser die gewaltige Entwicklung
von den Anfängen des Zählens über die Konstruktion primitiver
Rechenapparate bis hin zum modernen Digitalcomputer veranschaulicht haben. Darüber hinaus sollte die Frage nach möglichen Intelligenzleistungen heutiger Computer nicht nur ange-
rissen werden, sondern auch die Problematik dieser Frage aufgeworfen haben. Schließlich wurden in den Abschnitten 1.5.
und 1.6. die heutigen Anwendungen künstlich intelligenter Systeme erwähnt und dabei insbesondere der Einsatz der natürlichen Sprache auf dem Digitalcomputer diskutiert.

Die folgende Übersicht, die keinen Anspruch auf Vollständigkeit erhebt, soll nochmals die gewaltige Entwicklung gerade
der letzten 40 Jahre verdeutlichen. Die in Spalte II genannten Computersprachen sowie einige der in Spalte IV erwähnte
natürlichsprachlichen Systeme werden in den folgenden Kapiteln näher besprochen:

JAHR	COMPUTER TECHNOLOGIE	RECHENGESCHWINDIGKEIT (Multiplikat./Sek)	KI-FORSCHUNG (NLPS)[12]
1936	ZUSE Z1/Z3	$(1x10^{-1})$	Turing Test
1944	MARK 1 (Aiken)		Neuronale Netze
1946	1. Generation - Röhre - ENIAC	$(3x10^{2})$	
			Idee: maschinel- le Übersetzung
1951	UNIVAC 1 WHIRLWIND	$(2x10^{3})$	Schach Computer
1956			Dartmouth Konferenz
1954	2. Generation - Transistor -	$(3x10^{4})$	
1960			nat.spr. Systeme
1964	3. Generation -integrierter Schaltkreis -	$(5x10^{5})$	

---

12)**NLPS** = **Natural** Language Processing System (Natürlichsprachliches System).

JAHR	COMPUTER TECHNOLOGIE	RECHENGESCHWINDIGKEIT (Multiplikat./Sek)	KI-FORSCHUNG (NLPS)
1965			DENDRAL
1969			ab.:IJCAI[13]
1970			Systeme mit Wissenbasis
1973			Masch. Übers. Forschung: - Sprachsynthese - Sprachanalyse
1975	4. Generation - Microchip -	(8×10^8)	
1990	5. Generation - schneller, intelligenter	(8×10^{10})	natürlichsprl. Dialogbetrieb
2015	6. Generation - intelligent - lernfähig		natürlichsprach-liche, gespr. Ein- u. Ausgabe

Fig. 1: Computertechnologie und KI-Forschung, eine Übersicht

1.8 Literaturhinweise zu Kapitel 1

Barr, A. & Feigenbaum, E.A. (eds.). 1981. The Handbook of Artificial Intelligence. (Vol. I). London: Pitman.

Berwick, R. & Weinberg, A. 1984. The Grammatical Basis of Linguistic Performance. MIT press.

Bundy, A. (ed.) 1980. Artificial Intelligence. Edinb. Univ.Press.

Charniak, E. & McDermott, D. 1985. Introduction to Artificial Intelligence. New York: Addison-Wesley.

Davis, G. 1977. Introduction to Computers. New York: McGraw-Hill.

Graham, N. 1983. Artificial Intelligence: Make Machines "think". TAB Books Inc.

Hofstadter, D. 1979. Gödel, Escher und Bach: Ein endloses geflochtenes Band. Stuttgart: Klett (deutsche Ausgabe).

---

[13] IJCAI = International Joint Conference of Artificial Intelligence.

Kindred, A.R. 1976. Introduction to Computers. New.York: Prentice Hall.

Ladd, S. 1986. The Computer and the Brain. New York: Bantam Books.

Marcus, M. 1980. A Theory of Syntactic Recognition for Natural Language. MIT Press.

Osborne, A. 1978. Microcomputer-Grundwissen. München: Te-Wi Verlag.

Pylyshyn, Z.W. (ed.). 1970. Perspectives on the Computer Revolution. New York: Prentice Hall.

Steinacker, I. 1984. Intelligente Maschinen? In: L. Richter & W. Stucky (eds.). Artificial Intelligence: eine Einführung. Stuttgart.

Torrance, S.B. (ed.). 1984. The Mind and the Machine. Chichester: Horwood.

Vester, F. 1978. Denken, Lernen, Vergessen. München: Deutscher Taschenbuch Verlag.

Voß, W. 1985. Einführung in die Künstliche Intelligenz. Düsseldorf: Data Becker GmbH.

Winston, P.H. 1984. Artificial Intelligence. New York: Addison-Wesley.

dazu: PM Computerheft 1983-1986, München: Gruner & Jahr Verlag.

2 Computersysteme und Datendarstellung

- Die Komponenten eines Computers
- Die Darstellung von Daten im Computer
- Maschinen-orientierte Programmiersprachen
- Höhere Programmiersprachen
- Zusammenfassung
- Literaturhinweise

ASSEMBLER
BASIC
FORTH
ADA
PASCAL
DSUB ORG adr LXI DMM LXI HSB MVI C8 STC LOOP: MM A
: SCHLEIFE DO DUP@
SWAP C! 1+ LOOP
: HIN 300 163
SCHLEIFL OP Q
: HER 1536 310
SCHLEIFE DR
10 FOR I = 1 TC
20   IF MID$
30   NEXT I
40 PRINT "ICH VERSTEHE NICHT!"
50 END
100 PRINT LEFT$ (SATZ $, I-1)
if GES_SCHLUESSEL < A (
if A(I) LINKER_SOHN
I:= A (I)' LINKER_SOH
-- jetzt neuer Schleife
else
goto NICHT_ENTHA
BEGIN
J:= N;
REPEAT SCR
FOR I:= 1
IF A[I] >
BEGIN
TAUSCH (
SORTIE
END
UNTIL SOF
AUSGABE (
END.

2 Computersysteme und Datendarstellung

Die folgenden Abschnitte geben dem mit elektronischer Datenverarbeitung noch unerfahrenen Leser einen Einblick über den Aufbau eines Computers und der Darstellung von Daten. Die Beschäftigung mit Fragestellungen dieser Art mag für den Geisteswissenschaftler langweilig oder gar frustierend sein, da die hier behandelten Themen wenig oder auch gar nichts mit den typisch geisteswissenschaftlichen Problemen zu tun haben. Dennoch, so zeigt die Erfahrung im Umgang mit Computern, ist eine Kenntnis dieses Themenkreises für die Bedienung und die vernünftige Nutzung eines Computers unerläßlich.

Der im Umgang mit Computern erfahrene Leser mag dieses Kapitel getrost überblättern.

2.1 Die Komponenten eines Computers

Die Arbeitsweise eines Computers und damit auch seine Komponenten läßt sich am besten an einem praktischen Beispiel zeigen. Schauen wir uns dazu die Arbeit eines Sachbearbeiters, der ohne Maschinenhilfe mehrere Geschäftsvorgänge zu bearbeiten hat, an:

Zunächst einmal erhält er von einem Vorgesetzten Anweisungen, was er wie zu bearbeiten hat. Diese Anweisungen behält er im Gedächtnis. Danach liest er die Daten des ersten Geschäftsvorganges und speichert sie in seinem Gedächtnis. Diesen Schritt kann man als **Dateneingabe** charakterisieren. Mit Hilfe seiner Erfahrung, seiner Intelligenz und seines Gedächtnisses bearbeitet der Sachbearbeiter nun die Vorgänge und schreibt im Normalfall das Ergebnis der Verarbeitung auf ein Formular. Er führt eine **Datenausgabe** durch. Dieser Ablauf wiederholt sich nach jedem Geschäftsvorgang. Da in der Regel der Sachbearbeiter nicht alle Daten seines Sachgebietes im Gedächtnis behalten kann, legt er eine Kartei zur Dokumentation der durchgeführten Arbeiten an. Die Kartei entlastet sein Gedächtnis durch Festhalten seines Wissens in einem **externen Speicher.**

Ähnlich wie der gerade beschriebene Büroablauf und die dabei beschriebenen Vorgänge ist auch ein Computer, oder besser gesagt, ein Computersystem, die sogenannte **Hardware** aufgebaut. Im wesentlichen besteht es aus zwei Komponenten:

- der Zentraleinheit
- der Peripherie.

2.1.1 Die Zentraleinheit

Das Herzstück eines jeden Computers bildet die Zentraleinheit, kurz **CPU** (engl. central processing unit) genannt.[1] Die

---

[1]In Ermangelung geeigneter Alternativen sind in der Computertechnologie viele Begriffe aus der englischen Sprache

CPU führt alle Verarbeitungsschritte durch, mit denen die Daten in die gewünschte Form gebracht werden und trägt damit also die Hauptlast eines Computers. Bei vielen Computern, hoch bis zur Klasse der **Personal Computer**, besteht die CPU aus einem winzigen Scheibchen mit einer elektronischen Schaltung. Ein solches Element wird als **Chip** (Mikrobaustein) bezeichnet. Es handelt sich dabei um ein Halbleiterkristallplättchen, das die Schaltelemente des Computers enthält. Durch den heute möglichen hohen Integrationsgrad solcher Schaltungen, d.h. durch die Möglichkeit, eine Vielzahl von Schaltelementen nebst Leiterbahnen und Widerständen eng miteinander zu vernetzen, ist es gelungen, Hunderttausende von Transistoren auf einem Chip unterzubringen. Die meisten Chips führen bestimmte Namen, die vom Hersteller festgelegt sind: z.B. Mikroprozessor 8088 oder 80286 von Intel, Z 80 von Zilog, 6502 von MOS Technologies usw. Die CPU verrichtet die anfallenden Arbeiten eines Computers. Das sind arithmetische, logische und andere Operationen. Gemäß der Ideen von Neumanns besteht die CPU aus drei Komponenten:

- dem Rechenwerk (arithmetic unit)
- dem Steuerwerk (control unit)
- dem (internen) Speicher

(a) das Rechenwerk (arithmetic unit)

> führt die eigentlichen Rechenleistungen, also die arithmetischen und logischen Operationen eines Computers durch. Je nach Packungsdichte des Mikrochips können höhere Rechenleistungen ausgeführt werden. Trotz der Aufgaben, die das Rechenwerk zu leisten hat, ist es ein bemerkenswert unkomplizierter Bestandteil der CPU. Es besteht aus einem Addierer, einem Akkumulator und den entsprechenden logischen Schaltungen. Das bedeutet, daß ein Computer im Grunde genommen lediglich Zahlen addieren kann, und daß alle zu verrichtenden Operationen auf diese grundlegende Fähigkeit zurückgeführt werden müssen.

(b) das Steuerwerk (control unit)

> Das Steuerwerk ist der Kern der CPU. Es ist verantwortlich für alle Entscheidungen, die innerhalb der CPU getroffen werden. Diese Entscheidungen werden auf der Basis der Programme gefällt, die in der CPU ablaufen. Das Steuerwerk interpretiert und steuert alle Instruktionen des Computers und lenkt damit die Prozesse des Rechenwerks; es leitet mit einer ganz bestimmten Geschwindigkeit die auszuführenden Befehle an die entsprechenden Stellen weiter. Diese Geschwindigkeit, die von einem Impulsgenerator erzeugt wird, nennt man auch die **Taktfrequenz**. Je nach Höhe der Taktfrequenz können die Befehle

---

direkt ins Deutsche übernommen worden. Begriffe dieser Art werden dann entweder deutsch buchstabiert oder als Akronyme (feststehende Begriffe, wie z.B. Laser) definiert und ausgesprochen.

der CPU unterschiedlich schnell gesteuert werden. Die CPUs moderner Personal Computer arbeiten meist mit einer Taktfrequenz zwischen 3 und 20 MHz. Jedesmal, wenn eine Operation ausgeführt wird, tritt ein Zählwerk in Aktion, das die Zahl der durchgeführten Operationen überwacht. Die jeweilige Zahl holt eine Instruktion aus einem internen Speicher und legt sie in einem **Register** (Zwischenspeicher) ab. Dort wird die Instruktion decodiert und die entsprechenden Sequenzen von Impulsen und logischen Operationen initiiert.

(c) der (interne) Speicher

auch **Arbeitsspeicher** genannt, dient zum Speichern von Daten und Programmschritten, mit denen ein Programm arbeitet. Ein Computer kann nur solche Anweisungen ausführen, die im Arbeitsspeicher gespeichert sind. Arbeitsspeicher werden in zwei Grundtypen unterteilt: **ROM** oder Lesespeicher und **RAM** oder Zugriffsspeicher. [2]

ROM (Lesespeicher)

ROM speichert Information, die nur gelesen werden kann. Das bedeutet, daß die CPU nur Information aus diesem Speicher heraus-, nicht aber hineinlesen kann. Charakteristisch für einen ROM-Speicher sind die kurzen Lesezeiten, die einen schnellen Programmzugriff ermöglichen. Die Information, die im ROM enthalten ist, wird durch den Hersteller der CPU fest eingebaut und verbleibt auch dort, wenn der Computer ausgeschaltet ist. Die wichtigsten Befehle, die aus dem ROM abgerufen werden, beziehen sich auf die allgemeine Steuerung des Computers. Es handelt sich dabei um eine Reihe von kleinen Programmen, welche die Effizienz eines Computers überwachen. Diese steuern die grundlegenden Ein- und Ausgabevorgänge oder z.B. die Generierung alphanumerischer Zeichen.

RAM (Zugriffsspeicher)

Der Hauptanteil des internen Speichers ist ein Schreib- und Lesespeicher, in den Daten sehr schnell hineingeschrieben und ebenso schnell wieder herausgeholt werden können. Während man früher hierbei auf die Magnetkernspeicher zurückgriff, verfügt man heute über Halbleiterelemente, die eine größere Packungsdichte und damit eine gesteigerte Speicherkapazität erlauben. RAM ist der Speicher, in dem Programme während ihres Ablaufes verarbeitet und die dabei entstehenden Daten festgehalten werden. Im Gegensatz zum ROM gehen alle Daten des RAM verloren, sobald man den Computer ausschaltet. Der RAM ist also der Teil des internen Speichers, den die

---

[2] ROM steht für **Read Only Memory**, RAM für **Random Access Memory**. Beide englischen Zeichenfolgen werden auch im Deutschen als Akronyme verwendet.

CPU für den Benutzer _zur Verfügung_ hält.

Die Kapazität des internen Speichers (ROM und RAM) wird
in **Bytes** gemessen, wobei ein Byte in der Regel für ein
Zeichen, z.B. **A, k, !, @** oder **Θ** usw. steht.[3] Die durch-
schnittliche Speicherkapazität eines Personal Computers
beträgt etwa 512 000 Bytes = 512 KByte.

Schematisch läßt sich der Aufbau der gesamten CPU wie
folgt darstellen:

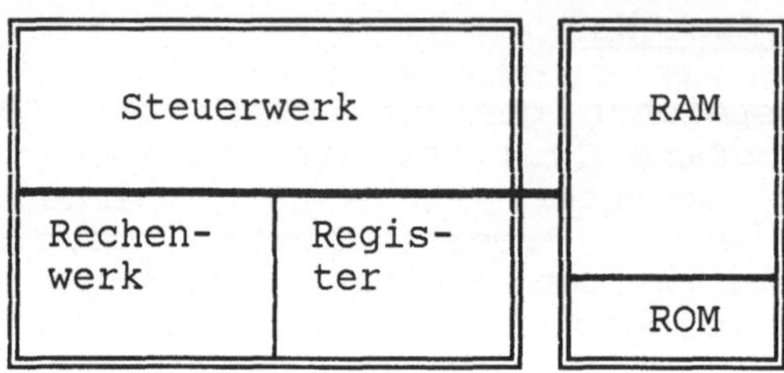

Fig. 2: Der Aufbau der CPU

2.1.2 Die Peripherie [4]

Um die Operationen eines Computers effektiv ausnutzen zu können, bedienen sich moderne Computersysteme einer Reihe von
peripheren, also nicht zur CPU gehörenden, Instrumenten.
Grundsätzlich lassen sich drei Peripheriegeräte unterscheiden:

- die Eingabegeräte
- die Ausgabegeräte
- die externen Speichermedien

Alle Peripheriegeräte sind mit der CPU über spezielle
Schnittstellen (engl. _interface_) verbunden. Dabei übernehmen
bestimmte elektronische Schaltungen die Aufgabe der Signalum-
wandlung. Die dafür notwendige 'Interface-Schalterlogik'
steuert dabei den Datenfluß.

(a) Eingabgeräte

Neben dem ältesten und allmählich nicht mehr gebräuchli-
chen Eingabemedium, der **Lochkarte**, deren Information von
speziellen Lochkartenlesegeräten in die CPU eingelesen

---

[3] Die Begriffe **Bit** und **Byte** sind im Anhang A näher erläutert.

[4] Die folgende Diskussion peripherer Geräte erhebt keinen Anspruch auf Vollständigkeit. Dem interessierten Leser sei in
diesem Zusammenhang die Arbeit von Schleuder (1972) empfohlen.

wurden, gibt es heute eine Vielzahl von Eingabemedien. Am gebräuchlichsten ist die **Tastatur**, die neben den bekannten Schreibmaschinentasten eine Reihe zusätzlicher Sonderzeichen sowie spezielle Funktionstasten enthält. Darüber hinaus gibt es spezielle Lesegeräte wie z.B. den von Kaufhauskassen bekannten **Belegleser**, der beim Lesen bestimmter Formulare oder Etiketten eingesetzt wird. Er liest die Daten auf der Basis vorgegebener Eingabemuster in die CPU. Ebenfalls auf der Basis normierter Schriften arbeitet der **Klarschriftleser**, der z.B. Bankschecks überprüfen und in den Computer einlesen kann. Heute sehr populär als Eingabegerät ist die sogenannte **Maus**, ein spezielles Instrument zur Eingabe graphischer Daten sowie zur Unterstützung allgemeiner Programmfunktionen. Graphische Daten können darüber hinaus auch mit **Lichtgriffeln** in die CPU gelesen werden.

Größere Computersysteme haben in der Regel eine ganze Reihe von Eingabegeräten, die in der Regel aus einer Tastatur und einem Bildschirm als Kontrollgerät bestehen. Diese Konfiguration nennt man **Terminal**. Dabei unterscheidet man zwei Typen:

- Computer-controlled Terminal,
  (als Passiv- oder auch 'Dummes' Terminal eingedeutscht) bei dem die Steuerung von einem Zentralcomputer ausgeht;

- Self-controlled Terminal
  (Aktiv- oder 'Intelligentes' Terminal)
  das Terminal verfügt über eine eigene CPU.

Neben diesen im wesentlichen mechanischen Eingabegeräten gibt es eine Reihe von nicht mechanischen Eingabegeräten, wie z.B. allgemeine **Signalgeber** wie Thermostate oder andere Meßfühler. Z.Zt. noch als Zukunftsvision anzusehen ist die **phonetische Eingabe**, bei der die Daten über das gesprochene Wort in den Computer übertragen werden.

(b) Ausgabegeräte

Ausgabegeräte zeigen auf verschiedene Art und Weise das Ergebnis einer Operation an. Dabei ist die rein visuelle Ausgabe auf einem **Bildschirmgerät** am gebräuchlichsten. Bei einem Bildschirmgerät kann es sich um einen handelsüblichen Fernseher handeln, will man nicht zum Zwecke der Darstellung besonders kleiner lesbarer Zeichen eine hohe Auflösung erreichen. Zu diesem Zwecke bietet die Industrie spezielle Monitore an, die je nach unterstützender Ergänzungshardware eine hohe bis extrem hohe Auflösung liefern. Weitere Ausgabegeräte sind **Lautsprecher**, über die die meisten Computer verfügen (z.B. Ausgabe von Warntönen) sowie Ausgaben auf **Mikrofilm** unter Zuhilfenahme spezieller Schreibgeräte.

(c) externe Speicher

Um die Resultate eines Rechenvorgangs permanent abspeichern und bei Bedarf wieder verwenden zu können, benötigt man externe Speicher. Sie halten Verarbeitungser-
gebnisse auch nach Ausschalten des Computers fest und
erlauben einen erneuten Zugriff auf die Daten bei einer
weiteren Computersitzung. Je nach Art des externen Speichers unterscheidet man Speicher, die einen **sequentiellen** bzw. einen **direkten Zugriff** erlauben. Bei einem sequentiellen Zugriff muß jegliche Information, die vor
dem Zugriffsziel auf dem Speichermedium vorhanden ist,
erst einmal überlesen werden, ehe die Zielinformation
erreicht wird. Der direkte Zugriff erlaubt einen
sofortigen Zugang zur Zielinformation. Neben der Art des
Zugriffs lassen sich externe Speicher auch nach ihrer
durchschnittlichen Datenübertragungsrate klassifizieren.

Das einfachste Speichergerät ist der handelsübliche **Kas-
settenrecorder.**

Weit verbreitet sind die **Floppy Disks,** kleine biegsame
schallplattenähnliche Scheiben, die in einer Schutzhülle
rotierend in einem speziellen Diskettenlaufwerk gelesen
und beschrieben werden. Ein Schreib-/Lesekopf tastet dabei, ohne auf der Diskette aufzuliegen, die magneti-
schen Impulse auf deren Oberfläche ab. Der Datenzugriff
bei Diskettengeräten ist um vieles schneller als bei
Tonbandkassetten. Floppy Disks haben zudem heute eine
Speicherkapazität von mehr als 1 MByte, das entspricht
etwa dem Inhalt von 500 Schreibmaschinenseiten im Format
DIN A4.

Noch größer in ihrer Speicherkapazität, noch schneller
in der Zugriffszeit, aber auch teurer sind die **Festplat-
ten** (Harddisks), die in Personal Computern die bis zu
1000-fache Speicherkapazität der Floppy Disks haben können.[5]

Zusammenfassend läßt sich ein Computer also wie folgt charakterisieren:

---

[5] Die Festplattentechnik wird vielfach auch **Winchestertechnik**
genannt.

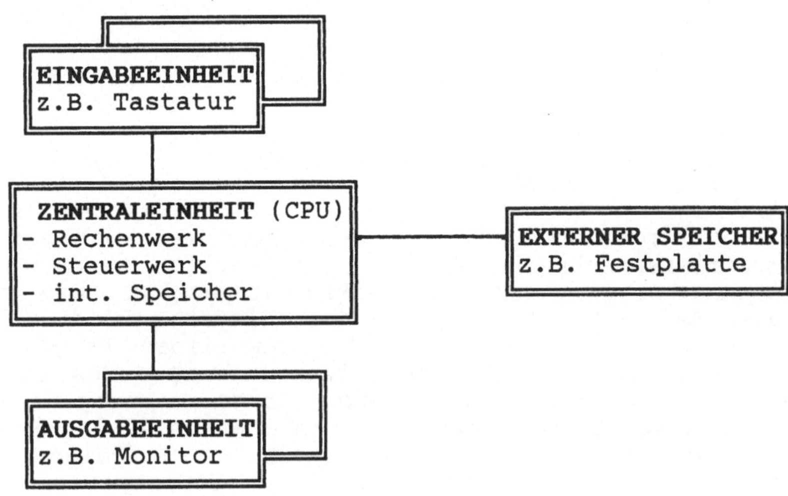

<u>Fig. 3:</u> Die Komponenten eines Computers

2.2 Die Darstellung von Daten im Computer

Bekanntlich "verstehen" Computer ja nur solche Informationen,
die zwei Zustände haben: elektronische Schalter, die entweder
an oder aus sind, elektronische Impulse, die eine hohe oder
eine niedrige Frequenz haben oder magnetisierte Elemente, die
eine der beiden Polaritäten besitzen können. Diese beiden Zustände elektronischer Elemente lassen sich durch zwei Ziffern
darstellen:

               0   1
        (Strom fließt)   (Strom fließt nicht)
        (hoher Impuls)   (niedriger Impuls)

Mit diesen beiden **Binärzahlen**, auch **Bit** (engl. **binary** digit)
genannt, lassen sich also genau zwei Zustände charakterisieren. Da wir aber auch Dezimalzahlen oder alphanumerische Information darstellen wollen, müssen wir Wege finden, mittels
dieser beiden Binärzahlen die gewünschte Information auszudrücken. Wie dies geschieht, ist im Anhang A näher erläutert.

2.3 Maschinen-orientierte Programmiersprachen

Nun könnte man sich durchaus vorstellen, als Basis jeglicher
Kommunikation mit einem Computer Binärzahlen zu wählen. Man
könnte zum Beispiel ein Programm der folgende Form schreiben.
Dieses Programm, das aus einfachen Dualzahlen besteht, soll
die arithmetische Operation (9 - 5) + 7 durchführen. Jede
Dualzahl stellt einen ganz bestimmten Schritt im Programmablauf dar:

```
0001
1001
1010
0101
0100
0111
1111
```

Die "Direktprogrammierung" in Bits kann man auch als **niedere** Programmiersprache bezeichnen. Gelegentlich werden auch andere niedere Programmiertechniken eingesetzt, wie z.B. das Oktal- (Basis 8) oder das Hexadezimalsystem (Basis 16).[6] Um eine bessere Übersicht über die jeweiligen Programmabläufe gewinnen zu können, hat man weiterführende Codes entwickelt. Eine Ebene höher als die direkte Programmierung im Dualcode ist die **symbolische Maschinensprache** anzusiedeln. Bei dieser besteht das Programm aus zwei Typen von Befehlen: den Operationsbefehlen (Startadressen) und den Operandenbefehlen (Datenwerte). Obiges Additions- und Subtraktionsprogramm im Dualcode ließe sich wie folgt in ein symbolisches Maschinenprogramm übersetzen:

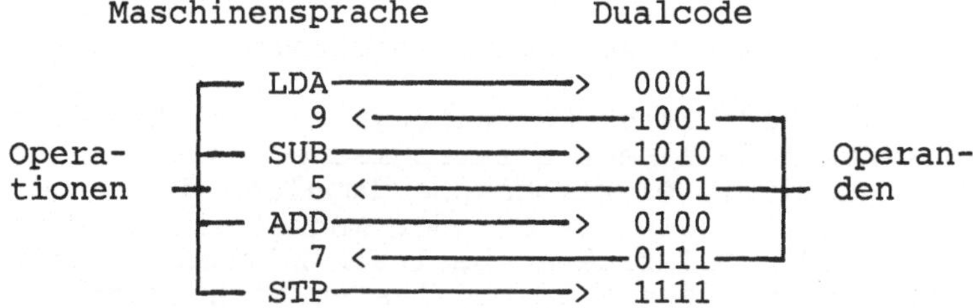

Fig. 4: Machinencode und Dualcode

Das Wort 'übersetzen' ist mit Bedacht gewählt worden. Um ein Maschinenprogramm zur Ausführung zu bringen, bedarf es eines Übersetzungsprogrammes. Dieses übersetzt die Programmschritte des Maschinenprogramms in den für den Computer einzigen verständlichen Code, den Dualcode. Übersetzungsprogramme, die das Maschinenprogramm in den Dualcode übertragen, nennt man auch **Assembler.**

2.4 Höhere Programmiersprachen

Die Entwicklung an höheren und damit auch für den ungeübten Computerbenutzer verständlicheren Programmiersprachen begann bereits relativ früh in den 50er Jahren. Da die anfänglichen Probleme der Datenverarbeitung vorwiegend numerischer Natur waren, mußte eine Darstellungsweise gefunden werden, in der arithmetische und algebraische Probleme möglichst einfach und übersichtlich präsentiert werden können. Die Computersprache **FORTRAN,** die bereits 1954 entwickelt wurde, ist eine solche Darstellungsweise. In anderen Bereichen allerdings ist

---

[6] Beide Systeme sind im Anhang A näher erläutert.

FORTRAN weniger erfolgreich. Auf dem geschäftlichen Sektor
z.B., man denke an kommerzielle Datenverarbeitung auf dem
Sektor des Anlegens von Adressdateien oder Gehaltslisten,
benötigte man eine effizientere Darstellung, als es FORTRAN
erlaubt. So entstand die Computersprache **COBOL**. Sowohl
FORTRAN als auch COBOL (hier stellvertretend für die vielen
vorhandenen höheren Programmiersprachen genannt) sind also
aus dem Bedürfnis heraus entstanden, auf der einen Seite dem
Benutzer einen lesbareren Code als die Maschinensprache zur
Verfügung zu stellen und auf der anderen Seite, ein ganz
bestimmtes Problem effizient bearbeiten zu können. Ein
weiteres wichtiges Element im Design höherer
Programmiersprachen ist der Aspekt der Übersichtlichkeit und
Lesbarkeit der Programme. So entstand z.B. in den späten 50er
Jahren die Programmiersprache **ALGOL**, die es sich zur Aufgabe
gemacht hat, anders als FORTRAN numerische Algorithmen beson-
ders übersichtlich darzustellen.

Auf diese Art und Weise traten mehr und mehr Programmiersprachen in Erscheinung. Alle diese Sprachen sind zu ganz bestimmten Zwecken entwickelt worden. Im Prinzip kann man in
jeder dieser Sprachen alles programmieren. Der Aufwand allerdings, den z.B. FORTRAN für die Verarbeitung eines natürlichsprachlichen Eingabesatzes oder LISP für mathematische
Funktionen treibt, dieser Aufwand unterscheidet die höheren
Programmiersprachen. Aus diesem Grunde gibt es für bestimmte
Problembereiche bestimmte Programmiersprachen. Diese Problembereiche umfassen z.B.:

- das Verarbeiten arithmetischer und algebraischer Probleme
- das Verarbeiten von geschäftlichen Daten
- das Verarbeiten von Listen und Eingabeketten
- spezielle wissenschaftliche, z.B. chemische, Probleme

Darüber hinaus unterscheiden sich die derzeitig verfügbaren
höheren Programmiersprachen bezüglich ihres Designs. So gibt
es Ästheten, die an besonders gut strukturierten und über-
sichtlichen Programmen wie z.B. in **PASCAL** ihre Freude haben,
während andere die Kreativität einer Sprache wie **LISP** oder
PROLOG hervorheben.

2.4.1 Typen höherer Programmiersprachen

Wie schon im vorigen Abschnitt beschrieben, kann man höhere
Programmiersprachen nach ganz bestimmten Kriterien einteilen.
Diese Kriterien betreffen die Problemorientiertheit der jeweiligen Sprachen. Im folgenden ist eine Übersicht der bekanntesten Programmiersprachen gegeben:

(a) algebraisch/arithmetische Programmiersprachen

Programmiersprachen dieses Typs sind hauptsächlich dazu
ausgelegt, mathematische und statistische Probleme oder
solche Probleme zu lösen, die durch Formeln oder bestimmte Verarbeitungsvorschriften (Algorithmen) bearbeitet werden können. Die bekanntesten algebraischen Programmiersprachen sind:

Akronym	Bedeutung/Ausrichtung
FORTRAN	**Formula Translator**
BASIC	**Beginners All-purpose Symbolic Instruction Code**
PL/1	**Programming Language Version 1**
ALGOL	**Algorithmic Language**
JOVIAL	**Jules' own version of ALGOL**
APL	**A Programming Language**

<u>Fig. 5:</u> Algebraische höhere Programmiersprachen

All diese Sprachen sind einander ziemlich ähnlich, so daß der Benutzer, hat er eine von diesen gelernt, schnell eine andere dieser Familie erlernen kann.

<u>(b) 'kommerzielle' Programmiersprachen</u>

Im Unterschied zu den algebraischen Programmiersprachen sind Programmiersprachen dieses Typs speziell für die Verarbeitung kommerzieller Daten geeignet. Anwendungen dieser Art befassen sich mit der Verwaltung von großen Dateien, mit der schnellen Verfügbarmachung von Informationen aus diesen Dateien, also Abfragen über gewisse Daten, sowie dem Sortieren oder Umstellen von Daten. Bei den Daten selbst handelt es sich primär um nicht-numerische Daten wie z.B. Adressen, Namen usw.

Akronym	Bedeutung/Ausrichtung
COBOL	**Common Business Oriented Language**
RPG	**Report Program Generator**

<u>Fig. 6:</u> Kommerziell-orientierte höhere Programmiersprachen

<u>(c) Vielzweck-Programmiersprachen</u>

Eine Reihe von Programmiersprachen läßt sich für fast jeden Problembereich gleichermaßen gut einsetzen und ist damit nur schwer klassifizierbar. Sprachen dieser Art erfreuen sich gerade bei jüngeren Programmierern großer Beliebtheit, kann man doch zum einen fast jedes Problem adäquat behandeln und zum zweiten schon bei einem kleinen Computer den gewünschten Interpreter implementieren. In der folgenden Übersicht tauchen mit BASIC und PL/1 zwei Programmiersprachen auf, die schon in Fig. 5 aufgelistet wurden. Das liegt an der ursprünglichen Orientierung dieser Sprachen, die sich allerdings auch für andere Bereiche als geeignet erwiesen haben:

Akronym	Bedeutung/Ausrichtung
BASIC	**B**eginners **A**ll-purpose **S**ymbolic **I**nstruction **C**ode
PL/1	**P**rogramming **L**anguage Version 1
PASCAL	(benannt nach B. Pascal)
ADA	(benannt nach ADA Lovelock)

<u>Fig. 7:</u> Vielzwecksprachen

Daß die vorstehende Übersicht keinen Anspruch auf Vollständigkeit erhebt, wurde oben bereits angedeutet. Daß darüber
hinaus die angeführten Klassifikationskriterien höherer Programmiersprachen nicht klar voneinander abgegrenzt sind,
dürfte ebenfalls klar geworden sein. Das wurde schon bei der
Doppelt-Klassifikation von PL/1 oder BASIC deutlich. Aus diesem Grunde könnte man noch eine Reihe anderer Kriterien sowie
Klassifizierungsmerkmale einführen. Es wäre z.B. möglich, die
Sprachen PASCAL, BASIC und neuerdings **LOGO** als sehr nützliche
Lehrsprachen anzusehen, Sprachen also, die geeignet sind, einem unbedarften Computerbenutzer das Programmiereinmaleins
beizubringen. Dann gibt es Sprachen, die sich durch eine hohe
Assemblerähnlichkeit auszeichnen, z.B. **FORTH**. Und schließlich
gibt es noch Sprachen, die dem Betriebssystem (siehe unten)
eines Computers sehr nahe stehen. Die Sprache **C** ist der wohl
bekannteste Vertreter dieser Gruppe.

2.4.2 Programmiersprachen der KI

Die Programmiersprachen der KI lassen sich in drei Gruppen
unterscheiden, wobei die Übergänge allerdings relativ
fließend sind, da viele Gemeinsamkeiten bestehen:

Ausrichtung	Akronym	Bedeutung
Kettenverarbeitung	SNOBOL	
Listenverarbeitung	IPL	**I**nformation **P**rocessing **L**anguage
	LISP	**L**ist Processor
	SLIP	**S**ymmetric **L**ist Processor
Logik Programmierung	PROLOG	**Pro**gramming in **Log**ic

<u>Fig. 8:</u> Programmiersprachen der KI

<u>(a) String-Processing (Kettenverarbeitung)</u>

Eine Kette (String) ist eine Sequenz von Zeichen, z.B.
Buchstaben. So kann man z.B. einen Satz als Kette von
Buchstaben betrachten. Jemand, der etwa die Verwendung
von Wörtern in einem Text zu untersuchen gedenkt, bedient sich einer Sprache, die im Bereich der Analyse von

Ketten sehr geeignet ist. **SNOBOL**, 1962 in den Bell Laboratories (USA) entwickelt, ist eine solche Sprache. Schon damals im Zeitalter der herannahenden 3. Computergeneration entstand der Wunsch, nicht nur numerische Operationen durchführen zu können, sondern auch Buchstaben zu manipulieren. In diesem Bereich waren die damals gängigen Sprachen wie ALGOL und FORTRAN ziemlich ineffizient. Die heutige Version, **SNOBOL 4**, kann für die verschiedensten Zwecke eingesetzt werden. Neben der Stärke, der Buchstabenverarbeitung, können sowohl wissenschaftliche und datenverarbeitungstechnische Probleme mit SNOBOL behandelt werden. Eine weitere wichtige Eigenschaft von SNOBOL ist die Möglichkeit des Programmierers, eigene Datenstrukturen zu definieren. Das macht SNOBOL zu einer Sprache, die auch mit der Listenverarbeitung fertig wird.

(b) List processing (Listenverarbeitung)

Daten können auch sequentiell angeordnet sein, indem man sie im Speicher des Computers ordnet. Eine Methode dafür bietet die '**Pointer-Technik**' (Zeigertechnik). Dabei wird an jedes Datenelement ein spezielles Element angehängt, das spezifiziert, wo das nächste Element der Datensequenz gespeichert ist. Man kann sich das in etwa so verdeutlichen:

Eingabe: The old man saw the woman.

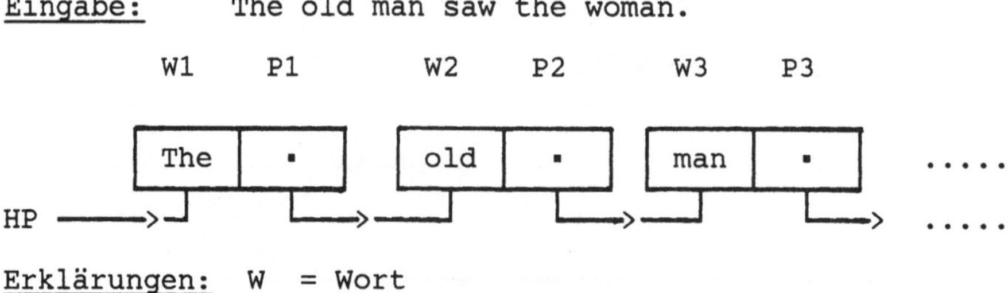

Erklärungen: W = Wort
              P = Pointer (Zeiger)
              HP = Hardware Pointer

Fig. 9: Die Pointer-Technik in Listenverarbeitung

Die in Fig. 9 dargestellte Anordnung nennt man eine **Liste**, in der jedes Eingabeelement durch einen **Pointer**, dargestellt durch ▪, physikalisch auf das Folgeelement verwiesen wird. Mit HP ist ein Anfangspointer dargestellt, der die gesamte Liste einem bestimmten Bereich des Arbeitsspeichers zuweist.

Diese Art von Datenverarbeitung kam zuerst in der Programmiersprache **IPL** zur Anwendung. IPL wurde von Newell, Shaw und Simon bereits 1957, also kurz nach der Dartmouth Konferenz, für spezielle Problemlösungsverfahren entwickelt. Besonders kennzeichnend war die Verwendung psychologischer Konzepte wie etwa das der Assoziation, wodurch mit Hilfe der Listenverarbeitung große Datenmengen verarbeit und während der Programmausführung aufgebaut werden konnten. Schon damals war klar, daß bei der Verarbeitung eines natürlichsprachlichen Satzes, der Planung eines Schachzuges oder der Vorbereitung einer bestimmten Aktion Datenmengen anfallen, die nicht von vornherein festgelegt werden können, sondern von der jeweiligen Problemstellung abhängig sind. Listenverarbeitende Sprachen sind hier sehr effizient, da sie das Problem der unvorhersehbaren Datenmenge durch die freien Listenzellen lösen, die im Laufe der Programmausführung angesprochen werden. Viele der frühen KI-Programme wurden in IPL geschrieben, so z.B. der Logic Theorist oder auch generelle Problemlösungsprogramme wie allgemeine Pattern-Matching Programme.

Neben FORTRAN ist **LISP** eine der ältesten heute noch in vielen Bereichen eingesetzten höheren Programmiersprachen. Bereits während der Dartmouth Konferenz dachte der 'Vater' dieser Sprache, **John McCarthy** über eine algebraische listenverarbeitende Programmiersprache nach. Da IPL nicht auf den IBM 704 Maschinen zur Verfügung stand und IBM das Forschungsprogramm McCarthys unterstützte, lag es auf der Hand, eine eigene listenverarbeitende Sprache zu entwickeln. So entstand bereits 1958 der erste LISP Interpreter und noch heute ist LISP **die** Programmiersprache der KI. Neben den Datenstrukturen, die denen von IPL ähnlich sind, wird im Gegensatz zu vielen anderen Programmiersprachen nicht in sequentiellen Schritten geschrieben sondern in Funktionen, die eine Anzahl von Argumenten besitzen können.

Nachdem McCarthy seine ersten Vorstellungen über LISP [7] dargelegt hatte, traten schon bald erste Unzulänglichkeiten auf. Die Version LISP 1.5 sowie die Version 2 korrigierten diese (1962). Durch die hohe Flexibilität von LISP, d.h. durch die Möglichkeit, eigene Funktionen selbst ohne große Probleme zu entwickeln, tauchten schon bald immer neue Versionen von LISP auf. Die bekanntesten davon sind **MACLISP** (Massachussetts Institute of Technology) und **INTERLISP** (Xerox), die um etwa 1970 entwickelt wurden. Da zu Anfang der 80er Jahre LISP immer noch die Sprache der KI war und eine derartige Vielfalt von LISP-Dialekten existierte, daß man leicht die Übersicht verlieren konnte, initiierte das US-Verteidigungsministerium eine Konferenz über eine Sprachnorm für LISP. 1984 schließlich einigte sich die **DARPA**-Konferenz [8] auf eine neue Norm, das **Common LISP**. Da

---

[7] Diese Überlegungen erschienen in einer Veröffentlichung, die den Zusatz **Part I** hatte, deren zweiter Teil aber nie erschien. Daher wurde die erste Version von LISP **LISP I** genannt.

[8] **DARPA** = **Defence Advanced Research Projects Agency**.

diese Version auch auf dem Personalcomputer zur Verfügung steht, findet sie heute eine große Verbreitung.

Eine weitere listenverarbeitende Sprache, die allerdings
nie die Popularität von LISP erlangt hat, ist **SLIP**. Bereits 1963 von Weizenbaum entwickelt steht SLIP IPL näher als LISP. Der Hauptunterschied zu LISP liegt in der
Symmetrie der Listen, d.h. jedes der Elemente ist sowohl
an das vorhergehende wie auch an das folgende gebunden.
Im Unterschied zu LISP und IPL allerdings ist SLIP keine
unabhängige Programmiersprache, sondern SLIP ist in FOR-
TRAN geschrieben. Das bekannteste KI-Programm, das in
SLIP implementiert wurde, ist Weizenbaums **ELIZA** Programm, das den Dialog zwischen einem Patienten und einem
Psychotherapeuten simuliert.

(c) Programming in LOGIC (Logik Programmierung)

Eine spezielle Klasse von Programmiersprachen basiert
auf den Prinzipien der sogenannten Prädikatenlogik, einem formalen Sprachsystem zur Beschreibung logischer
Phänomene. Die Prinzipien und Axiome dieser speziellen
Art logischer Beweisführung sind direkt in diesen Programmiersprachen zum Ausdruck gekommen. Die bekannteste
unter ihnen ist **PROLOG**. Anfang der 70er Jahre in
Frankreich zunächst als Grammatikinterpreter entwickelt
und 1972 erstmals als **DEC-10-PROLOG** eingesetzt hat PRO-
LOG heute in der KI-Forschung gerade in Europa große
Popularität erlangt.

Da sowohl LISP als auch PROLOG in vielen KI-Anwendungen
eingesetzt werden, liegt die Frage nach der geeigneteren
KI-Programmiersprache auf der Hand. Diese Frage läßt
sich nicht leicht entscheiden. Während PROLOG eine Reihe
interner Schlußfolgerungsmechanismen bereits anbietet,
müssen diese in LISP erst geschrieben werden. Somit ist
PROLOG für Außenstehende etwas leichter zu verstehen,
während LISP in seinen Programmen mehr Information über
das Programm selbst bietet. Außerdem bietet LISP in seinem Kern nur eine Reihe von Funktionen, die allerdings
durch das Entwickeln neuer Funktionen erweiterbar sind.
Da PROLOG mehr Datenverwaltungsmechanismen als LISP bietet, wird PROLOG vielfach in 'intelligenten' Datenbanken
oder zur Lösung abstrakter Probleme eingesetzt. [9]

(d) Sonstige

Ausgehend von LISP und seinen Daten- und Kontrollstruk-
turen sind eine Reihe von Programmiersprachen entwickelt
worden, die bei speziellen KI-Anwendungen zum Einsatz
gekommen sind. So wurde Winograds berühmt gewordenes

---

[9] Im Kapitel 6 wird die Frage nach der vorteilhafteren Programmiersprache ausführlich diskutiert.

SHRDLU [10) in der Programmiersprache **Planner** programmiert, andere Expertensysteme z.B. sind in **CONNIVER** geschrieben worden. Bei beiden Sprachen handelt es sich um listenverarbeitende Sprachen, wobei insbesondere die Idee des expliziten **Backtracking** (Rückgriff auf zwischengespeicherte Information) eingearbeitet wurde. Eine weitere KI-Programmiersprache, **SAIL** (**S**tanford **A**rtificial **I**ntelligence **L**aboratory), basiert auf ALGOL-60 und wurde hauptsächlich für den Bereich der visuellen Verarbeitung eingesetzt. In Europa kam die Sprache **POP-2** besonders in Großbritannien zu einem gewissen Bekanntheitsgrad, da gute LISP Implementierungen in den 60er Jahren noch nicht zur Verfügung standen. Daher entwickelten die KI-Forscher der Universität Edinburgh, angetrieben von **Popplestone**, die oben genannte Sprache. Sie ist heute noch sehr populär, hat aber in anderen Ländern keine Verbreitung gefunden. Noch nicht allzu lange ist die Programmiersprache **FUZZY** im Einsatz. Im Gegensatz zu den übrigen Sprachen erlaubt es FUZZY, abgestufte Werte einzubringen und nicht nur auf entweder/oder-Basis entscheiden zu müssen. Das Dialogsystem HAM-RPM (Hamburger Rede-Partner Modell) wurde in FUZZY geschrieben.

Unter den oben beschriebenen KI-Programmiersprachen ist LISP diejenige, die noch heute die größte Verbreitung gefunden hat. So schrieb John McCarthy 1978:

> "LISP wird erst aussterben, wenn jemand eine kompaktere Programmiersprache entwickelt, die LISP praktisch dominiert und die eine klare mathematische Begriffswelt sowie eine kompaktere Merkmalsmenge hat."[11)

Aus diesem Grunde werden auch heute noch die meisten KI-Programme in LISP entwickelt. Das liegt nicht nur an der Programmiersprache LISP selbst, sondern auch an der zur Verfügung stehenden Hardware. So gibt es mittlerweile die sogenannten **LISP-Maschinen**, Computersysteme, die ausschließlich in LISP programmiert wurden und damit eine für KI-Anwendungen größtmögliche Flexibilität erlauben. PROLOG auf der anderen Seite wird heute vielfach insbesondere in Europa eingesetzt, und mit seinem ehrgeizigen KI-Projekt der 5. Computergeneration und der Entscheidung für PROLOG wird Japan diese Programmiersprache sicherlich noch populärer machen.

[10)]Bei dem zungenbrechenden Akronym **SHRDLU** handelt es sich um eine von Winograd gewählte Liste, welche die Häufigkeit des Auftretens dieser Buchstaben im Englischen von links nach rechts darstellt. Die Reihenfolge ist: ETAOINSHRDLU. Und genau mit dieser Bezeichnung werden in Zeitungsspalten Setzfehler markiert (c.f. Hofstadter, D. 1979. Gödel, Escher und Bach. Stuttgart: Klett, deutsche Ausgabe: S. 669-671.).

[11)]Aus dem Englischen übertragen. Originalzitat siehe McCarthy (1978), S. 221.

2.5 Zusammenfassung

Ausgehend vom binären System ist gezeigt worden, aus welchem Grunde die Verwendung höherer Programmiersprachen sinnvoll ist und welchen Prinzipien diese unterliegen. Die folgende Tabelle soll noch einmal einen Überblick über die verschiedenen Sprachen geben:

Jahr	Programmiersprache	entwickelt von/in	Hauptanwendungsgebiet
1954	FORTRAN	IBM/USA	Algebra/Arithmetik
1957	IPL	Newell et.al./USA	Künstliche Intel.
1958	ALGOL	Europa	Algebra/Arithmetik
	LISP	McCarthy/USA	Künstliche Intel.
1959	COBOL	USA	kommerziell
1960	PL/1	IBM/USA	Algebra/Arithmetik
1962	SNOBOL	Bell Labs/USA	Künstliche Intel.
1965	BASIC	Kemeny/Kurz/USA	Algebra/Vielzweck
1966	APL	Iversen/USA	Algebra/Arithmetik
1971	PASCAL	Wirth/Schweiz	Vielzweck
1972	PROLOG	Frankreich	Künstliche Intel.
1979	ADA	Pentagon/USA	Vielzweck
	LOGO	-	Lehrsprache

Fig. 10: Die Entwicklung der bekanntesten höheren Programmiersprachen (einige Jahreszahlen sind gerundet).

2.6 Literaturhinweise zu Kapitel 2

Barr, A. & Feigenbaum, E.A. (eds.) 1982. The Handbook of Artificial Intelligence (Vol. II). London: Pitman.

Barron, D.W. 1977. An Introduction to the Study of Programming Languages. Cambridge University Press.

Clark, K.L. & McGabe, F.G. 1984. micro-PROLOG: Programming in Logic. New York: Prentice Hall.

Clocksin, W.F. & Mellish, C.S. 1984. Programming in PROLOG. Berlin: Springer Verlag.

Cutler, D.I. 1972. Introduction to Computer Programming. New Jersey: Prentice-Hall.

Davis, G. 1977. Introduction to Computers. New York: MacGraw-Hill.

Farber, D,J., Griswold, R. & Polonsky, I.P. 1964. SNOBOL. A String Manipulation Language. JACM 11: 21 - 31.

Flores, I. 1971. Computer Programming. New York: Prentice-Hall.

Funkhouser, R. 1985. BASIC auf dem IBM PC. München: Hanser.

Garside, R.G. 1980. The Architecture of Digital Computers: University Press.

Goldstein, L.L. 1985. Goldsteins IBM PC Buch. München: Hanser.

Hahn, R. 1981. Höhere Programmiersprachen im Vergleich. Wiesbaden: Akademische Verlagsgesellschaft.

Higman, B. 1971. Programmiersprachen. Eine vergleichende Studie. Leipzig: Teubner Verlagsgesellschaft.

Hill, I.D. & Meek, B.L. (eds.). 1980. Programming Language Standardisation. Chichester: Ellis Horwood Publishers.

Kindred, A. R. 1976. Introduction to Computers. New York: Prentice Hall.

Mazda, F.F. 1969. The Components of Computers. Rank Xerox Development Laboratory.

McCarthy, J. 1978. History of LISP. ACM 13: 217-223.

Osborne, A. 1978. Microcomputer-Grundwissen. München: Te-Wi Verlag.

Peterson, W.W. 1974. Introduction to Programming Languages. New Jersey: Prentice Hall.

Rosen, S. 1967. Programming Systems and Languages. New York: Mac-Graw Hill.

Sammet, J.E. 1969. Programming Languages: History and Fundamentals. New Jersey: Prentice-Hall.

Schleuder, G. 1972. Periphere Geräte in der Datenverarbeitung. München: Hanser.

Touretzky, D.S. 1984. LISP: A Gentle Introduction to Symbolic Computation. New York: Harper & Row.

Weizenbaum, J. 1963. Symmetric List Processor. CACM.

Winograd, T. 1972. Understanding Natural Language. New York: Academic Press.

3 Die Bedienung eines Computers

- Das Betriebssystem
- Betriebssysteme für den Personal Computer
- Der KI-taugliche Computer
- Programmierdisziplin
- Zusammenfassung
- Literaturhinweise

mmh !!
DO !

3 Die Bedienung eines Computers

Nachdem wir den Aufbau und die Komponenten eines Computers, also die **Hardware**, kennengelernt haben und uns ebenso mit der Darstellung von Daten in einem Computer beschäftigt haben, liegt die Vermutung auf der Hand, daß wir nun in der Lage sind, einen Computer fachgerecht zu bedienen. Das ist leider nicht so. Ein Computersystem will entsprechend verwaltet und für die Aufgabenstellung angemessen konfiguriert sein. Darüber hinaus sollten bestimmte Schritte bei der Erstellung von Programmen und Programmteilen befolgt werden.

3.1 Das Betriebssystem

Wie ein Großbetrieb muß auch ein Computersystem über eine Art 'Manager' verfügen, der das Zusammenwirken der diversen Komponenten lenkt. Diese Managerfunktion wird vom **Betriebssystem** übernommen.

Gleich nach dem Einschalten des Computers tritt zunächst einmal ein Programm, der sogenannte **Monitor** [1], in Aktion, das überprüft, ob überhaupt etwas zu laden ist. Das eigentliche Betriebssystem holt sich dieses Initialprogramm von einem externen Speicher. Damit dürfte klar sein, daß das Betriebssystem aus einer Vielzahl von Programmen und Programmteilen besteht. All diese Programme steuern den gesamten Ablauf innerhalb eines Computersystems. Sie vermitteln zwischen Software und Hardware auf der einen Seite sowie zwischen Mensch und Maschine auf der anderen. Zu den Hauptaufgaben des Betriebssystems gehören u.a.:

- Interpretation der Zeichen auf der Tastatur

     Auf der Basis des ASCII-Codes 'versteht' der Computer die verschiedenen Zeichen. Bereits beim Start müssen diese Erkennungsroutinen eingelesen werden, da z.B. eine englische Tastatur und deutsche Tastatur unterschiedlich aufgebaut sind.

- Kontrolle der Ausgabe auf dem Bildschirm

     Über die sogenannten **Schnittstellen** (engl. interface), die Verbindungsglieder zwischen den Komponenten eines Computersystems, gelangen die einzelnen Daten von der CPU an die Peripherie. Dabei müssen die auszugebenden Zeichen an die richtige Stelle, in der entsprechenden Form und mit der entsprechenden Geschwindigkeit ausgegeben werden.

- Steuerung des Datenflusses zwischen CPU und externen Speichern

---

[1] Nicht zu verwechseln mit einem Bildschirm.

Das Betriebssystem weist den Daten bestimmte Bereiche auf den externen Speichern zu, in denen sie abgespeichert werden. Es findet aber auch die gewünschten Daten in einem externen Speicher, z.B. auf einer Diskette.

- Kontrolle der übrigen Ausgabeeinheiten

Eine der wichtigsten Aufgaben des Betriebssystemes ist es, das Ausdrucken von Daten zu steuern. In Zusammenarbeit mit der jeweiligen Schnittstelle werden der Kontakt zum 'Zielgerät' hergestellt und die Daten übertragen.

3.2 Betriebssysteme für den Personal Computer

Da sich die folgenden Abschnitte ausschließlich mit dem Programmieren von PCs befassen, sind im folgenden lediglich die bekanntesten Betriebssysteme für PCs vorgestellt:

Bezeichnung	Bedeutung	entwickelt von
CP/M	Control Program for Microprocessors	Digital Research
OASIS		Phase One Sys.
UCSD-p		Softech Micro-systems
UNIX		Bell Labs.
MS-DOS	Microsoft Disk Operating System	Microsoft IBM

<u>Fig. 11:</u> Die gängigsten Betriebssysteme für PCs [2]

Auf PCs am weitesten verbreitet ist das **DOS**. Da es von der Firma Microsoft entwickelt wurde, erhielt es den Zusatz **MS**, es wird aber auch vielfach PC-DOS genannt, da es speziell für den Personal Computer entwickelt wurde. Da sich das vorliegende Buch auf das MS-DOS stützt, wird dem Leser empfohlen, dieses Betriebssystem anhand der relevanten Literatur ausführlich zu studieren.

3.3 Der KI-taugliche Computer

Ein KI-taugliches Computersystem sollte wie folgt konfiguriert sein und über entsprechende Software verfügen:

(a) einen Arbeitsspeicher von mindestens 512 KByte
(b) zwei Diskettenlaufwerke, besser eine Festplatte
(c) einen schnellen Prozessor
(d) einen komfortablen Editor
(e) evtl. ein Compilierungsprogramm

---

[2] Bei den Firmen handelt es sich um eingetragene Warenzeichen.

Die Gründe für die Größe des Arbeitsspeichers dürften auf der
Hand liegen: Nimmt man z.B. das Golden-Common LISP Software
Paket, so kommt man auf folgende Werte (gerundet):

Größe des Interpreters: 40 KByte
Größe des Editors: 250 KByte
Umfang der Programmierhilfen: 100 KByte

Dazu kommt noch das Programm selbst, sowie ein erforderlicher
Speicherplatz für das Betriebssystem. Man stößt also schnell
an die Grenzen des Computers.

Will man bei den jeweiligen KI-Programmen nicht nur Spiel-
oder Simulationsprogramme ausarbeiten, sondern echte Anwendungen erstellen, ist Schnelligkeit ein wichtiger Faktor. Die
Komplexität eines KI-Programmes stellt an den Prozessor hohe
Anforderungen. Je schneller ein Prozessor, d.h. je höher die
Taktfrequenz, desto schneller kann ein Programm ablaufen.
Eine Erhöhung der Verarbeitungsgeschwindigkeit kann man natürlich auch durch den Einsatz eines Compilers erzielen, der
das Programm einmal in den Maschinencode übersetzt und damit
den Ablauf gegenüber einem interpretierten Programm beschleunigt.

Bei der Erstellung des Programmes ist die Fähigkeit des Editors von großer Wichtigkeit. Zwar tut eine einfache Textverarbeitung auch ihren Dienst, doch bieten die Editoren der jeweiligen Programmiersprachen häufig ganz spezielle Möglichkeiten. So enthalten die meisten LISP-Editoren z.B. eine Prozedur, die das Programm auf formelle Richtigkeit überprüft
oder Teile eines Programmes gesondert abrufen kann.

3.4 Programmierdisziplin

Ausgehend von einem ausreichend konfigurierten Computersystem
mit dem Betriebssystem DOS, dem Vorhandensein eines entsprechenden Interpreters, sowie der Kenntnis der gewünschten Programmiersprache könnte man nun geneigt sein, direkt mit dem
Erstellen von Programmen beginnen zu wollen. Das ist zwar
prinzipiell möglich, doch erfordert jede Auftragsvergabe an
den Computer ganz bestimmte Teilschritte, ehe das dann zu er-
stellende Programm zum Ablauf gebracht werden kann. Die Teilschritte, die ein Programm durchführen soll, können vor der
eigentlichen Programmierung auf verschiedene Art und Weise
dargestellt werden:

(a) Darstellung des Problems

Bevor man sich Gedanken über Programmablauf und Programmierung macht, muß zunächst einmal das Problem vernünftig dargestellt werden. Das macht man in der Regel zunächst verbal.
Hier ein Beispiel:

> Der Computer soll von einem natürlichsprachlichen deut-
> schen Eingabesatz das erste Wort abschneiden und gram-
> matikalisch analysieren. Er soll uns die grammatikali-
> sche Kategorie des ersten Wortes sowie den Rest des Ein-
> gabesatzes auswerfen.

(b) die Zerlegung des Problems in Teilschritte

Um dieses linguistische Problem in einen für den Computer
verständlichen **Algorithmus**, d.h. in eine entsprechende Ver-
arbeitungsvorschrift, umzusetzen, bedarf es einer Reihe von
Vorüberlegungen. Zunächst einmal muß man sich das rein grammatikalische Fachwissen beschaffen, um den entsprechenden Algorithmus überhaupt erstellen zu können. Das heißt im Klar-
text, man muß überhaupt erst einmal wissen, wie ein Satz der
deutschen Sprache beginnen kann, d.h. welche Wörter an der
ersten Stelle eines wohlgeformten deutschen Satzes erscheinen
können. Die folgenden Beispiele geben eine Auswahl deutscher
Satzanfangsmuster:

```
(1)   Der Mann sah die Frau.                    = Artikel
(2)   Guter Rat ist teuer.                      = Adjektiv
(3)   Im Garten steht ein großer Baum.          = Präposition
(4)   Autofahren ist Nervensache.               = Nomen (allg.)
(5)   Paul arbeitet zur Zeit sehr hart.         = Nomen (Name)
(6)   Du siehst wieder hinreißend aus.          = Pronomen
(7)   Obwohl ich Dich kenne,.....               = Konjunktion
(8)   Kommt Paul heute rechtzeitig nach Hause?  = Verb (Frage)
(9)   Schau Dir das einmal an!                  = Verb (Imper.)
(10)  Gestern war Paul ziemlich schlecht gelaunt. = Adverb
      ..........
```

Aufbauend auf den im Deutschen möglichen Satzanfangsmustern
müssen wir der Maschine nun eine Komponente eingeben, welche
die Einzelwörter erkennt. Der Computer benötigt also ein **Lexikon**. In diesem Lexikon werden den verschiedenen Wörtern die
jeweiligen grammatikalischen Kategorien zugeordnet.

Ausgehend von diesen Überlegungen können wir nun den gesamten
Algorithmus in Teilschritte zerlegen:

1. Lesen des Lexikons
2. Aufforderung an den Benutzer, eine Eingabe vorzunehmen
3. Abschneiden des ersten Wortes der Benutzereingabe
4. Vergleichen des ersten Wortes der Benutzereingabe mit dem
   internen Lexikon
5. Bei erfolgreichem Vergleich Ausgabe der grammatikalischen
   Analyse
6. Bei Mißerfolg Ausgabe einer entsprechenden Nachricht mit
   der Aufforderung an den Benutzer, eine neue Eingabe vorzunehmen.

(c) Graphische Darstellung des Problems

In vielen Fällen reicht eine verbale Darstellung eines Algorithmus völlig aus. Zum Zwecke der übersichtlicheren Programmdokumentierung werden vielfach zusätzliche Illustra-tionshilfen eingesetzt. Am gebräuchlichsten sind hierbei das **Flußdiagramm** (engl. <u>flow</u> <u>chart</u>) sowie die **Entscheidungstabelle** (engl. <u>decision</u> <u>table</u>).

Unser linguistischer Algorithmus sieht in einem Flußdiagramm wie folgt aus:

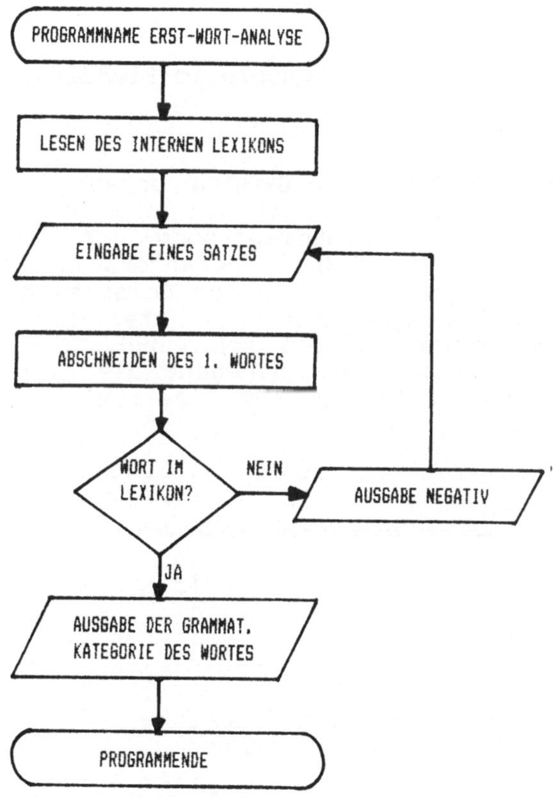

<u>Fig. 12:</u> Flußdiagramm des Programms Erst-Wort-Analyse

Mit einem **Flußdiagramm** versucht man den Informationsfluß in
einem System zu veranschaulichen. Man nennt eine solche Darstellung auch **prozedural**, da sie im wesentlichen die Sequenz
der ablaufenden Schritte darstellt. Flußdiagramme sind schon
relativ lange bekannt. Sie wurden schon zu Zeiten verwendet,
als man elektronische Datenverarbeitung noch nicht kannte. So
ist es nicht verwunderlich, daß es noch bis vor kurzem eine
Reihe von 'Standards' gab, die das gleiche bezweckten, aber
verschiedene Notationen besaßen. Heute am weitesten verbreitet ist der sogenannte ISO-Standard [3], doch auch heute gibt
es Bestrebungen, diesen Standard zu verändern. Im wesentlichen unterscheidet man im ISO-Standard folgende grundlegenden
Symbole:

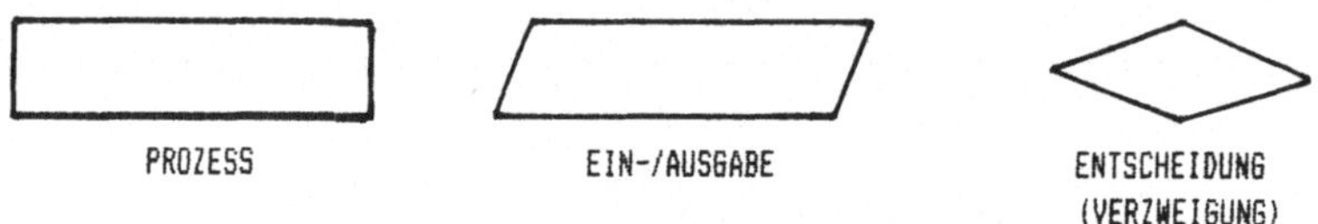

Fig. 13: Die grundlegenden Symbole im Flußdiagramm

Die Arbeit an **Entscheidungstabellen** begann bereits in den
50er Jahren. Ziel dieser Arbeit war es, die oft komplexen
Entscheidungen, die in Flußdiagrammen nur schwerlich dar-
stellbar sind, übersichtlich zu veranschaulichen. Würde man
z.B. in das Flußdiagramm alle in den Beispielen (1) bis (10)
dargestellten möglichen Satzanfangsmuster integrieren, dann
würde das Flußdiagramm schnell sehr unübersichtlich werden.
In einer Entscheidungstabelle dagegen, die hauptsächlich die
oft komplexe Logik eines Programmes darstellt, ist das machbar:

Wort	Verb	Imperativ	Nominalanfang	Satztyp
ja	ja	nein	nein	Frage
ja	ja	ja	nein	Befehl
ja	nein	-	ja	Aussage
nein	-	-	-	Illegal

Fig. 14: Eine einfache Entscheidungstabelle eines erweiterten
         Erst-Wort-Analyse Programms

Es dürfte klar geworden sein, daß sowohl Flußdiagramm als
auch Entscheidungstabelle Stärken wie Schwächen haben. Während ein Flußdiagramm über den internen Ablauf eines Programms Aufschluß gibt, lassen sich in einer Entscheidungstabelle zwar nicht der spezifische Programmablauf, wohl aber
die internen Entscheidungen ausführlich darstellen. Aufschluß
über die Entscheidungsmöglichkeiten in komplexen natür-

---

[3] ISO = International Organisation for Standardisation

lichsprachlichen Programmen geben in sehr anschaulicher Weise
die sog. Übergangsnetzwerke. Diese sind in 4.7.2 näher erläutert.

Für welche Darstellung man sich auch entscheidet, wichtig
ist, daß man ein Problem zunächst in einen computergerechten
Algorithmus überführt und ihn für den Benutzer dokumentiert
und illustriert. Daß es dabei durchaus unterschiedliche Wege
gibt, liegt auf der Hand. Gerade in der Verarbeitung natürlicher Sprache existieren eine Reihe von Darstellungsmöglich-
keiten, wie das nächste Kapitel zeigen wird.

3.5 Zusammenfassung

Betriebssystem, entsprechende Hard- und Softwarekonfiguration
und ein gehöriges Maß an Programmierdisziplin ermöglichen das
Entwickeln lauffähiger Programme. Im Bereich der KI-Programmierung bedient man sich dabei primär der Programmiersprachen
LISP oder PROLOG.

Das folgende Kapitel bietet dem Leser eine ausführliche Einführung in die Programmiersprache LISP. Die in den Kapiteln 1
bis 3 erläuterten Fragestellungen werden dabei vorausgesetzt.
Im Gegensatz zu den gängigen Aufgabenstellungen üblicher Programmierhandbücher werden sich die Programme fast ausschließlich auf das Verarbeiten natürlichsprachlicher Probleme beziehen.

Des weiteren wird davon ausgegangen, daß dem Leser ein für
KI-Anwendungen ausreichend konfiguriertes Computersystem auf
der Basis des DOS-Betriebssystems zur Verfügung steht. Gelegentlich wird Bezug zur Programmiersprache BASIC genommen, da
einige Benutzer mit dieser 'Einsteigerprogrammiersprache'
vertraut sein dürften.

3.6 Literaturhinweise zu Kapitel 3

Abrams, M.D. & Stein, P.G. 1973. Computer Hardware and Soft-
     ware. New York: Addison Wesley.

Davis, G.B. 1977. Introduction to Computers. New York: Mac-
     Graw Hill.

Goldstein,L. & Goldstein, J. 1985. Goldsteins IBM PC Buch.
     München: Carl Hanser Verlag.

Hill, I.D. & Meek, B.L. (eds.). 1980. Programming Language
     Standardisation. Chichester: Ellis Horwood Publish-
     ers.

Osborne, A. 1978. Mikrocomputer-Grundwissen. München: Te-Wi
     Verlag.

Schneider, W. 1985. Einführung in die Anwendung des Betriebs-
     systems MS-DOS. Wiesbaden: Vieweg.

Wolverton, V. 1985. MS^{TM}DOS. Wiesbaden: Vieweg Verlag.

4 LISP

- Die LISP Familie
- Datenstruktur und Dateneingabe
- Das Definieren und Manipulieren von Werten und Listen
- Die Flexibilität von LISP
- Verzweigungen im Programm
- Datenein- und Ausgabe
- Rekursion und Iteration
- Assoziations- und Eigenschaftslisten
- Das Zerlegen von Eingabewörtern
- Lösung der Übungsaufgaben
- Der Aufbau eines natürlichsprachlichen Systems
- Weitere Hinweise
- Literaturhinweise

LAMBDA
LISP
"GARBAGE
COLLECTION"

4. LISP

Eines der Hauptanliegen der natürlichsprachlich orientierten KI ist es, Eingabesätze in ihre Bestandteile zu zerlegen und diese Bestandteile einer linguistischen Analyse zu unterziehen. LISP ist für diesen Zweck prädestiniert. Mit relativ einfachen Befehlen kann man in LISP mit hoher Verarbeitungsgeschwindigkeit die Wörter eines Eingabesatzes analysieren. Diesen Vorgang nennt man auch **Parsen** (engl. parse = zerlegen). In einer Programmiersprache wie BASIC ist der Vorgang des Parsens auch in komfortablen BASIC Versionen ein relativ aufwendiger Vorgang. Hier ein Parsing Programm in BASIC:

```
10 REM ***** ERST-WORT-PARSER ****** 1)
20 LINE INPUT SATZ$
30 FOR I = 1 to LEN (SATZ$)
40    IF MID$ (SATZ$,I,1) = " " THEN 60
50 NEXT I
60 LET WORT$ = LEFT$ (SATZ$,I-1)
70 PRINT "Das erste Wort ist: ";WORT$
80 END
```

Ein LISP Programm mit gleicher Aufgabenstellung ist um vieles kürzer und einfacher zu verstehen.

4.1 Die LISP-Familie

LISP wurde bereits 1958 von John McCarthy entwickelt und hat seitdem eine Reihe von Modifikationen und Erweiterungen erlebt. Eine erste einigermaßen standardisierte Version war McCarthys LISP 1.5 aus dem Jahre 1962. Da aber erst 1967 ein ausführliches Lehrbuch für LISP 1.5 erschien[2], kamen bereits in den 60er Jahren eine Reihe von abweichenden LISP Versionen auf. Die bekanntesten heutigen LISP Versionen sind:

- **INTERLISP** (Xerox, Palo Alto, California)
- **MACLISP** (Massachussetts Institute of Technology, MIT)
- **FRANZ LISP** (University of California at Berkeley)
- **UCI-LISP** (University of California, Irvine Campus)
- **TLC-LISP** (The LISP Company)
- **LISP-Maschinen-LISP** (MIT)

Das LISP-Maschinen-LISP, das zur kompletten Programmierung eines Computersystems dient, wurde seit Mitte der 70er Jahre aus dem MACLISP am MIT entwickelt. Dazu gab es noch eine

---

[1] Prinzip dieses BASIC Programms ist es, Wörter durch das Auftreten von Leerstellen voneinander abzugrenzen. Sobald eine Leerstelle (" ") gefunden ist, werden die bis dahin gesammelten Buchstaben als Einheit analysiert.

[2] Weissman, C. 1967. LISP 1.5 Primer. Belmont, California: Dickenson Publ.

Reihe von Zwischenstufen, so daß die LISP Familie gemäß ihrer Entwicklungsgeschichte wie folgt klassifiziert werden kann:

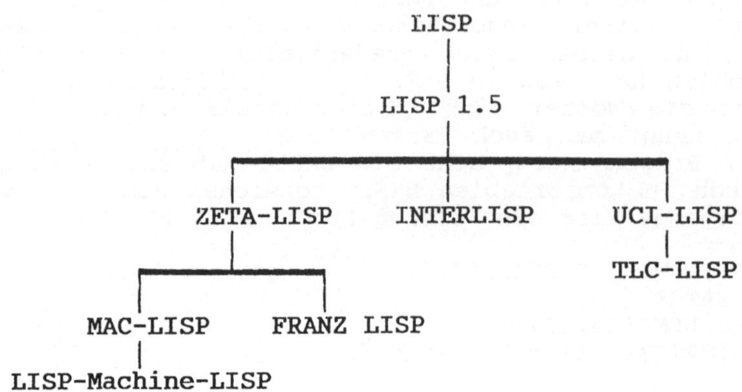

<u>Fig. 15:</u> Die LISP-Familie

1982 begann eine Entwicklung, die der Vereinheitlichung der immer weiter aufgefächerten LISP-Familie dienen sollte. Angetrieben von der DARPA, einer Forschungsgruppe des US-Verteidigungsministeriums[3] versammelten sich eine Reihe von Computerprogrammierexperten zum Zwecke des Schaffens eines LISP-Standards. Am Ende langer Debatten stand eine LISP-Version, die mit großer Wahrscheinlichkeit als **die** LISP-Leitversion anerkannt werden wird, das **Common-LISP**. Derzeit gibt es bereits eine Reihe renommierter Software Firmen, die Common-LISP Interpreter anbieten. Das Common-LISP scheint sich tatsächlich als LISP Standard-Version durchzusetzen. Aus diesem Grunde bezieht sich auch die folgende Einführung in die LISP-Programmierung auf eine Version des Common-LISP.

Folgende Hard- und Software Konfiguration wird für einen sinnvollen Einsatz der Programmiersprache vorgeschlagen:

IBM-kompatibler PC

  - mindestens 512 KByte RAM
  - DOS-Betriebssystem (Version 2.1 aufwärts)
  - Festplatte/Diskettenlaufwerk
  - Drucker
  - Monochromer Bildschirm
  - muLISP Interpreter[4]
    (mit vordefinierten Common-LISP Funktionen und Editor)

---

[3] siehe Fußnote 8) Seite 39.

[4] muLISP, Version Januar 1986, Soft Warehouse Inc. Honululu Hawaii (eingetr. Warenzeichen).

Die Wahl des muLISP Interpreters fiel aus folgenden
Gründen: Im Gegensatz zu anderen Common-LISP Versionen
(z.B. dem Golden Common-LISP) hat das muLISP den Vorteil, daß es einen relativ kleinen und damit nicht sehr
speicherintensiven Kern von vordefinierten LISP Funktionen enthält (darunter die Common-LISP Funktionen) und
dem Benutzer damit ein ausreichendes Maß an Speicherplatz zur Verfügung stellt. Wir werden sehen, daß einige
LISP Programme sehr speicherintensiv sind. Das führt naturgemäß zur Verlangsamung des Programms oder eventuell
zur Überschreitung der Speicherkapazität des Computers.
Da muLISP inklusive der Common-LISP Funktionen und des
Editors mit insgesamt etwa 120000 Bytes in Anspruch
nimmt, bleibt dem Benutzer ein ausreichendes Maß an
Speicherplatz für die Programme und deren Ausführung.
Darüber hinaus stellt diese LISP-Version einen Editor
zur Verfügung, der sehr schnell zu laden und leicht zu
handhaben ist, dennoch aber die nötigen
Programmierhilfen anbietet.

Da im folgenden auf der Basis des muLISP Interpreters ausschließlich von Common-LISP die Rede sein wird, werden wir
uns auf diese LISP Version beziehen. Bei den verschiedenen
Querverweisen zu Parallelen mit der Programmiersprache BASIC
beziehen wir uns auf das für Mikrocomputer gängige **Microsoft
BASIC** oder kurz **MBASIC**.[5]

Die folgenden Abschnitte werden den Leser auf der Basis linguistischer Probleme in die LISP Programmierung einführen.
Schon nach kurzer Zeit wird der Leser feststellen, daß LISP
ein extrem flexibler Code ist, der es erlaubt, interessante
Fragestellungen mit relativ geringen Programmierkenntnissen
zu lösen:

   "Man kann eine Programmiersprache als einen Code betrachten, in dem man Schritt für Schritt notiert, was
   der Rechner tun soll. LISP ist sicher etwas mehr. Es
   ist ein System von Ideen und einfachen Mechanismen,
   eine Art Mikrokosmos des Programmierens." (Müller, S.
   13)

Dieses Zitat sagt einiges über die Stärken von LISP aus. Es
ist in der Tat so, daß man bei LISP schon nach kurzer Pro-
grammiererfahrung das Gefühl bekommt, man hat es mit mehr als
einer Programmiersprache zu tun. Bei erfahrenen LISP Programmierern meint man sogar, sie betrachten LISP als eine Version
natürlicher Sprache. Ehe man allerdings soweit ist, sollte
man immer den Rat von Wilensky (1984) befolgen:

---

[5]Microsoft ist ein eingetragenes Warenzeichen.

"Das Programmieren in einer Computersprache ist eine
Fähigkeit wie jede andere. Die Beherrschung dieser
gelingt nicht ohne ständiges Üben."[6]

Mit anderen Worten: "Übung macht den Meister". Ohne den Leser
abschrecken zu wollen, muß festgehalten werden, daß es durchaus einige Zeit dauert und ebenso viel Geduld erfordert, ehe
man das Programmieren in LISP wie in jeder anderen Programmiersprache in den Griff bekommt.

---

[6] Aus dem Englischen übertragen. Originalzitat siehe Wilensky
(1984), S. XIII.

4.2 Datenstruktur und Dateneingabe

Bevor die einzelnen LISP-Befehle und ihr Zusammenspiel in
LISP-Programmen dargestellt werden, sind einige grundlegende
Fragestellungen zu klären, die sich auf die Behandlung sowie
die Struktur von LISP beziehen.

4.2.1 Der LISP-Interpreter

Um in LISP programmieren zu können, muß man zunächst einmal
den Computer in Betrieb setzen und anschließend den LISP Interpreter laden. Dabei wird von der Ebene des Betriebssystems
der auf einer Diskette oder Festplatte vorhandene Interpreter
durch Eingabe des Dateinamens und anschließender Betätigung
der Eingabetaste aufgerufen. Startet man LISP von einer Festplatte, auf der man in der Regel eine Reihe von Unterver-
zeichnissen angelegt hat, muß man natürlich auf das entsprechende Unterverzeichnis umschalten:

Starten von LISP von:

(a) einer Festplatte   (b) einer Diskette

    C> CD\MULISP   **A> MULISP**
    C> MULISP

Nach kurzer Lesezeit meldet sich der Interpreter mit einigen
Informationen bezüglich des Copyrights und signalisiert anschließend Eingabebereitschaft. Sobald das System mit **$** (dem
sogenannten **Prompt**)[7] reagiert, ist LISP bereit für Benutzereingaben. LISP ist wie BASIC eine Interpreter-Sprache,
d.h. eine Programmierung im direkten Zugriff ist möglich. Man
kann nun ein Programm direkt über die Tastatur eingeben, wobei die Ergebnisse auf den Bildschirm gegeben werden. Will
man den LISP Interpreter wieder verlassen, so gibt man folgenden Befehl ein:

$ (system)

Auch hier muß im Anschluß die Eingabetaste betätigt werden.[8]
Kurz danach erscheint A> bzw. C>, der Prompt des Betriebssystems; der Computer ist nun wieder bereit für andere Aufgaben. Anstelle von (system) sehen andere Common-LISP Versionen
auch den Befehl (exit) vor. Übrigens ist es für LISP unerheb-

---

[7] Die Form des Prompts ist von Interpreter zu Interpreter
verschieden. FRANZ LISP z.B. meldet sich mit ->, Golden-
Common LISP (Gold Hill Computers Inc.) mit *.

[8] Einige LISP Versionen führen die jeweiligen Anweisungen
auch ohne Betätigung der Eingabetaste direkt nach Eingabe
der rechten Klammer aus.

lich ob Groß- oder Kleinschreibung gewählt wird, da intern
die Eingaben in Großschreibung umgewandelt werden.[9]

4.2.2 Die Struktur von Ausdrücken in LISP

Anhand des Befehls (system) fällt auf, daß LISP durch das
Vorhandensein von Klammern gekennzeichnet ist. Das ist in der
Tat so. Jeder LISP-Ausdruck, auch **S-Ausdruck** (Symbolischer
Ausdruck) genannt, wird durch eine linksstehende und eine
rechtssstehende Klammer begrenzt, dazwischen stehen die ge-
wünschten Daten. Daher hat jeder S-Ausdruck den Charakter ei-
ner **Liste**. In dieser Liste stehen Elemente. So enthält die
Liste:

(der pfeil traf das ziel)

5 Elemente. Diese Elemente werden **Atome** genannt. Das liegt
daran, daß sie nicht ohne weiteres in ihre Bestandteile, also
ihre Zeichen zerlegt werden können. LISP betrachtet das erste
Atom DER also nicht als Sequenz dreier Buchstaben, also D E
R, sondern als eine eigenständige Einheit. Die Atome in einer
Liste werden durch Leerstellen voneinander getrennt. Sobald
LISP auf eine Leerstelle trifft, betrachtet es das folgende
Element zunächst als ein neues Atom. Daher können LISP-Atome
die vielfältigsten Formen annehmen:

(das wm-buch (von mexico-1986) zum preis von 5 dm)

Diese Liste enthält die folgenden Atome:

DAS
WM-BUCH
ZUM
PREIS
VON
5
DM   sowie die eingebettete Liste **(von mexico-1986)** .

Man sieht, die Atome in einer Liste können Wörter wie z.B.
DAS, Zahlen wie etwa 5 oder Wort-Zahl-Kombinationen wie ME-
XICO-1986 sein. In einer Liste können aber auch interne Li-
sten auftauchen. Diese eingebetteten Listen können wiederum
eigene Elemente enthalten. So enthält die interne Liste (VON
MEXICO-1986) die Atome:

VON
MEXICO-1986

Es wird also jedes Element einer Liste als Atom bezeichnet,
das zwischen zwei Leerstellen auftritt und nicht selbst eine

---

[9]Aus Gründen der Übersichtlichkeit werden im folgenden die
Benutzereingaben jeweils in Kleinschreibung und die Ausgaben von LISP in Großschreibung dargestellt.

Liste ist. Dabei ist es völlig unerheblich, aus welchen Zeichen das Atom selbst zusammengesetzt ist. Einige Zeichen allerdings sind für ganz bestimmte Aufgaben reserviert und dürfen daher normalerweise nicht in Atomen auftreten. So haben z.B. der Punkt . oder das Apostroph ' sowie einige andere Sonderzeichen ganz bestimmte LISP-Aufgaben zu erfüllen. Im Gegensatz zu den oben dargestellten Listen kann eine Liste auch leer sein. Eine **leere** Liste wird durch () dargestellt.

Je nach Art und Funktion der Atome in einer Liste kann man folgende Unterscheidung treffen:

Atome können sein:

- **Symbole** (z.B. Wörter, Wort-Zahl-Kombinationen)
- **Zahlen**
- **Prozeduren**

Bei den **Prozeduren** handelt es sich um LISP-Befehle, die Operationen mit den übrigen Atomen in einer Liste durchführen. Diese werden entweder vom LISP-Interpreter zur Verfügung gestellt (LISP-**Primitiva**) oder sie können vom Benutzer selbst definiert werden (**Funktionen**).[10] Die oben dargestellten Listen enthalten keine Prozeduren.

Zusammenfassend kann ein S-Ausdruck also als eine Ansammlung von Atomen und Listen betrachtet werden. Diagrammatisch sieht das wie folgt aus:

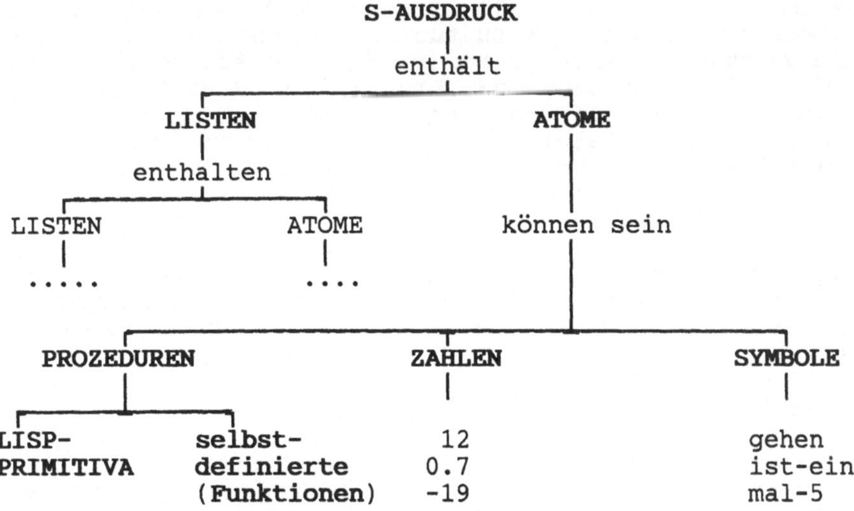

Fig. 16: Die Datenstruktur in LISP

---

[10]Um eine terminologische Unterscheidung treffen zu können, werden die im Interpreter bereits enthaltenen Prozeduren **LISP-Primitiva** und die vom Benutzer definierten Prozeduren **Funktionen** genannt.

Betrachten wir nun die Reihenfolge der Atome in einer Liste,
so fällt eine weitere Eigenheit von LISP auf. LISP ist charakterisiert durch die sogenannte **Präfix-Notation**. Am einfachsten läßt sich das durch ein einfaches arithmetisches
Beispiel, z.B. eine Addition aus zwei Zahlen, darstellen. Üb-
licherweise schreibt man arithmetische Ausdrücke in **Infix-Notation**, d.h. das Operationszeichen (Operator) steht zwischen
den zu addierenden Zahlen (Operanden):

$$7 \qquad + \qquad 6$$
$$\langle Operand_1\rangle \ \langle Operator\rangle \ \langle Operand_2\rangle$$

Ein BASIC Ausdruck sieht ähnlich aus:

PRINT 7 + 6

In Anlehnung an viele mathematische Funktionen, bei denen der
Operator **vor** den Operanden steht, verwendet auch LISP diese
vorangestellte Notation:

(+ 7 6)

$$(\ + \ \ \langle Operand_1\rangle \ \langle Operand_2\rangle)$$

Operator

Den Operator kann man auch als **Prozedur**, d.h. als eine Anweisung, etwas ganz Bestimmtes zu tun, betrachten. Die Operanden
sind die **Argumente** einer Prozedur. In LISP können die Argumente einer Prozedur wiederum Listen oder Atome sein. Sie
folgen dem Prozedurnamen und werden zusammen mit ihm in Klammern eingeschlossen. Daher kann man die Struktur eines S-Ausdrucks wie folgt verallgemeinern:

$$(\langle \textbf{Prozedur}\rangle \ \langle \textbf{Argument}_1\rangle ...... \langle \textbf{Argument}_n\rangle)$$

Damit ist alles über die grundlegende Struktur von LISP gesagt. Was wir nun wissen müssen, ist, welche Prozeduren uns
LISP zur Verfügung stellt, was diese Prozeduren im einzelnen
tun und welcher Art und Anzahl ihre Argumente sind.

4.2.3 Die Auswertung von S-Ausdrücken

Eine der wesentlichen Eigenschaften von LISP ist, daß nach
jeder Benutzereingabe eine Antwort in irgendeiner Form erfolgt. Hier einige Beispiele (sie sind mit (a), (b) usw. gekennzeichnet):

(a)   **$** 5
            5   (LISP gibt 5 aus)

(b)   **$** **(+ 3 4)**
            7   (LISP gibt 7 aus)

(c)   **$ 'meier**
        MEIER   (LISP gibt <u>MEIER</u> aus)

(d)   **$ meier**
        unbound variable   (LISP gibt <u>unbound variable</u>
                                          aus, siehe auch S. 68 ff.)

(e)   **$ (meier kommt)**
        undefined function break   (LISP gibt <u>undefined function</u>
                                          <u>break</u>: <u>(meier kommt)</u> aus)

(f)   **$ '(meier kommt)**
        (MEIER KOMMT)   (LISP gibt <u>(MEIER KOMMT)</u> aus

(g)   **$ (+)**
        wrong number of arguments (LISP gibt <u>wrong Number of</u>
                                          <u>Arguments</u> aus)

(h)   **$ (car '(meier kommt))**
        MEIER   (LISP gibt <u>MEIER</u> aus)

(i)   **$ kasus**
        NOMINATIV   (LISP gibt den Wert <u>NOMINATIV</u>
                                          aus)

Mit anderen Worten LISP wertet jede Eingabe aus. In jedem
Fall wird irgendein Wert auf den Bildschirm gegeben. Diesen
Vorgang nennt man **Evaluierung** (engl. <u>evaluate</u> =
<u>auswerten</u>)[11]. Bei dem Prozess der Evaluierung geht LISP nach
einem ganz bestimmten Schema vor:

Eingabe = Liste?

- LISP überprüft, ob das erste Element der Liste eine Prozedur ist. Dabei ist es unerheblich, ob die Prozedur ein
  LISP-Primitiv ist oder vom Benutzer definiert wurde. Ist
  das erste Atom der Eingabeliste keine Prozedur (Funktion),
  erscheint die Nachricht "undefined function" wie in -f-
  (MEIER ist nicht als Prozedur definiert), ansonsten wird
  die Prozedur ausgewertet. LISP betrachtet also das erste
  Atom einer Liste in jedem Fall als eine Prozedur.

Erstes Atom einer Liste = als Prozedur bekannt?

- Ist eine Prozedur gefunden, so überprüft LISP die Anzahl
  und Art der Argumente der jeweiligen Prozedur. Bei positi-
  vem Ergebnis wird die Prozedur wie in -b- und -h- ausgewertet (<u>CAR</u> und <u>+</u> sind LISP-Primitiva) andernfalls erscheint eine Nachricht wie in -g-.

---

[11] Während LISP also stets in irgendeiner Form nach einer
  Eingabe reagiert und den Wert der Eingabe zurückgibt,
  antwortet BASIC z.B. zumeist mit **ok** und nicht in jedem
  Falle mit einem Wert. Eine direkte BASIC Eingabe von LET A
  = 4 würde mit ok beantwortet werden, während LISP hier den
  Wert 4 ausgeben würde.

Eingabe = Atom?

- LISP überprüft zunächst, um welchen Atomtypen es sich
  handelt.

    - Ist es eine Zahl, so wird diese in jedem Fall ausgegeben.

    - Ist es ein Symbol, wird überprüft, ob das Symbol bereits
      auf irgendeinen Wert gesetzt worden ist. Ist das nicht
      der Fall, erscheint eine Nachricht wie in -d-, ansonsten
      wird der Wert des Symboles ausgegeben. Beispiel -i-.

Um die Auswertung eines S-Ausdruckes zu unterdrücken, sieht
LISP die vordefinierte Prozedur **QUOTE**, ein LISP Primitiv
also, vor. Diese Prozedur behandelt das folgende Argument als
zitierten und somit nicht auszuwertenden Ausdruck (engl.
<u>quote</u> = <u>zitieren</u>).

> **(QUOTE <Argument>)** oder alternativ **'<Argument>**

Jeder "gequotete" Ausdruck egal welcher Natur wird von LISP
nicht ausgewertet, er wird als feststehender Ausdruck behandelt:

$ '(der pfeil trifft das ziel)
(DER PFEIL TRIFFT DAS ZIEL)

$ 'der
DER

$ (quote 'mexico-1986)
MEXICO-1986

$ '5
5

$ '(+ 5 9)
(+ 5 9)

QUOTE hat also genau ein Argument, welches nicht ausgewertet wieder ausgegeben wird. Dabei ist es unerheblich, ob es sich bei dem Argument um ein Atom oder eine Liste handelt. Mit QUOTE gibt LISP dem Benutzer damit ein Mittel in die Hand, das Auswerten von Eingaben zu unterdrücken. Es wird in späteren Abschnitten gezeigt, wann und in welcher Form "gequotete" Ausdrücke im einzelnen eingesetzt werden.

Im Vergleich zu anderen LISP Versionen hat muLISP die Fähigkeit zum sogenannten **Auto-quoting**. Wird ein einzelnes Symbol,
also ein nicht-numerisches Atom eingegeben, gibt muLISP die
eingegebene Zeichenkette selbst wieder aus. Bei anderen LISP
Dialekten führt dies zu einer Fehlermeldung wie in -d-. Um zu
einer einheitlichen Verwendungsweise des QUOTE-Befehls in An-
betracht anderer LISP Versionen zu gelangen, wird an dieser
Stelle empfohlen, auch im muLISP einzelne Symbole zu quoten,
vorausgesetzt man will sie nicht auswerten lassen.

Eine weitere, aber völlig anders geartete Möglichkeit, nicht
nur das Auswerten von Eingaben sondern auch deren Ausgabe zu
unterbinden, ist die Voranstellung eines Semikolons.

$;dies ist eine eingabe

LISP betrachtet die Zeile, die nach dem Semikolon folgt als
nicht existent. In diesem Falle wird sogar die typische Eigenschaft eines LISP-Interpreters unterdrückt, in jedem Falle
zu reagieren. Nach einem Semikolon fällt dieses Prinzip weg.
Man benutzt diese Art der Eingabe zur Kommentierung von Programmen und Programmteilen. Das Semikolon entspricht damit
dem Apostroph in BASIC oder dem BASIC Befehl **REM**.

4.2.4   Übungsaufgaben

4.2.4.1   Identifiziere die Elemente der folgenden S-Ausdrücke

    a)   (der schwarze pfeil traf die treble-20)
    b)   (der (blau-schwarze) pfeil traf ins schwarze)
    c)   (((der pfeil traf)))
    d)   ((männlich)(groß)(alt))
    e)   (1 (subjekt) 2 (objekt))

    Wieviele Elemente enthalten die jeweiligen Listen?

4.2.4.2   Die folgenden S-Ausdrücke sind fehlerhaft. Warum?

    a)   (((verb))
    b)   (() + 3 4)
    c)   (3 + 4)
    d)   + 3 4
    e)   (der pfeil traf)

4.2.4.3   Wie reagiert LISP auf die folgenden Eingaben?

    a)   '(((verb)))
    b)   (quote (quote (mein freund)))
    c)   (mein freund)
    d)   3
    e)   ;mein freund

4.3 Das Definieren und Manipulieren von Werten und Listen

Eine der Hauptaufgaben einer Programmiersprache wie LISP ist
es, nicht-numerische Symbole zu manipulieren. Das bedeutet im
einzelnen, daß Variablen Werte zugeordnet werden, daß Atome
in Listen zusammengefaßt werden, daß Listen in ihren internen
Strukturen reduziert, ergänzt sowie zusammengefügt werden.
Dazu bedarf es einiger LISP-Primitiva, die im folgenden vorgestellt werden.

4.3.1 Wertzuweisung in LISP

Wie in anderen Programmiersprachen so kann man auch in LISP
einem Symbol einen Wert zuweisen. Die Wertezuweisung oder
'Variablenbindung' kann <u>globaler</u> oder <u>lokaler</u> Natur sein. Bei
einer globalen Variablenbindung ist der Wert der Variablen an
jeder Stelle eines Programms abrufbar und bleibt auf dem zu-
gewiesenen Wert. Veränderliche Variablen, die zu Anfang eines
Programms eingeführt, aber dann vielfach verändert werden,
nennt man lokale Variablen. Für die globale Variablenbindung
sieht LISP das Primitiv **SETQ** vor. SETQ steht für "Set-quoted"
und hat folgende Argumentstruktur:

(SETQ <ARGUMENT$_1$> <ARGUMENT$_2$>)

Dabei ist das 1. Argument von
SETQ ein Symbol und das 2.
Argument der Wert, der diesem
Symbol zugewiesen wird. SETQ
bewirkt dabei, daß das 1. Argument nicht evaluiert wird.
Das 2. Argument hingegen wird
in jedem Fall evaluiert. Es
muß daher, ausgenommen es
handelt sich um eine Zahl,
gequotet werden:[12)]

$ (setq pronomen 'du)
DU

In diesem kleinen Beispiel
ist die Variable PRONOMEN auf
den Wert DU gesetzt worden,
und zwar **global**, d.h. solange bis ein erneutes SETQ
den Wert der Variablen verändert. Durch Eingabe der nun

[12)]Ein ähnliches LISP Primitiv, **SET** evaluiert auch das 1. Argument. Daher muß man es quotieren. Bei SETQ hingegen ist
das 1.Argument implizit "gequotet". Noch weiter geht das
Primitiv SETQQ, bei dem beide Argumente schon gequotet
sind.

definierten Variablen PRONOMEN können wir jederzeit den zu-
gewiesenen Wert abrufen:

$ pronomen
DU

DU ist damit an die Variable PRONOMEN 'gebunden' worden.

Bei den Bezeichnungen für die Variable von SETQ können alle
legitimen LISP-Symbolbezeichnungen verwendet werden. Wichtig
ist, die Variable muß ein Symbol sein. Hier noch einige Beispiele:

$ (setq ebene 5)
5

$ (setq aux-verben '(sein haben))
(SEIN HABEN)

$ (setq singular-artikel '(der das ein))
(DER DAS EIN)

$ (setq verb-form-sein-singular-person-3 'ist)
IST

Verwenden wir eine Zahl oder gar eine Liste als erstes Argument von SETQ, erhalten wir die Fehlermeldung:

Non-Symbolic Argument (nicht-symbolisches Argument).

Wie die Beispiele zeigen, kann der Wert, der einem Symbol zugewiesen wird, ein Atom (Zahl oder Symbol) sowie eine Liste
sein. Setzt man eine Variable auf den Wert einer ganzen Liste, dann muß man auf eine grundlegende Eigenschaft von LISP
achten. Wie anfänglich dargelegt, ist ein S-Ausdruck durch
eine links- und eine rechtsstehende Klammer charakterisiert.
Da wir nun eine Liste innerhalb eines S-Ausdrucks haben, entsteht folgende Gesamtstruktur:

(SETQ SYMBOL '(LISTE))   Da jede Klammer eine Gegenklammer
                            haben muß, erhalten wir diese
                            Klammerstruktur.

Wird einer Variablen (Symbol) mit SETQ ein Wert zugewiesen,
so bleibt er bis zu einer eventuellen Änderung des Wertes
durch ein erneutes SETQ mit derselben Variablenbezeichnung
oder durch andere destruktive Prozeduren erhalten. Der Wert
geht allerdings auch verloren, sobald der LISP Interpreter
verlassen und/oder der Computer ausgeschaltet wird.

Mit SETQ haben wir nun eine LISP-Prozedur, mit der wir Variablen auf gewisse Werte setzen können. Damit entspricht SETQ
dem BASIC Befehl **LET:**

```
    - BASIC -                          - LISP -

LET VERB$ = "GEHEN"              (setq verb 'gehen)
LET ZAHL1 =   4                  (setq zahl1 4)
```

Übrigens gibt es auch in LISP das Primitiv **LET**. Es wird zur lokalen Variablenbindung (siehe 4.10.2.) verwendet.

4.3.2 Listen-Selektoren

Da LISP primär zum Zwecke der Manipulation von Listen entwikkelt wurde, verfügt es über eine Reihe recht komfortabler Prozeduren, die über den Elementen einer Liste operieren. Diese Prozeduren können auf die in einer Liste enthaltenen Atome zugreifen, sie selektieren. Daher nennt man diese Prozeduren **Listen-Selektoren**. Gehen wir von folgender Eingabeliste aus:

$ (setq satz '(der kleine Hund ist in der Kueche))
(DER KLEINE HUND IST IN DER KUECHE)

Um diesen möglichen Eingabesatz einer linguistischen Analyse unterziehen zu können, müssen wir jedes einzelne Atom (Wort) der Liste zunächst als ein Wort der deutschen Sprache erkennen und entsprechend behandeln. Dazu benötigen wir eine Prozedur, welche die einzelnen Atome einer Liste selektiert. Die Prozeduren **CAR** und **CDR**, mit die ältesten LISP-Prozeduren, sind hierbei am wichtigsten. Betrachten wir zunächst CAR. CAR greift jeweils auf das erste Atom einer Liste zu und hat daher folgende Argumentstruktur:

(CAR <LISTE>)

CAR gibt dabei jeweils das erste Atom der Eingabeliste aus:

$ (car satz)
DER

Man kann dabei eine durch SETQ bereits definierte Liste oder auch eine Liste direkt eingeben:

$ (car '(der kleine hund))
DER

Die Bezeichnung CAR steht im Gegensatz zu anderen LISP Prozeduren nur zum Teil in Zusammenhang mit der Operation, die durchgeführt wird. CAR steht für:

Contents of Address portion of Register

Es handelt sich dabei um eine CPU Adressierungsanweisung des
IBM Computersystems, auf dem McCarthy die erste LISP Version
entwickelte. Da heute der Begriff CAR nur wenig bildhaft ist,
sieht das Common-LISP die Alternativprozedur **FIRST** vor. Aus
Gründen, die dem Leser unten dargelegt werden, wird allerdings empfohlen, an CAR festzuhalten.

Eine weitere Listen-Selektor-
Prozedur ist **CDR**. Ähnlich wie
CAR bezieht sich CDR auf eine
Adressierung in McCarthys IBM
System.   CDR   (ausgesprochen
'kudda') steht für:

Contents **of D**ecrement Portion
of Register

und gibt den Rest, also alles
außer dem ersten Atom einer
Eingabeliste, aus:

(CDR <LISTE>)

Folgende Beispiele verdeutlichen dies:

$ (cdr satz)
(KLEINE HUND IST IN DER KUECHE)

$ (cdr '(der kleine hund ist in der kueche))
(KLEINE HUND IST IN DER KUECHE)

Während CAR jeweils das erste Atom einer Eingabeliste ausgibt, antwortet CDR mit der Eingabeliste abzüglich des ersten
Atoms dieser Eingabeliste. Auch für CDR sieht das Common-Lisp
eine Alternativprozedur vor, die Prozedur **REST**. Wichtig ist,
daß sowohl CAR als auch CDR Listen als ihre Argumente haben.
Bezieht sich z.B. CDR auf ein Atom, so ist die Reaktion von
LISP **NIL**, d.h. "ohne Wert". Würde man auf der anderen Seite
eingegeben:

$ (car 'der)

so taucht in den meisten LISP-Versionen eine Fehlermeldung
auf, da es sich bei 'der ja um keine Liste handelt. Das Auto-
quoting von muLISP allerdings gibt hier ohne Fehlermeldung
DER aus.

Sowohl CAR als auch CDR wirken nicht destruktiv auf ihre Bezugslisten, d.h. der durch SETQ einem Symbol zugewiesene Wert
wird nicht angetastet. Man holt aus den jeweiligen Listen die
gewünschten Elemente, ohne die definierten Listen selbst zu
verändern. Die folgenden S-Ausdrücke mögen dies verdeutlichen:

$ (setq satz '(der kleine hund ist in der kueche))
(DER KLEINE HUND IST IN DER KUECHE)

```
$ (car satz)
DER

$ (cdr satz)
(KLEINE HUND IST IN DER KUECHE)

$ satz
(DER KLEINE HUND IST IN DER KUECHE)
```

Wie die Eingabe SATZ zeigt, hat sich trotz der zwischenzeitlichen Anwendung von CAR und CDR auf SATZ der Wert dieser Variable nicht verändert.[13]

Nun will man nicht ausschließlich das erste bzw. die restlichen Atome aus einer Liste ansprechen, sondern eventuell auch auf das zweite oder dritte Atom sowie auf den Rest vom Rest zurückgreifen können. Das geschieht durch eine geschickte Verknüpfung der Primitiva CAR und CDR. So kann mann z.B. das erste Atom des Restes einer Eingabeliste (also das zweite Atom) durch folgende Kombination ansprechen:

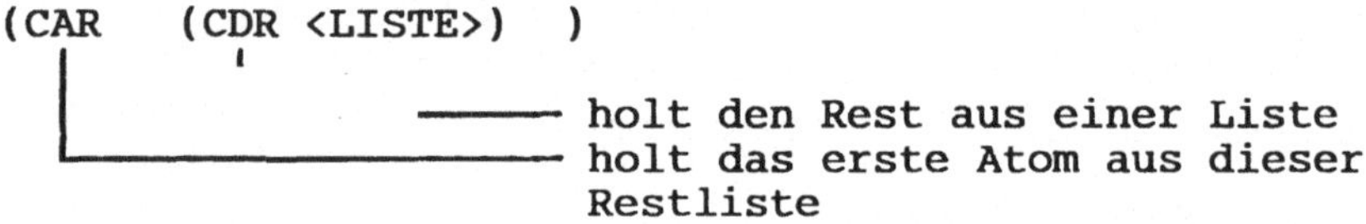


```
$ (car (cdr satz))
KLEINE

$ (car (cdr '(der kleine hund ist in der kueche)))
KLEINE
```

Wünscht man das dritte Atom einer Eingabeliste so verfährt man wie folgt:

```
$ (car (cdr (cdr satz)))
HUND

$ (car (cdr (cdr '(der kleine hund ist in der kueche))))
HUND
```

LISP behandelt dabei die eingegeben Listen von innen nach außen. Betrachten wir nochmals den S-Ausdruck:

```
(CAR (CDR (CDR SATZ)))

1. Schritt: SATZ          --> (DER KLEINE HUND IST IN DER KUECHE)
2. Schritt: (CDR SATZ)      --> (KLEINE HUND IST IN DER KUECHE)
3. Schritt: (CDR (CDR SATZ)      --> (HUND IST IN DER KUECHE)
4. Schritt: (CAR (CDR (CDR SATZ) -->  HUND
```

---

[13] Im Gegensatz zu CAR verändert das Primitiv **POP** die Struktur einer Liste. POP gibt wie CAR das erste Element einer Liste aus, setzt aber gleichzeitig den Wert dieser Liste auf den CDR, also den eigenen Rest.

Man kann also durch entsprechende Kombination von CAR und CDR
auf jedes Atom einer Liste zurückgreifen. Zu diesem Zweck
bietet LISP die Besonderheit an, die verknüpften Prozeduren
zu neuen Prozeduren zu verketten. Dabei betrachtet man die
auftretenden Listen-Selektoren von rechts nach links:

```
(CAR (CDR <LISTE>))
    L______J
     C......R
```

Wir benötigen also die Kombination C...R und fügen dann die
jeweiligen Zwischenwerte ein:

```
(CAR (CDR <LISTE>))
   L_____J
   A     D
```

Zusammengefügt ergibt das die Kombination: **CADR**. Diese kann
nun wie ein LISP-Primitiv behandelt werden. Analog bietet
LISP die folgenden kombinatorischen LISP-Primitiva an:

(CAAR <LISTE>) = **(CAR (CAR <LISTE>))**
Beispiel: (caar '((kasus nominativ)(numerus plural)))
          gibt KASUS aus.

(CDAR <LISTE>) = **(CDR (CAR <LISTE>))**
Beispiel: (cdar '((kasus nominativ)(numerus plural)))
          gibt NOMINATIV aus.

(CADDR <LISTE>) = **(CAR (CDR (CDR <LISTE>)))**
gibt das dritte Atom einer Liste aus.

usw.[14]

Mit diesen vordefinierten Listen-Selektoren haben wir nun die
Möglichkeit, auf die verschiedensten Elemente einer Liste zugreifen zu können. Da die Alternativprozeduren FIRST und REST
nicht zu neuen Primitiva verkettet werden können, dürfte klar
sein, warum CAR und CDR vorzuziehen sind. In den linguistischen Anwendungen von LISP wird gezeigt werden, daß es
oft notwendig ist auf mehrere Atome, also auf mehrere Eingabewörter eines natürlichsprachlichen Satzes zugleich zurückgreifen zu müssen, um den Satz grammatikalisch zu analysieren. Als Beispiel sei hier nur die Numerusüberprüfung in einem einfachen Eingabesatz dargestellt:

---

[14] Der Vorgang des Zusammenfügens von CAR und CDR zu neuen
   LISP Primitiven ist von Interpreter zu Interpreter verschieden. So ist bei bestimmten Wortlängen eine Grenze gesetzt. CADDDDDDR z.B. ist als Primitiv nicht mehr vordefiniert, man muß daher eigene Kombinationen, z.B. (CAR (CDR
   (CDR (CDR (CDR (CDDDR ..)))))) wählen.

```
(1) a)   Ich  gehe  in den Garten.
    b)   Du   gehst in den Garten.
    c)   Er   geht  in den Garten.
    d)   Wir  gehen in den Garten.

    e)  *Ich  gehst in den Garten.
    f)  *Du   gehe  in den Garten.
    g)  *Er   gehen in den Garten.
    h)  *Wir  geht  in den Garten.
```

In einem deutschen Satz muß -wie in anderen Sprachen auch-
der Numerus sowie die Person von Subjekt und Verb übereinstimmen. Das ist in den Beispielen (1a) bis (1d) erfüllt. In
den Sätzen (1e) bis (1g) hingegen liegt eine Kongruenz des
Numerus bzw. der Person von Subjekt und Verb nicht vor. Um
Probleme dieser Art verarbeiten zu können, muß eine Möglichkeit geschaffen werden, das erste und das zweite Element eines Satzes zu selektieren. Betrachtet man einen Eingabesatz
als eine Liste, so schaffen die Listen-Selektoren CAR und CDR
diese Möglichkeit:

```
$ (car '(ich gehe in den garten))
ICH
```

```
$ (cadr '(ich gehe in den garten))
GEHE
```

Wie man den Numerus/Person Vergleich dieser beiden Atome
durchführt, wird in einem späteren Abschnitt gezeigt werden.

4.3.3 Listen-Konstruktoren

Im Gegensatz zu den oben beschriebenen Listen-Selektoren
benötigt man häufig Prozeduren,
die neue Elemente in Listen einfügen, bzw. neue Listen erstellen können. Nimmt man z.B. einen
Befehlssatz:

(2) Kommt sofort nach Haus!

so fällt auf, daß hier ein
Subjekt fehlt. Gehen wir
einmal davon aus, daß ein
Satz nicht interpretierbar
ist, wenn ein Subjekt fehlt.
Wollen wir also (2) einer
Analyse unterziehen, so müssen wir ein Subjekt konstruieren. Das ist relativ einfach, da (2) nur folgende Interpretation zuläßt:

(3) Ihr kommt sofort nach Haus!

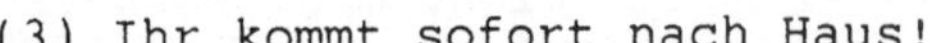

Das Subjekt _ihr_ gilt es nun, unserem Eingabesatz hinzuzufü-
gen, um ihn für die linguistische Analyse vorzubereiten.
Die LISP-Prozedur **CONS** ist dafür prädestiniert. CONS steht
für **CONS**truct und fügt einer Liste ein neues Element an die
erste Stelle ein:

```
(CONS <ARGUMENT> <LISTE>)
```

Dabei kann Argument ein Atom oder eine Liste sein. Wenden wir
nun CONS auf das oben definierte Imperativsatzproblem an, indem wir uns den Imperativsatz entsprechend definieren, um ihn
anschließend manipulieren zu können:

```
$ (setq imp-satz '(kommt sofort nach haus))
(KOMMT SOFORT NACH HAUS)
```

```
$ (cons 'ihr imp-satz)
(IHR KOMMT SOFORT NACH HAUS)
```

Da _ihr_ weder als Variable noch als Liste definiert war, muß
es gequotet werden, um als erstes Argument von CONS auftreten
zu können. Wie CAR und CDR ist CONS nicht-destruktiv, d.h.
die Form der eingegebenen Liste bleibt erhalten. Wollen wir
diese verändern, so müssen wir sie auf einen neuen Wert setzen:

```
$ (setq neu-satz (cons 'ihr imp-satz))
(IHR KOMMT SOFORT NACH HAUSE)
```

Durch die Verknüpfung von SETQ mit CONS haben wir den Wert
von IMP-SATZ verändert. Das kann durch Eingabe der nun neu
definierten Variablen NEU-SATZ überprüft werden:[15]

```
$ neu-satz
(IHR KOMMT SOFORT NACH HAUSE)
```

Mit CONS ist dem Benutzer von LISP eine äußerst nützliche
Prozedur zum Aufbau neuer Listen gegeben. Neben dem Ergänzen
von Listen kann man z.B. gewisse Teile von Eingabesätzen,
z.B. Relativsätze, Wort für Wort abschneiden und in neue Listen einfügen. Diese Listen können dann separat behandelt
werden:

(4) Der Herr, _der ein Bier trank_, ist mein Freund.

Bei der Verarbeitung von (4) z.B. ist der Aufbau einer Teilliste, die den unterstrichenen Relativsatz vom Hauptsatz getrennt behandelt, von großem Nutzen. Nehmen wir einmal folgende Situation an:

---

[15] Das Primitiv **PUSH** ist ein destruktiver Listen-Konstruktor.
Es hat die gleiche Argumentstruktur wie CONS, verändert allerdings die Struktur einer Liste dahingehend, daß ein
neues Element an die erste Stelle eingefügt wird und die
Liste auf diesen neuen Wert gesetzt wird.

Der Eingabesatz ist bis einschließlich <u>Herr</u> verarbeitet worden. Nun trifft der Parser (das grammatikalische Analyseprogramm) auf das Wort <u>der</u>. Er erkennt den Beginn eines Relativ-
satzes und fügt dieses Wort in die Liste REL-SATZ, die bis
dahin leer war, ein.

```
$ (setq rel-satz (cons 'der rel-satz))
(DER)
```

oder alternativ

```
$ (setq rel-satz (cons (car eingabe-satz) rel-satz))
(DER)
```

Nun werden alle Wörter, die zum Relativsatz gehören, nacheinander in die Liste REL-SATZ eingefügt. Gleichzeitig wird der
EINGABE-SATZ Wort für Wort abgeschnitten:

```
$(setq rel-satz (cons (car eingabe-satz) rel-satz))
(EIN DER)
$ (setq eingabe-satz (cdr eingabe-satz))
(BIER TRANK IST MEIN FREUND)

$ (setq rel-satz (cons (car eingabe-satz) rel-satz))
(BIER EIN DER)
$ (setq eingabe-satz (cdr eingabe-satz))
(TRANK IST MEIN FREUND)

$ (setq rel-satz (cons (car eingabe-satz) rel-satz))
(TRANK BIER EIN DER)
$ (setq eingabe-satz (cdr eingabe-satz))
(IST MEIN FREUND)
```

Alternativ können hier die Primitiva **PUSH** sowie **POP** verwendet
werden e.g. (push 'wort rel-satz)
            (pop eingabe-satz)

Geben wir nun die jeweiligen Variablen ein, so sehen wir, daß
sie neue Werte zugewiesen bekommen haben:

```
$ rel-satz
(TRANK BIER EIN DER)
$ eingabe-satz
(IST MEIN FREUND)
```

Während der Eingabesatz nun weiter verarbeitet werden kann,
haben wir durch CONS eine neue Relativsatzliste erzeugt. Die
Mehrfachanwendung von CONS hat jedoch eine unangenehme Eigenschaft: Da nach und nach immer ein Atom an die erste der
Stelle der bereits vorhandenen Liste gefügt wurde, hat die
neu entstandene Liste REL-SATZ eine etwas ungewöhnliche
Struktur: sie ist rückläufig.

Zum Zwecke der Umkehrung der Reihenfolge der Elemente in einer Liste gibt es das LISP-Primitiv **REVERSE** (engl. <u>reverse</u> = <u>umdrehen</u>).

(REVERSE <LISTE>)

Durch das Primitiv REVERSE kann nun der gewünschte Zustand der Liste REL-SATZ hergestellt werden:

$ (reverse rel-satz)
(DER EIN BIER TRANK)

In diesem Zusammenhang ist wichtig, daß nur die Elemente der obersten Liste in ihrer Reihenfolge umgekehrt werden. Sind in dieser Liste noch Teillisten enthalten, so bleibt die Reihenfolge der Atome in diesen Listen unangetastet:

$ (reverse '(maria (meine freundin) mag paul))
(PAUL MAG (MEINE FREUNDIN) MARIA)

Man spricht daher auch von Top-Level und Sub-Level (untergeordnete) Listen. In der Liste (maria (meine freundin) mag paul) ist die gesamte Liste der Top-Level und die Liste (meine freundin) der 1. Sub-Level. Weitere Sub-Level existieren nicht. Wie CAR, CDR und CONS ist REVERSE nicht destruktiv.

Mit zwei wichtigen LISP-Primitiva, die Listen erzeugen, soll dieser Abschnitt abgeschlossen werden.

Beide Prozeduren fügen ihre Argumente zu neuen Gesamtlisten zusammen.

        (APPEND <Arg.$_1$> ....<Arg.$_n$>)
        (LIST   <Arg.$_1$> ....<Arg.$_n$>)

Während die Argumente von **AP-PEND** (engl. append = anfügen) Listen sein müssen, fügt **LIST** (engl. list = auflisten) Atome oder Listen zu einer Gesamtliste zusammen:[16]

```
$ (setq subjekt '(die dame))
(DIE DAME)

$ (setq verb '(ist gegangen))
(IST GEGANGEN)

$ (append subjekt verb)
(DIE DAME IST GEGANGEN)

$ (list subjekt verb)
((DIE DAME)(IST GEGANGEN))
```

Zweckmäßigerweise setzt man APPEND immer dann ein, wenn man Teillisten zu einer neuen Gesamtliste zusammenfügen möchte, während LIST sich zum Anlegen von Listen aus Atomen eignet:

```
$ (append '(der mann) '(den ich sah) '(ist mein freund))
(DER MANN DEN ICH SAH IST MEIN FREUND)

$ (list 'der 'die 'das)
(DER DIE DAS)
```

Auch APPEND und LIST sind nicht destruktiv und müssen zusammen mit SETQ verwendet werden, um neue Werte zu definieren:

```
$ (setq neuer-satz
     (append subjekt verb))
(DIE DAME IST GEGANGEN)

$ neuer-satz
(DIE DAME IST GEGANGEN)
```

---

[16] Wird APPEND mit Atomen statt Listen als Argumenten verwendet, kommen spezielle Listen, die sogenannten punktierten Listen zustande.

4.3.4 Zusammenfassung

Folgende Listen-Manipulatoren wurden in diesem Abschnitt eingeführt:

    (a) wertzuweisende Primitiva

```
(SETQ <SYMBOL> <WERT>)
```

    (b) Listen-Selektoren

```
(CAR  <LISTE>)
(CDR  <LISTE>)
.........
```

    (c) Listen-Konstruktoren (nicht destruktiv)

```
(CONS <ELEMENT> <LISTE>)
(REVERSE <LISTE>)
(APPEND <LISTE₁>....<LISTEₙ>)
(LIST <ELEMENT₁>....<ELEMENTₙ>)
```

    (d) Listen-Konstruktoren (destruktiv)

```
(POP <LISTE>)  = (SETQ <SYMBOL> (CDR <LISTE>))
(PUSH <ELEMENT> <LISTE>)
             = (SETQ <SYMBOL>
                     (CONS <ELEMENT> <LISTE>))
```

Diese LISP-Primitiva sind grundlegend für den weiteren Umgang mit LISP. Erst wenn eine fundierte Beherrschung dieser Prozeduren vorliegt, sollten weitere LISP-Prozeduren gelernt werden. Um weitergehende LISP-Prozeduren anwenden zu können, muß man genau über die Argumentstruktur der Listen-Manipulatoren informiert sein. Deshalb wird eine ausgiebige Beschäftigung mit den folgenden Übungsaufgaben dringend empfohlen.

4.3.5 Übungsaufgaben

Alle jetzt folgenden Übungsaufgaben beziehen sich auf linguistische Fragestellungen:

4.3.5.1 SETQ

    (a) Definiere eine Liste von fünf Determinern [17] im Singular.

---

[17] **Determiner** sind Wörter, die am Anfang einer Nominalphrase (NP) stehen können. Beispiel:

- $_{NP}$ [der große Hut]
- $_{NP}$ [mein Auto]
- $_{NP}$ [dieser dumme Fehler]
- $_{NP}$ [alle Frauen]
- $_{NP}$ [ein Mann]

(b) Definiere eine Liste von fünf Determinern im Plural.

(c) Weise dem Symbol __standard-det__ den Wert __die__ zu.

(d) Definiere eine Adjektiv-Liste mit fünf Adjektiven.

(e) Definiere eine Liste mit fünf Nomen.

4.3.5.2 CAR/CDR

(a) Hole den ersten Singular-Determiner aus seiner Liste, ohne die Liste zu verändern.

(b) Hole den dritten Plural-Determiner aus seiner Liste, ohne die Liste zu verändern.

(c) Definiere eine Liste Singular-Determiner1, die aus dem vierten und dem fünften Atom der Singular-Determiner Liste besteht.

(d) Definiere die Nomen-Liste neu, so daß sie ihren eigenen Rest enthält.

4.3.5.3 CONS, REVERSE, LIST, APPEND

(a) Füge den Standard-Det jeweils in die Determiner-Listen als erstes Atom ein.

(b) Hole den letzten Determiner aus der Singular-Determiner liste, ohne die Liste neu zu definieren.

(c) Füge alle Listen zu einer Gesamtliste mit dem Namen Lexikon zusammen.

(d) Füge die beiden Listen Singular- und Plural-Determiner sowie den Standard-Det zu einer neuen Liste DET zusammen.

(e) Definiere eine Liste NP, die das erste Element der Singular-Determiner-Liste, das zweite Element der Adjektiv-Liste und das erste Element der Nomen-Liste enthält.

(f) Entferne das letzte und das vorletzte Element der Adjektiv-Liste. Definiere die Liste entsprechend neu.

4.4 Die Flexibilität von LISP

In den vergangenen Abschnitten haben wir die grundlegende Maschinerie kennengelernt, die uns die Manipulation von Listen erlaubt. Dennoch war es stets ein wenig entmutigend, einen mehr oder weniger komplexen S-Ausdruck zu entwickeln, ihn einmal evaluieren zu lassen, anschließend aber nicht mehr zu verwenden. Besser wäre es, ein Programm zu schreiben, das diverse Eingaben akzeptiert und entsprechend darauf reagiert. LISP bietet dazu dem Benutzer die Möglichkeit, eigene Prozeduren (Funktionen) zu definieren.[18] Zwar ist das auch in anderen Programmiersprachen möglich, doch ist LISP in diesem Zusammenhang äußerst flexibel. Eine einmal vom Benutzer definierte Funktion kann wie ein LISP Primitiv verwendet werden. Der Funktionsname steht am Anfang einer Liste und eine gewisse Anzahl und Art von Argumenten folgen. Zum definieren eigener Funktionen stellt LISP das Primitiv **DEFUN** zur Verfügung. DEFUN steht für **DE**fine **FUN**ction und wurde aus der vom Mathematiker **Alonso Church** 1941 entwickelten **Lambda**-Notation abgeleitet. Church, ein Mathematiker der Princetown Universität, setzte diese Notation ein, um Funktionen, ihre Eingaben und die Berechnungen, die sie ausführen, zu spezifizieren. So würde in Churchs Lambda-Notation eine Funktion, die ihre jeweilige Eingabezahl halbiert, wie folgt aussehen:

Lambda x (x/2)

Diese Art von Struktur macht sich das Primitiv DEFUN zunutze:

(DEFUN <FUNKTIONSNAME> (<ARGUMENT$_1$> ....<ARGUMENT$_n$ >)
**   <FUNKTIONSINHALT>)**

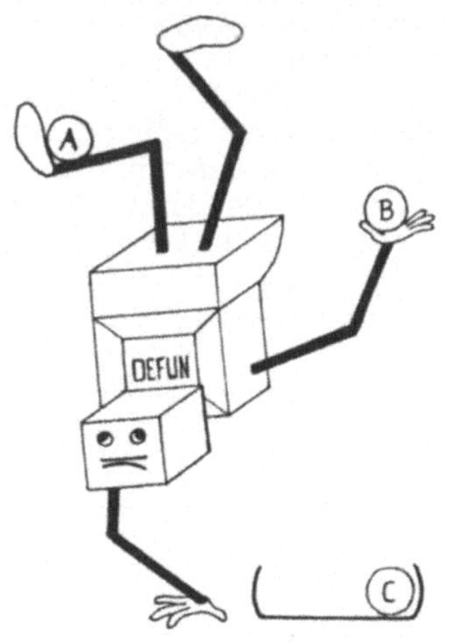

DEFUN evaluiert seine Argumente nicht. DEFUN baut eine Funktionsdefinition auf, die später durch Eingabe des Funktionsnamens und der Argumente aufgerufen werden kann. Nach dem Eingeben einer selbst definierten Funktion wird der DEFUN-Ausdruck lediglich dahingehend von LISP evaluiert, daß der ausgewählte Funktionsname ausgegeben wird. Bei der Wahl des Funktionsnamens gelten im übrigen die gleichen Konventionen wie

---

[18] An dieser Stelle wird dem Leser vorgeschlagen, von nun an den Editor des LISP-Interpreters zu benutzen, um Programme zu schreiben, anschließend abzuspeichern und bei Bedarf aufrufen zu können. Sowohl der muLISP als auch der Golden Common LISP Editor sind im Anhang C näher erklärt.

bei der Bezeichnung von Symbolen. (Bestimmte Sonderzeichen
dürfen nicht verwendet werden). Darüber hinaus darf auch kein
vordefiniertes LISP-Primitiv als Funktionsname verwendet
werden. Auch bei den Argumenten sind vordefinierte LISP-
Primitiva nicht gestattet.

4.4.1 Einfache selbstdefinierte Funktionen

Hier nun ein Beispiel für eine selbstdefinierte Funktion:
Sie soll dem Benutzer das erste Atom eines Eingabesatzes aus-
werfen. Wir wählen dafür den Funktionsnamen WORT1-OUT. Man
beachte, daß der Funktionsname zweckmäßigerweise in Zusammenhang mit dem Funktionsinhalt, also mit dem, was die Funktion
tun soll, steht.

```
$ (defun wort1-out (eingabe-satz)
    (car eingabe-satz))
WORT1-OUT
```

Diese Funktion hat folgende Bestandteile:

1. Funktionsname: WORT1-OUT

2. Argument 1:   EINGABE-SATZ
   weitere Argumente sind nicht vorhanden

3. Funktionsinhalt:
   (das, was die Funktion tun soll):   (CAR EINGABE-SATZ)

Unter Argumenten kann man die Eingaben verstehen, welche die
neudefinierte Funktion akzeptiert. Es handelt sich dabei um
lokale Variablen, die während des Ablaufs der Funktion den
Wert einer Eingabe erhalten. Bei der Wahl des Variablennamen
sollte man einen Zusammenhang mit den gewünschten Eingabemög-
lichkeiten herstellen. Unsere Funktion WORT1-OUT verlangt
z.B. eine Liste als Eingabe. Diese bekommt das Symbol EIN-
GABE-SATZ zugeordnet und wird unter diesem Namen durch den
Funktionsinhalt entsprechend behandelt. Nach Definition der
Funktion können wir diese nun genauso wie ein LISP-Primitiv
verwenden:

```
$ (wort1-out '(der pfeil traf))
DER
```

```
$ (setq satz '(kommt nach haus))
(KOMMT NACH HAUS)
```

```
$ (wort1-out satz)
KOMMT
```

Die selbstdefinierte Funktion WORT1-OUT führt also genau das
gleiche wie CAR durch. Das ist wenig sinnvoll, da CAR ja bereits als LISP-Primitiv existiert. Sinnvoller ist es, Funktionen zu definieren, für die LISP keine vordefinierten Prozeduren vorsieht.

Zum Beispiel könnten wir eine Funktion mit dem Namen VERTAU-
SCHE definieren, die das erste und das zweite Wort eines Eingabesatzes vertauscht. Zum Beispiel könnte man so einen einfachen Fragesatz in einen Aussagesatz zurückführen.

```
$ (defun vertausche (eingabe-satz)
    (list
      (cadr eingabe-satz)
      (car eingabe-satz)))
VERTAUSCHE

$ (vertausche '(kommt paul))
(PAUL KOMMT)
```

Die Funktion VERTAUSCHE hat folgende Bestandteile:

1. Funktionsname: VERTAUSCHE

2. Argument 1:   EINGABE-SATZ

3. Funktionsinhalt: (LIST
                                         (CADR EINGABE-SATZ)
                                         (CAR EINGABE-SATZ))

Bei der Schreibweise der Funktion VERTAUSCHE fällt auf, daß
ihre Bestandteile über mehrere Zeilen verteilt sind. Das tut
man, um die Darstellung einer Funktion übersichtlicher zu machen. In einer Zeile dargestellt würde VERTAUSCHE sehr un-
durchschaubar aussehen:

```
$ (defun vertausche (eingabe-satz)(list (cadr eingabe-
   satz)(car eingabe-satz)))
```

Zum zweiten fällt auf, daß der Funktionsinhalt einer selbstdefinierten Funktion völlig frei definiert werden kann, allerdings den syntaktischen Regeln von LISP folgen muß. So
könnten wir VERTAUSCHE dementsprechend modifizieren, daß
nicht nur die ersten beiden Wörter eines Eingabesatzes vertauscht werden, sondern auch der Rest dieses Satzes der Ausgabe hinzugefügt wird. Durch Überschreiben (d.h. durch erneute Eingabe unter dem gleichen Funktionsnamen) von VERTAU-
SCHE wird diese Funktion neu definiert:

```
$ (defun vertausche (eingabe-satz)
    (append
      (list                      ;1. Argument von APPEND
        (cadr eingabe-satz)      ;1. Argument von LIST
        (car eingabe-satz))      ;2. Argument von LIST
      (cddr eingabe-satz)))      ;2. Argument von APPEND
VERTAUSCHE
```

Diese neue Funktion stellt die Wörter eines Eingabesatzes um
und fügt sie zu einer neuen Liste zusammen. Dies geschieht
durch APPEND. APPEND hat zwei Listen als Argumente: Liste$_1$
wird durch LIST gebildet, das seinerseits zwei Atome zu einer

Liste zusammenfügt; Liste$_2$ ist der Rest des Restes des Eingabesatzes:

$ (vertausche '(kommt paul heute rechtzeitig))
(PAUL KOMMT HEUTE RECHTZEITIG)

Mit Hilfe von DEFUN kann man nun eigene Prozeduren definieren, die je nach Art des Problems bestimmte Operationen
durchführen. Es empfiehlt sich, neu definierte Prozeduren
(Funktionen) gleich zu testen und sie im Fall eines Fehlers
zu korrigieren und anschließend zu überschreiben. Ist eine
eigene Funktion einmal definiert, kann sie ohne Probleme jederzeit aufgerufen werden. Interessanterweise kann sie auch
in weiteren eigenen Prozeduren auftauchen. So hätte man die
Funktion VERTAUSCHE auch wie folgt aufbauen können:

```
$ (defun vertausche (eingabe-satz)
    (append
      (list
        (cadr eingabe-satz)
        (wort1-out eingabe-satz))
      (cddr eingabe-satz)))
```
VERTAUSCHE

In dieser Version von VERTAUSCHE erscheint eine bereits vom
Benutzer definierte Funktion, die Funktion WORT1-OUT. Das Definieren eigener Funktionen sowie die Möglichkeit, in eigenen
Funktionen andere eigene Funktionen (soweit sie definiert
sind) einzusetzen, machen LISP zu einer hochgradig flexiblen
Programmiersprache.[19] Jede dieser Funktionen ist ein
Programm für sich, das ganz bestimmte Dinge tut. Zur Erstellung eines **Parsers** [20], einer der Grundkomponenten eines
natürlichsprachlichen Systems, benötigen wir nun eine Reihe
von Funktionen, die miteinander agierend die Wörter eines
Eingabesatzes entsprechend behandeln.

---

[19] In BASIC kann man eine Funktion als ein komplettes
Programm betrachten. Soll in diesem Programm ein weiteres
Programm aufgerufen werden, so könnte dieses mit RUN
"<prog-name.bas>" geschehen, wobei allerdings eine gewisse
Ladezeit in Kauf genommen werden muß.

[20] Ein Parser ist ein Programm, das die syntaktischen
Strukturen eines natürlichsprachlichen Satzes ermittelt.
In späteren Abschnitten wird noch ausführlich vom Design
eines Parsers die Rede sein.

4.4.2 Übungsaufgaben

a) Definiere eine Funktion mit dem Namen TRANSFORM, die das erste Wort eines Eingabesatzes an die letzte Stelle des Eingabesatzes setzt und den Eingabesatz entsprechend neu definiert. Beispiel:

```
Hat Paul das Buch geholt --> Paul das Buch geholt hat
Hast Du mich gesehen      --> Du mich gesehen hast
```

b) Definiere eine Funktion mit dem Namen FUEGE-EIN, die an die erste Stelle eines Eingabesatzes ein Subjekt einfügt und den Eingabesatz entsprechend neu definiert. Beispiel:

```
Kauft das Buch           --> Ihr kauft das Buch
Versucht es erneut       --> Ihr versucht es erneut
```

c) Definiere eine Funktion SATZTYP, die folgendes tun soll: Sie soll zwei Argumente haben:

```
(a) TYP  --> Eingabe eines Symbols, das den Satztyp
             bezeichnet, z.B. Imperativ.
(b) SATZ --> Eingabe eines Imperativsatzes.
```

Typ und Satz sollen zu einer Gesamtliste zusammengefügt werden, so daß der Satztyp am Anfang der Liste und die Wörter des Satzes in folgender Reihenfolge als Liste in die Gesamtliste eingefügt werden: neues Subjekt, Eingabesatz. Die Funktion soll lediglich Imperativsätze akzeptieren.

Beispiel:

```
$ (satztyp 'imperativ '(geht heim))
(IMPERATIV (IHR GEHT HEIM))
```

d) Definiere die Funktion SATZTYP so um, daß die Funktion FUEGE-EIN in den Funktionsinhalt integriert wird.

4.5 Verzweigungen im Programm

Die bisher definierten LISP-Funktionen hatten einen entschei-
denden Nachteil. Sie wurden in jedem Fall, d.h. ohne Einschränkung ausgeführt. Das bedeutet, daß eine Funktion wie
z.B. SATZTYP (Übung 4.4.2.1 (c)) unabhängig vom eingegebenen
Satz den entsprechenden Funktionsinhalt zur Anwendung bringt.
So könnte man auch einen Fragesatz eingeben und SATZTYP würde
völlig normal ablaufen:

$ (satztyp 'frage '(hast du paul gesehen))
(FRAGE (IHR HAST DU PAUL GESEHEN))

Die hier von LISP erzeugte Ausgabe entspricht allerdings
nicht dem gewünschten Ergebnis. Zur Steuerung eines Programm-
mes verfügen alle höheren Programmiersprachen über Anweisungen, die nur bei Erfüllung gewisser Bedingungen zu vollziehen
sind. In einem BASIC Programm ist dies die **IF..THEN..ELSE** Anweisung:

```
10  INPUT WORT$
20  IF WORT$ = "Kommt" THEN 40 ELSE 30
30  PRINT "Aussagesatz" : END
40  PRINT "Frage- oder Befehlssatz"
50  END
```

In diesem Programm wird in Zeile 20 eine Entscheidung getroffen: Wenn das Eingabewort eines Satzes kommt ist, wird angezeigt, daß es sich um einen Frage- oder Befehlssatz handelt,
ansonsten wird ausgegeben, daß ein Aussagesatz vorliegt. Zur
Durchführung von bedingten Sprüngen in einem Programm benötigt man also eine allgemeine Anweisung für die Ausführung
der Bedingung (IF..THEN. .ELSE) sowie eine Anweisung, die den
Datentyp erkennt. Im obigen Beispiel ist das Gleichheitszei-
chen = eine solche Anweisung. Es prüft, ob zwei Daten identisch sind. Solche speziellen Anweisungen nennt man auch **Prädikate**, da sie nur zwei Werte annehmen können, die Werte wahr
oder falsch. Im Gegensatz zu BASIC verfügt LISP über eine
Reihe von Primitiva, die den jeweiligen Datentyp überprüfen.
Diese werden im folgenden Abschnitt vorgestellt.

4.5.1 LISP-Prädikate

Prädikate überprüfen Datenobjekte auf ihren Wert. Sie stellen
fest, ob zwei Elemente identisch sind oder nicht; sie überprüfen, ob es sich bei einem Element um eine Liste handelt
oder nicht, ob die Liste leer ist usw. Prädikate sind also
Anfragen nach dem Wahrheitswert eines Datentyps. Sie haben
als Ausgaben den Wert **wahr** (true) oder **falsch** (false). LISP
signalisiert diese Antworten wie folgt:

    Wahr   = T   (Das T steht für TRUE)
    Falsch = NIL

Während falsch stets mit NIL angezeigt wird, geben einige
LISP Prädikate bei positiver Bestätigung nicht T sondern

cinen anderen Wert aus. Nimmt man es also ganz genau, so wird
NIL für falsch und nicht-NIL für wahr angezeigt.

Da die LISP Prädikate alle relativ einfach in ihrer Syntax
und ihrer Handhabung sind, können wir sie gesammelt einführen:

(a) Prädikate, die den Datentyp anzeigen

Um herauszufinden, um welchen Datentyp es sich bei den zu
bearbeitenden Daten handelt, verwendet man die Prädikate:

```
(ATOM <ARGUMENT>)      --> Argument = Atom?
(LISTP <ARGUMENT>)     --> Argument = Liste?

$ (atom 'der)
T


$ (atom '(der pfeil traf))
NIL


$ (listp '(der pfeil traf))
T


$ (listp 'der)
NIL
```

Je nach Art des Argumentes zeigen die jeweiligen Listen-
prädikate wahr oder falsch an. Will man nun zusätzlich
herausfinden, welchen Atomtyp man vorliegen hat, so kann
man zwei weitere Prädikate zur Anwendung bringen:

```
(NUMBERP <ARGUMENT>)   --> Argument = Zahl?
(SYMBOLP <ARGUMENT>)   --> Argument = Symbol?

$ (numberp 'der)
NIL

$ (symbolp 5)
NIL

$ (numberp 5)
T

$ (symbolp 'der)
T
```

Es ist natürlich nur dann sinnvoll, den jeweiligen Atomtyp durch ein LISP-Prädikat zu erfragen, wenn klar ist,
daß der vorliegende Datentyp auch ein Atom ist und nicht
eine Liste. So ist die Anfrage

```
$ (symbolp '(der Pfeil traf))
NIL
```

wenig aufschlußreich, da eine Liste nicht zugleich ein
Symbol sein kann. Einige weitere numerische Prädikate
können den Wert zweier Zahlen vergleichen:

```
(> <ZAHL₁> <ZAHL₂>)   --> Zahl₁ größer  als Zahl₂
(< <ZAHL₁> <ZAHL₂>)   --> Zahl₁ kleiner als Zahl₂
(= <ZAHL₁> <ZAHL₂>)   --> Zahl₁ gleich  Zahl₂
```

```
$ (> 5 4)
T

$ (< 5 4)
NIL

$ (= 5 5)
T

$ (> 4 5)
NIL

$ (< 4 5)
T

$ (= 4 5)
NIL
```

Zusammen mit anderen Prädikaten sind diese numerischen
Prädikate sehr sinnvoll auch im Zusammenhang mit natürlichsprachlichen Problemen.

(b) Listen-Prädikate

Eine Reihe von Prädikaten geben Aufschluß über den Zustand von Listen. So kann es in einem natürlichsprachlichen System von großem Wert sein, zu wissen, ob ein Eingabesatz, der ja als Liste abgearbeitet wird, noch Wörter enthält oder nicht. Erst wenn nämlich **alle** Wörter
eines Eingabesatzes verarbeitet worden sind, kann unter
Umständen eine Entscheidung unter mehreren
Interpretationsmöglichkeiten getroffen werden. Folgende
Sätze der deutschen Sprache mögen dies verdeutlichen:

```
(5) a) Ich sah den Mann.
    b) Ich sah den Mann wandern.
    c) Ich sah den Mann mit einem Fernglas.
```

Sowohl in ihrer syntaktischen Struktur als auch in ihrer
Bedeutung sind (5a), (5b) und (5c) völlig verschieden.
Bis einschließlich Mann allerdings sind alle drei Sätze
identisch (die Intonation einmal ausgenommen). Die Interpretation der Sätze hängt davon ab, ob nach dem Wort
Mann noch Wörter zu verarbeiten sind oder nicht und um
welche Wörter es sich handelt. Könnte ein Parser, der
den Satz (5a) verarbeitet und gerade mit dem Wort Mann
beschäftigt ist, feststellen, ob noch weitere Wörter im
Eingabesatz vorliegen, wäre das von großer Hilfe.

Zwei Listen-Prädikate, also Prädikate, die Auskunft über
den Zustand von Listen geben, können hier eingesetzt
werden:

(NULL <LISTE>)   --> Liste = leer? [21]
(LENGTH <LISTE>)   --> Anzahl der Atome in einer Liste

```
$ (null '(ich sah den mann))
NIL

$ (null '())
T
```

Das Prädikat **NULL** reagiert also mit T (wahr), wenn eine
Eingabeliste leer ist.

```
$ (length '(ich sah den mann))
4

$ (length '(ich sah den mann wandern))
5

$ (length '(ich sah den mann mit einem fernglas))
7
```

Während NULL (ENDP) lediglich den Wahrheitswert der Anfrage ausgibt, beantwortet **LENGTH** die Anfrage nach der
Länge einer Liste mit der Anzahl der Atome in dieser Liste. Ähnlich wie REVERSE betrachtet LENGTH allerdings
nur die Top-Level Liste. Zusammen mit den oben erklärten
numerischen Prädikaten kann nun das Listenprädikat
LENGTH Informationen über die Länge eines Eingabesatzes
zu einem bestimmten Zeitpunkt geben.

Greifen wir auf die Beispielsätze (5a), (5b) und (5c)
zurück. Wir nehmen wiederum an, daß der Parser gerade
mit der Verarbeitung des Wortes Mann beschäftigt ist.
Nehmen wir ebenso an, daß der Eingabesatz durch SETQ als
Liste SATZ definiert und im Prozess der Satzverarbeitung
nach der Verarbeitung jedes Wortes gekürzt wird. Die Liste SATZ hat also momentan jeweils folgende Werte:

```
(5a') SATZ = ()
(5b') SATZ = (WANDERN)
(5c') SATZ = (MIT EINEM FERNGLAS)
```

Die Listenprädikate NULL und LENGTH können nun entscheidende Hilfen bei der Verarbeitung der Eingabesätze geben. Zunächst könnten wir folgende Frage stellen:

```
$ (null satz)
```

---

[21] Alternativ zu NULL wird vielfach das Listenprädikat **ENDP**
verwendet, das in seiner Funktion identisch mit NULL aber
etwas bildhafter ist. ENDP = **end** of list **predicate**.

Im Falle von (5a') würden wir die Antwort T (wahr) bekommen und wüßten damit, daß keine weiteren Wörter zu
verarbeiten sind. Das Wort <u>sah</u> ist damit das Hauptverb
des Eingabesatzes. Bekommen wir die Antwort NIL wie im
Falle von (5b') und (5c'), müssen wir feststellen können, wieviele Elemente die Liste SATZ noch enthält. Das
kann man mit LENGTH prüfen:

$ (length satz)

Hat die Variable SATZ den Wert von (5b'), ist die Antwort 1, für den Fall von (5c') ist die Antwort 3. Nun
ist es eine Eigentümlichkeit deutscher Verben wie <u>sehen</u>,
neben einem obligatorischen Objekt (<u>den</u> <u>Mann</u>) entweder
keine weiteren Komplemente (5a'), ein einziges Wort, das
dann ein Verb oder ein Adverb ist (5b'), oder beliebig
viele Wörter, in diesem Fall adverbiale Bestimmungen und
weitere Verben, zu besitzen (5c'). Wir können nun einen
weiteren Test durchführen:

$(> (length satz) 1)   ;ist die Länge von Satz größer
                              ;als 1?

Da (LENGTH SATZ) eine Zahl als Ausgabe hat, ist die
obige Anfrage legitim. Es werden zwei Zahlen miteinander
verglichen. Ist nun die Antwort NIL, muß es sich beim
folgenden einzigen Wort um ein Verb oder Adverb handeln,
während bei einer Antwort T verschiedene Worttypen auftreten können.

Das Zusammenspiel von Datentyp- und Listenprädikaten ist
also eminent wichtig, um jederzeit Informationen über
den Zustand von Listen und deren Inhalt gewinnen zu können.

(c) der Vergleich von Daten

Eine Reihe von speziellen Prädikaten informiert den Benutzer über Identität bzw. Nicht-Identität zweier Datenobjekte. Ebenso kann es von Wichtigkeit sein, zu wissen,
ob ein Datenobjekt bereits in einer bestimmten Liste
enthalten ist oder nicht. LISP bietet in diesem
Zusammenhang folgende Prädikate an:

(EQUAL <ARGUMENT$_1$> <ARGUMENT$_2$>) --> Arg$_1$ = Arg$_2$?
(MEMBER <ATOM> <LISTE>)   --> Atom in Liste ?

Betrachten wir zunächst **EQUAL** (engl. <u>equal</u> = <u>gleich</u>).
Argumente von EQUAL können alle erlaubten LISP-Elemente,
also Atome oder Listen sein. EQUAL gibt T (wahr) aus,
wenn die Argumente identisch sind. Dabei heißt identisch, daß sie in ihrer Struktur übereinstimmen. Eine
Variante von EQUAL, das LISP-Primitiv **EQL**, geht hier
noch einen Schritt weiter. Es zeigt T an, wenn beide
Argumente auch in den gleichen CPU-Speicherzellen
abgelegt sind. Für den Aufbau eines Parsers ist das Prä-

dikat EQUAL allerdings völlig ausreichend. Hier einige
Beispiele:

```
$ (equal 'der 'der)
T

$ (equal 'der (car det))          ; DET  = (DER DIE DAS)
T

$ (equal
    '(der Pfeil traf) satz))      ; SATZ = (DER PFEIL TRAF)
T

$ (equal '(der) (car det))
NIL

$ (equal 'die (cadr det))
T
```

Während EQUAL die verschiedensten LISP-Elemente
miteinander vergleicht, benötigt **MEMBER** ein Atom als erstes Argument und eine Liste als Folgeargument. MEMBER
überprüft dann, ob das Atom in der Liste enthalten ist.
Als Antwort für den negativen Fall gibt MEMBER NIL zurück, für den positiven Fall wird allerdings nicht T
(wahr) ausgegeben sondern eine Liste. Diese beginnt mit
dem erfragten Atom und wird gefolgt von den restlichen
Atomen der Liste, in der das gesuchte Atom enthalten
ist. Mit MEMBER kann man daher gut überprüfen, ob ein
Wort eines Satzes zu einer bestimmten Wortklasse gehört.
Nehmen wir folgende durch SETQ definierte Listen an:

```
$ (setq det '(der die das))
(DER DIE DAS)
$ (setq adj '(gross grosse grosser))
(GROSS GROSSE GROSSER)
```

Wir können nun überprüfen, welcher Wortklasse ein Eingabewort zuzuordnen ist:

```
$ (member 'mann det)
NIL

$ (member 'der det)
(DER DIE DAS)

$ (member (car '(die frau kam)) det)
(DIE DAS)

$ (member (cadr '(die frau kam)) adj)
NIL

$ (member (cadr '(die grosse frau kam)) adj)
(GROSSE GROSSER)
```

Bei der Erstellung eines einfachen Parsers kann man das
LISP Prädikat MEMBER nutzbringend einsetzen. Man defi-

niert mit Hilfe von SETQ zunächst einige Wortklassen und
überprüft im Verlauf der Verarbeitung mit MEMBER, zu
welcher Wortklasse das jeweils zu verarbeitende Wort gehört.

Neben den hier vorgestellten LISP-Prädikaten gibt es noch
eine Reihe weiterer hauptsächlich numerischer Prädikate, die
für die Verarbeitung natürlichsprachlicher Probleme allerdings von untergeordneter Bedeutung sind. Diese sind in den
jeweiligen LISP Handbüchern näher erläutert.

4.5.2 Logische Operatoren

An manchen Punkten der Verarbeitung einer natürlichsprachlichen Eingabe möchte man nicht nur **eine** Liste oder **ein** Atom
mit einem LISP-Prädikat auf den speziellen Gehalt hin überprüfen, sondern eventuell auch zugleich das nächste oder
übernächste Element analysieren können. Die folgenden Sätze
mögen dies verdeutlichen:

(6) a) Geht Paul nach Hause?
     b) Geht nach Hause!

Sowohl (6a) als auch (6b) haben nicht die Form eines Aussagesatzes. Während in (6a) ein Fragesatz vorliegt, handelt es
sich bei (6b) um einen Befehlssatz. Anhand der Analyse des
Wortes geht allerdings ist eine Entscheidung über den Typ des
"Nicht"-Aussagesatzes nicht möglich. Erst das nächste Wort
gibt Aufschluß über den Satztyp. Folgt nämlich mit Paul das
Subjekt des Satzes, so liegt ein Fragesatz vor, andernfalls
deutet alles auf einen Befehlssatz hin.[22] Es muß also eine
Möglichkeit geschaffen werden, sowohl das erste als auch das
zweite Wort des Eingabesatzes analysieren zu können. Der logische Operator **AND** (UND) ermöglicht dies.

$$\text{(AND <ARGUMENT}_1\text{> ....<ARGUMENT}_n\text{>)}$$

In der Regel hat AND genau zwei Argumente. Sind beide Argumente wahr, reagiert AND mit T (wahr), haben beide Argumente
einen unterschiedlichen Wahrheitswert oder den Wert falsch,
wird NIL (falsch) ausgegeben. Die folgenden natürlichsprachlichen Sätze mögen den Beitrag von **AND** zum Wahrheitswert eines Satzes verdeutlichen. Folgendes soll wahr sein:

(7) Paul schläft.

Diese Aussage betrachten wir als $Argument_1$ einer Verknüpfung
mit AND (UND). Nun ist bekannt, daß eine Person nur eine Tätigkeit zu einer bestimmten Zeit ausführen kann. Aus diesem
Grunde wären Aussagen wie, Paul läuft, Paul spielt Gitarre,
Paul geht spazieren usw. nicht wahr, da Paul als Schlafender
ja nicht aktiv sein kann. Unter der Annahme, daß (7) stimmt,

---

[22] Es mag an dieser Stelle offen bleiben, wie der Parser das
Subjekt eines Satzes ausfindig macht. Der Abschnitt 4.10.
wird zu dieser Frage Stellung nehmen.

kann man also jeder Aussage über die Aktivität, die eine Person namens Paul gerade durchführt, einen Wahrheitswert zuordnen. Dies kann in einer Wertetabelle festgehalten werden, wobei zunächst die Argumente von UND einzeln betrachtet und anschließend der Gesamtwert der Verknüpfung auf seinen Wahrheitswert hin eingeschätzt wird:

Argument 1	Wert	UND	Argument 2	Wert	Gesamt
Paul schläft	T	und	spielt Gitarre	NIL	NIL
Paul geht spazieren	NIL	und	schläft	T	NIL
Paul schläft	T	und	träumt	T	T
Paul geht spazieren	NIL	und	spielt Gitarre	NIL	NIL

<u>Fig. 17</u>: Wahrheitstabelle für Verknüpfungen mit **UND**
          (T = wahr, NIL = unwahr)

Diese Tabelle zeigt deutlich, daß eine Verknüpfung mit UND nur dann wahr ist, wenn beide Argumente wahr sind. Diese Erkenntnis kann man nun auf das logische LISP-Primitiv AND anwenden. AND reagiert bei zwei Argumenten nur dann mit wahr, wenn beide Argumente wahr sind (Über SETQ wurde die Liste DET = (DER DIE DAS) definiert):

```
$ (and (atom 'der) (atom 'das))
T


$ (and (listp '(der die das)) (symbolp 'der))
T

$ (and (member 'der det)(member 'gross det))
NIL

$ (and (equal 'der (car det))(equal 'die (cadr det)))
T
```

Übertragen auf die Beispiele (6a) und (6b) kann man folgenden logischen Ausdruck entwickeln:

Voraussetzung, folgende Listen wurden mit SETQ definiert:

```
        VERBEN = (...... GEHT .......)
        NAMEN  = (...... PAUL .......)
```

```
$ (and
    (member
      (car '(geht paul nach hause)) verben)      ;Arg1 von AND
    (member
      (cadr '(geht paul nach hause)) namen)))    ;Arg2 von AND
T
```

Nun ist bekannt, daß das erste Wort ein Verb und das zweite Wort ein Nomen (Name) ist. Somit kann es sich nur um den Satz (6a) handeln. Im Falle von (6b) wäre die Reaktion von LISP

```
$ (and
    (member (car '(geht nach hause)) verben)
    (member (cadr '(geht nach hause)) namen)))
NIL
```

Zur Verallgemeinerung wäre es natürlich am besten, den logischen Ausdruck in eine eigene Funktion einzubetten:

```
$ (defun satz-test (eingabe)
   (and
     (member (car eingabe) verben)
     (member (cadr eingabe) namen)))
SATZ-TEST
```

Nun können beliebige Sätze auf ihre ersten beiden Wörter hin überprüft werden.

```
$ (satz-test '(geht paul fort))
T
```

Im Gegensatz zu der hier geschilderten Argumentstruktur kann AND auch mehr als zwei Argumente haben. In diesem Falle wird NIL ausgegeben, wenn eines der Argumente falsch ist. Für den Aufbau eines Parsers allerdings genügen in der Regel zwei Argumente für AND.

Ein zweiter logischer Operator, den LISP dem Benutzer zur Verfügung stellt, ist **OR** (ODER).

$$(\text{OR } <\text{ARGUMENT}_1> \ldots \ldots <\text{ARGUMENT}_n>)$$

Auch die Wirkungsweise von OR läßt sich gut mit unserem natürlichsprachlichen Beispiel (7) darstellen. Die Annahmen bleiben die gleichen wie oben: Wenn eine Person schläft, kann sie keine weitere bewußte Aktivität ausführen. Statt und verwenden wir jetzt allerdings oder für die Verknüpfung der Argumente. Um der Wirkungsweise des in LISP verwendeten OR auf die Spur zu kommen, ersetze man oder durch entweder oder, das sogenannte 'exklusive' oder:

Argument 1	Wert	ODER	Argument 2	Wert	Gesamt
Paul schläft	T	oder	spielt Gitarre	NIL	T
Paul geht spazieren	NIL	oder	schläft	T	T
Paul schläft	T	oder	träumt	T	NIL
Paul geht spazieren	NIL	oder	spielt Gitarre	NIL	NIL

<u>Fig. 18:</u> Wahrheitstabelle für Verknüpfungen mit **ODER**

Die Verknüpfung von (entweder) oder ist immer dann wahr, wenn eines der Argumente wahr ist, sind beide Argumente wahr oder beide falsch, ist auch die Verknüpfung falsch. Der Satz

(8) Paul schläft oder spielt Gitarre.

ist falsch, wenn er weder das eine noch das andere gerade
tut. Ebenso wie AND wird auch OR an einigen Stellen eines
Parser-Programms benötigt. So zeichnen sich alle die Sätze,
die keine Aussagesätze sind, also Frage- oder Befehlssätze,
durch Vorhandensein ganz bestimmter Wörter in der Anfangspo-
sition eines Satzes aus:

(9) a) Kommt Paul nach Hause?
    b) Komm nach Hause!
    c) Ist Paul nach Hause gekommen?
    d) Wer kommt nach Hause?
    e) Wann kommt Paul nach Hause?

Beginnt also ein Satz mit einem Verb (gleichgültig ob Hilfs-
verb oder Vollverb) oder mit einem w-Wort (<u>wer</u>, <u>wessen</u>, <u>wen</u>,
<u>wann</u>, <u>wo</u>, <u>wie</u>....), so kann kein Aussagesatz vorliegen.[23] In
LISP kann man das wie folgt überprüfen:

Voraussetzung, folgende Listen wurden mit SETQ definiert:

```
            VERBEN   = (....KOMMT KOMM IST ....)
            W-WOERTER = (...WER WANN...)
```

Die Variable EINGABE soll der jeweilige Satz (8a) bis (8e)
sein:

```
$ (or
    (member (car eingabe) verben)
    (member (car eingabe) w-woerter))
```

An dieser Stelle ist es wiederum angebracht, eine eigene
Funktion zu definieren:

```
$ (defun frage-test (eingabe)
    (or
      (member (car eingabe) verben)
      (member (car eingabe) w-woerter)))
FRAGE-TEST
```

Nun können wir beliebige Eingabesätze verwenden:

```
$ (frage-test '(wer hat Paul gesehen))
T
```

Wie AND kann auch OR mehr als zwei Argumente haben, wobei die
Ausgabe T (wahr) ist, wenn eines der gerade ausgewerteten Argumente den Wert NIL (falsch) ergibt.

---

[23] Ausnahmen sind Nebensätze wie:

    - Wann Paul kommt, ist nicht bekannt.
    - Wen Paul kennt, ist nicht bekannt.   usw.

    Schon das zweite Wort allerdings kann hier eine Ent-
    scheidungshilfe bringen.

Der dritte logische Operator, den LISP zur Verfügung stellt,
ist **NOT** (NICHT). Dieser kehrt den jeweiligen Wahrheitswert
eines Argumentes um:

              (NOT <ARGUMENT>)

Hier einige Beispiele (mit und ohne NOT):

```
$ (listp '(der kleine hund ist in der kueche)))
T


$ (not (listp '(der kleine hund ist in der kueche)))
NIL


$ (symbolp 5)
NIL


$ (not (symbolp 5))
T
```

NOT wird in Parsing-Programmen oft im Zusammenhang mit AND
und OR verwendet, um bestimmte Analysen auszuschließen.
Schauen wir uns zunächst einige Aussagesätze an, die durch
die bisherige Funktion FRAGE-TEST noch nicht angemessen behandelt würden:

(9) f) Wer Paul kennt, muß ein reicher Mann sein.
    g) Wen immer Paul sieht, den beleidigt er.
    h) Was morgen geschieht, ist mir egal.

Die Funktion FRAGE-TEST würde wie folgt reagieren:

```
$ (frage-test '(wer paul kennt))
T
```

Mit anderen Worten, (9f) wie auch (9g-h) würden fälschlicher-
weise nicht als Aussagesatz erkannt werden. Um nun Sätze wie
(9c) und (9e) von (9f-h) zu unterscheiden, könnte man folgende Funktion entwickeln:

```
$ (defun w-satz-test (eingabe)
    (and
      (member (car eingabe) w-woerter)
      (not
        (member (cadr eingabe) verben)))))
W-SATZ-TEST
```

W-SATZ-TEST hat folgenden Inhalt:

    Eine AND Verknüpfung mit folgenden Argumenten:
    Argument 1: Ist das erste Wort der Eingabe ein w-Wort?
    Argument 2: Ist das zweite Wort **nicht** ein Verb?

Die Eingaben (9f-h) erfüllen jeweils Argument 1 und Argument2
und damit auch die gesamte Verknüpfung mit AND:

$ (w-satz-test '(was morgen geschieht ist mir egal))
T

Alle logischen LISP-Operatoren bieten dem Benutzer eine Reihe
von Möglichkeiten, auf die Elemente einer Liste effektiv zuzugreifen. Zusammen mit den bereits dargestellten LISP-Prädikaten können sie auf vielfältige Weise in Funktionen eingebaut werden. Ihre Effektivität ist allerdings am größten im
Zusammenhang mit einem Primitiv, das es erlaubt, bedingte
Programmschritte durchführen zu können. Wir benötigen also
eine Anweisung im Sinne der oben erwähnten BASIC Anweisung
IF..THEN..ELSE.

4.5.3 Das Treffen von Entscheidungen

Das Treffen von Entscheidungen ist eine fundamentale Eigenschaft effektiver Pro-
grammstruktur. Jedes Pro-
gramm, das den Hauch von Tri-
vialität ablegen möchte, muß
Entscheidungen treffen können. Auf der Basis der Evaluierung gewisser Argumente
wird dem Programm ermög-
licht, bestimmte Programmschritte durchzuführen und
andere außer acht zu lassen.
LISP bietet zu diesem Zweck
das   Entscheidungsprimitiv
COND (engl. _cond_itional = _Be-
dingung_) an. COND hat eine
relativ komplexe Struktur:

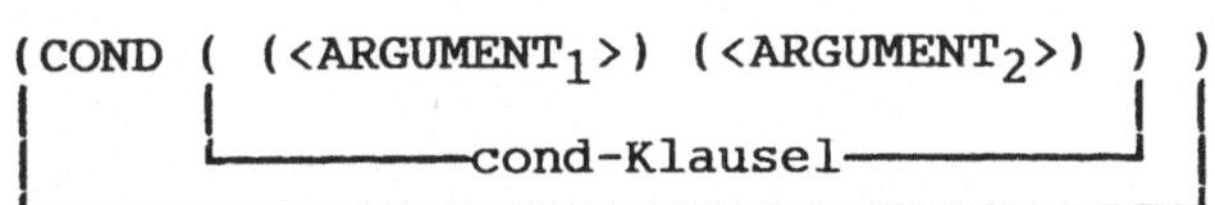

Die hier dargestellt Form von COND ist die einfachste Form.
Hier hat COND nur eine einzige sogenannte **Klausel** (COND-
clause), die zu evaluieren ist. Dabei gilt: Wenn das Argu-
ment$_1$ der COND-Klausel wahr ist, dann führe Argument$_2$ aus.
Argument$_1$ ist somit ein Test, der durchgeführt wird, und Ar-
gument$_2$ die Anweisung, die bei erfolgreichem Test ausgeführt
wird. Es ist zu beachten, daß sowohl die Argumente in der
COND-Klausel selbst als auch die gesamte Klausel geklammert
sind. Schematisch hat COND also folgende Klammerstruktur:

```
(COND ((        )(        )) )
      └────Klausel────┘
```

Greifen wir auf unsere Beispielsätze (7) und (8) zurück. Die
Liste W-WÖRTER hatten wir ja bereits definiert. Nun können
wir einen Test durchführen. Der Übersicht halber sind die

Klammern der Argumente des COND-Ausdrucks getrennt dargestellt und mit Kommentaren versehen.

```
$ (setq eingabe '(wann kommt paul))
(WANN KOMMT PAUL)

$ (cond
   (                                    ;linke Klammer Klausel
     (member (car eingabe)w-woerter)    ;Arg₁ von Klausel(Test)
       '(kein aussagesatz)              ;Arg₂ von Klausel
                           )            ;rechte Klammer Klausel
                             )          ;Endklammer von COND
$ (KEIN AUSSAGESATZ)
```

Betrachten wir die COND-Klausel im Detail:

Argument$_1$ - ist erfüllt, da das erste Wort (wann) in der Li-
        ste W-WÖRTER enthalten ist.
Argument$_2$ - kann ausgeführt werden, da Argument$_1$ erfüllt ist.
        Argument$_2$ ist eine einfache Ausgabe von '(kein
        Aussagesatz).

Zweckmäßigerweise kleidet man einen COND-Ausdruck in eine
spezielle Funktion ein:

```
$ (defun satz-typ (eingabe)
     (cond ((member (car eingabe) w-woerter)
            '(kein Aussagesatz))))
SATZ-TYP
```

Nun kann man beliebige Eingabesätze einem ersten Test unterziehen:

```
$ (satz-typ '(wohin geht Paul))
(KEIN AUSSAGESATZ)

$ (satz-typ '(Paul kommt))
NIL

$ (satz-typ '(kommt paul))
NIL
```

Ein Hauptproblem taucht in diesem Zusammenhang auf:

> Auch Alternativfragen (wie etwa: Ist Paul zu Hause?),
> die ja nicht mit einem w-Wort beginnen, werden als
> Aussagesatz betrachtet, da ja NIL ausgegeben wird. Mit
> anderen Worten: Für den Fall, daß der Eingabesatz nicht
> mit einem w-Wort beginnt, wird in jedem Fall NIL ausge-
> geben.

Das Problem läßt sich mit einer zweiten COND-Klausel lösen.
Interessanterweise nämlich läßt COND eine beliebige Anzahl
von Klauseln zu. Es wird (von oben nach unten) das jeweils 2.
Argument derjenigen Klausel ausgewertet, deren Argument$_1$ erfüllt ist. Die anderen Klauseln werden nicht behandelt:

```
(COND ((<ARGUMENT_1>)(<ARGUMENT_2>))        ;Klausel_1
      ((<ARGUMENT_1>)(<ARGUMENT_2>))        ;Klausel_2
      ....................                  ; ......
      ((<ARGUMENT_1>)(<ARGUMENT_2>)) )      ;Klausel_n
```

Wir können unsere Funktion SATZ-TYP mit einer zweiten Klausel
für den COND-Ausdruck versehen. Durch Verwendung des gleichen
Funktionsnamen SATZ-TYP wird die obige Funktion SATZ-TYP
überschrieben:

```
$ (defun satz-typ (eingabe)
   (cond
      ((member (car eingabe) w-woerter) '(satz = w-frage))
      ((member (car eingabe) verben)
                              '(satz = alternativfrage)) ))
SATZ-TYP
```

```
$ (satz-typ '(wo bleibt paul))
(SATZ = W-FRAGE)
```

In diesem Fall ist das Argument$_1$ der ersten Klausel erfüllt,
da wo ja in der Liste W-WOERTER enthalten ist. Also wird Ar-
gument$_2$ dieser Klausel ausgeführt. Die zweite Klausel von
COND bleibt unbeachtet.

```
$ (satz-typ '(kommt Paul))
(SATZ = ALTERNATIVFRAGE)
```

Bei dieser Eingabe evaluiert Argument$_1$ der ersten COND-Klausel zu NIL (falsch), da kommt nicht in der Liste W-WOERTER
enthalten ist. Also kommt die zweite Klausel von COND zur Anwendung. Argument$_1$ dieser Klausel ist erfüllt, da kommt in
der Liste VERBEN enthalten ist. Folglich wird Argument$_2$ der
2. Klausel ausgeführt, es wird (SATZ = ALTERNATIVFRAGE) ausgegeben.

Nun gilt es noch, das Problem der Eingabe eines Aussagesatzes
zu lösen. Die Funktion SATZ-TYP würde nach wie vor mit NIL
reagieren, da ja weder Klausel$_1$ noch Klausel$_2$ zur Ausführung
gelangen.

```
$ (satz-typ '(paul kommt))
NIL
```

Es gäbe natürlich die Möglichkeit, eine weitere COND-Klausel
einzuführen, die den Satzanfang auf Wörter wie etwa Paul untersucht und dann AUSSAGESATZ ausgibt. Ein kurzer Blick auf
die Möglichkeiten der Einleitung eines Aussagesatzes würde
allerdings eine Vielzahl von neuen COND-Klauseln erfordern:

```
(10) a) Paul kommt.              Wort_1 = Nomen (Name)
     b) Der Herr kommt.          Wort_1 = Determiner
     c) Er kommt.                Wort_1 = Pronomen
     d) Dort kommt Paul          Wort_1 = Adverb
     e) Wenn Paul kommt ...      Wort_1 = Konjunktion
     f) Guter Rat ist teuer.     Wort_1 = Adjektiv
     g) Im Garten steht Paul.    Wort_1 = Präposition
```

Alle diese Aussagesätze haben allerdings eines gemeinsam. Sie
beginnen nicht mit einem w-Wort oder mit einem Verb. Das bedeutet, daß die Funktion SATZ-TYP lediglich eine allgemeine
Bedingung benötigt, die ausgeführt wird, sobald die bisherigen COND-Klauseln nicht ausgeführt werden können. Dazu gibt
es die Möglichkeit, als $Argument_1$ der letzten Klausel von
COND einen Test einzuführen, der in jedem Falle zutreffen
soll. Wählen wir doch einfach den Wert T (true) als $Argument_1$
für die letzte Klausel von COND. Da T in jedem Falle als wahr
evaluiert wird, muß automatisch $Argument_2$ dieser Klausel ausgeführt werden:

```
(COND (((<ARGUMENT_1>)(<ARGUMENT_2>))    ;Klausel_1
      (((<ARGUMENT_1>)(<ARGUMENT_2>))    ;Klausel_2
       ............
      ( T (<ARGUMENT_2>)) )               ;letzte Klausel
```

Übertragen auf SATZ-TYP bedeutet das:

```
$ (defun satz-typ (eingabe)
    (cond
       ((member (car eingabe) w-woerter) '(satz = w-frage))
       ((member (car eingabe) verben)
                                '(satz = alternativfrage))
       (t '(satz = aussage)) ) )
SATZ-TYP
```

Nun haben wir eine effektive Funktion SATZ-TYP, deren Ablauf
man sich gut in einem Flußdiagramm veranschaulichen kann:

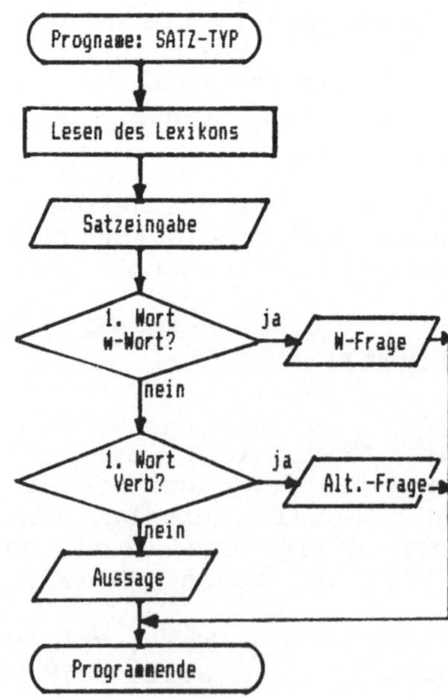

Fig. 19: Flußdiagramm der Funktion SATZ-TYP

So effektiv SATZ-TYP auch sein mag, zwei Unzulänglichkeiten
fallen dennoch auf. Folgende Sätze werden bezüglich ihres Typus nicht angemessen analysiert:

(11) a) Wer Paul kennt, mag ihn auch.
     b) Kommt nach Hause.

Während der Aussagesatz (11a) als W-Frage verarbeitet wird
(das erste Wort erfüllt ja $Argument_1$ der ersten COND-Klausel), wird (11b) als Alternativfrage analysiert, da hier
durch Auftreten eines Verbs als erstes Wort $Argument_1$ der
zweiten Klausel von COND erfüllt wird.

Um diese Probleme lösen zu können, muß auch das zweite Wort
des Eingabesatzes analysiert werden. Verbal ausgedrückt:

> Ist das erste Wort ein w-Wort und das zweite Wort ein
> Verb, dann liegt eine W-Frage vor.

Das Argument (MEMBER (CAR EINGABE) W-WOERTER) allein reicht
also nicht aus. Es bietet sich deshalb eine AND-Verknüpfung
an:

**(AND
  (MEMBER (CAR EINGABE) W-WOERTER)
  (MEMBER (CADR EINGABE) VERBEN))**

Dieser Ausdruck wird genau dann wahr, wenn $Wort_1$ ein w-Wort
und $Wort_2$ ein Verb ist. Diesen Ausdruck kann man nun zum
neuen $Argument_1$ der ersten Klausel von COND machen:

```
$ (defun satz-typ (eingabe)
    (cond
      ((and                                    ;Arg₁/Klausel₁
        (member (car eingabe) w-woerter)
        (member (cadr eingabe) verben))
       '(satz = w-frage))                       ;Arg₂/Klausel₁
      ((member (car eingabe) verben)            ;Arg₁/Klausel₂
       '(satz = alternativfrage))               ;Arg₂/Klausel₂
      (t '(satz = aussage)))))
SATZ-TYP
```

Übrigens hätten wir anstelle des neuen $Argumentes_1$ der COND-
$Klausel_1$ auch die oben definierte eigene Funktion W-SATZ-TEST
einsetzen können, die ja T-(wahr) ausgibt, wenn $Wort_1$ ein w-
Wort und $Wort_2$ kein Verb ist. Da ja bei einer w-Frage $Wort_2$
ein Verb sein darf, könnte man durch Umdrehen des Aus-
gabewertes von W-SATZ-TEST das gleiche erreichen:

```
..cond ((not
         (w-satz-test eingabe)) '(satz = w-frage))
       ((member (car eingabe) verben) '(satz = ....
```

Diese Vorgehensweise des Aufrufens einer selbst definierten
Funktion in einer Funktion, kommt in LISP häufig zum Tragen.

Allerdings sollte man diesen Weg nur dann wählen, wenn aus
dem Programm eindeutig hervorgeht, was die jeweilige Funktion
tut.

Um nun das Problem in (11b) zu lösen, greifen wir auf die Erkenntnisse der oben definierten Funktion SATZ-TEST zurück:

```
(AND
  (MEMBER (CAR EINGABE) VERBEN)
  (MEMBER (CADR EINGABE) NAMEN))
```

Diese logische Verknüpfung gibt T (wahr) aus für Fälle wie
z.B. (11b), d.h. wir können nun einfache Befehlssätze von Al-
ternativfragen unterscheiden. Integrieren wir nun diesen Ausdruck in SATZ-TYP als neues $Argument_1$ der 2. Klausel. (Die
Liste NAMEN wird dabei auf NOMEN umdefiniert):

```
$ (setq nomen '(...paul.....))

$ (defun satz-typ (eingabe)
    (cond
      ((and                              ;Klausel₁ von COND
        (member (car eingabe) w-woerter)
        (member (cadr eingabe) verben))
       '(satz = w-frage))
      ((and                              ;Arg₁/Klausel₂
        (member (car eingabe) verben)
        (member (cadr eingabe) nomen))
       '(satz = alternativfrage))        ;Arg₂/Klausel₂
      (t '(satz = aussage)))))
SATZ-TYP
```

Nun benötigen wir noch eine weitere COND-Klausel zur Verarbeitung von Befehlssätzen. Diese fügen wir nun noch als
dritte Klausel ein. Sie soll Befehlssätze liefern:

```
$ (defun satz-typ (eingabe)
    (cond
      ((and                              ;Klausel₁ von COND
        (member (car eingabe) w-woerter)
        (member (cadr eingabe) verben))
       '(satz = w-frage))
      ((and                              ;Klausel₂ von COND
        (member (car eingabe) verben)
        (member (cadr eingabe) nomen))
       '(satz = alternativfrage))
      ((member (car eingabe) verben)     ;Klausel₃ von COND
       '(satz = befehl))
      (t '(satz = aussage)))))
SATZ-TYP
```

Auf den ersten Blick scheinen $Klausel_2$ und $Klausel_3$ kaum unterschiedlich. Die Reihenfolge der COND-Klauseln allerdings
regelt die Verarbeitung. Da alle COND-Klauseln von oben nach
unten verarbeitet werden, tritt zunächst $Klausel_1$ in Aktion.
Danach $Klausel_2$; diese ist erfüllt, wenn $Wort_1$ des Eingabesatzes ein Verb und $Wort_2$ ein Nomen ist. Die Ausgabe analy-

siert dann eine Alternativfrage wie etwa (9c).[24] Ist die Reaktion auf Argument$_1$ von Klausel$_2$ negativ, wird Klausel$_3$ versucht. Das Testargument, Argument$_1$ dieser Klausel, verlangt
lediglich ein Verb als erstes Wort des Eingabesatzes. Ein Nomen als Wort$_2$ der Eingabe darf allerdings nicht mehr vorkommen. Für diesen Fall nämlich wäre Klausel$_2$ erfüllt worden.
Ein geschicktes Anordnen der Klauseln eines COND-Ausdrucks
erspart daher zusätzliche LISP-Prädikate.

Die Funktion SATZ-TYP ist nun ein geeignetes Mittel um den
Satztyp eines Eingabesatzes zu ermitteln. Ohne COND-Aus-
drücke, d.h. ohne die Möglichkeit, Entscheidungen zu treffen,
wäre das nicht möglich. Damit ist COND eine große Unterstützung von LISP-Funktionen.[25]

---

[24] Zur Einschränkung muß hinzugefügt werden, daß nicht jede
Alternativfrage nach dem Verb ein Nomen an zweiter Stelle
hat. So kann z.B. ein Adjektiv, ein Determiner usw.
folgen. Der Einfachheit halber soll allerdings hier ein
Nomen einmal als Standard angenommen werden.

[25] Neben COND stellt Common-LISP auch die Primitiva **IF** und
WHEN zur Verfügung. Bei diesen handelt es sich um Spezial-
formen von COND, die eine sehr übersichtliche Programmierung erlauben. Die genaue Argumentstruktur dieser
Primitiva ist den jeweiligen Handbüchern zu entnehmen.

4.5.4 Zusammenfassung

LISP-Prädikate, logische Funktionen und Bedingungen erlauben
eine effektive Programmierung. Die Einbettung dieser LISP-
Primitiva macht es möglich, selbst definierte Funktionen zu
machtvollen Programmen zu entwicklen. Das Beispiel SATZ-TYP
zeigt, daß auf der Basis einiger weniger LISP-Primitiva
Schritt für Schritt eine Funktion aufgebaut wurde, die in der
Lage ist, verschiedene, wenn auch z.T. vereinfachte natürlichsprachliche Sätze auf ihren Typus hin zu untersuchen.
Ohne die in diesem Kapitel dargestellten LISP-Prozeduren wäre
das nicht möglich.

Folgende LISP-Primitiva wurden in diesem Abschnitt behandelt:

<u>(a) LISP-Prädikate, die den Datentyp ermitteln</u>

```
(ATOM <ARGUMENT>)
(LISTP <ARGUMENT>)
(NUMBERP <ARGUMENT>)
(SYMBOLP <ARGUMENT>)
```

<u>(b) LISP-Prädikate, die LISP-Elemente vergleichen</u>

```
(> <ZAHL1> <ZAHL2>)
(< <ZAHL1> <ZAHL2>)
(= <ZAHL1> <ZAHL2>)
(EQUAL <ARGUMENT1> <ARGUMENT2>)
```

<u>(c) LISP-Prädikate, die über Listen operieren</u>

```
(NULL <LISTE>)
(LENGTH <LISTE>)
(MEMBER <ATOM> <LISTE>)
```

<u>(d) logische LISP-Operatoren</u>

```
(AND <ARGUMENT1> <ARGUMENT2>)
(OR  <ARGUMENT1> <ARGUMENT2>)
(NOT <ARGUMENT>)
```

<u>(e) Bedingungen</u>

```
(COND ((<ARGUMENT1>) (<ARGUMENT2>))    ;COND-Klausel1
      ((<ARGUMENT1>) (<ARGUMENT2>))    ;COND-Klausel2
      ((<ARGUMENT1>) (<ARGUMENT2>))    ;COND-Klausel3
      ............
      ((<ARGUMENT1>) (<ARGUMENT2>))    ;COND-Klauseln
      (T (<ARGUMENT2>))))              ;wahre Endbedingung
```

4.5.5 Übungsaufgaben

An dieser Stelle dürfte bereits klar geworden sein, daß ein
LISP-Programm aus einer Reihe von selbst definierten Funktionen besteht, die so aufeinander abgestimmt sind, daß sie ein
komplexes Problem lösen können. Ziel dieser und aller künfti-
gen Übungsaufgaben ist es daher, geschickte Funktionen zu
entwickeln, welche die komplexen Probleme natürlichsprachlicher Eingaben in den Griff bekommen:[26] Alle folgenden Funktionen machen Gebrauch von COND.

4.5.5.1 LISP-Prädikate

a) Definiere eine Funktion **TEST0**, die untersucht, ob ein Eingabesatz Wörter enthält oder nicht.

b) Definiere eine Funktion **TEST1**, die untersucht, ob das
   erste Wort eines Eingabesatzes in einem Lexikon enthalten
   ist oder nicht. Definiere ein entsprechendes Lexikon mit
   SETQ.

c) Definiere eine Funktion **TEST2**, die dann eine positive Ausgabe erzeugt, wenn ein Eingabesatz eine Liste ist.

d) Definiere eine Funktion **TEST3**, die dann eine positive Ausgabe erzeugt, wenn ein Eingabesatz noch Wörter enthält.

4.5.5.2 Logische Operatoren

a) Definiere eine Funktion **TEST4**, die dann eine positive Ausgabe erzeugt, wenn ein Eingabesatz eine Liste ist und das
   erste Wort im Lexikon enthalten ist.

b) Definiere eine Funktion **TEST5**, die positiv reagiert, wenn
   das erste Wort eines Eingabesatzes ein Determiner ist
   und das zweite Element nicht auch ein Determiner ist.

c) Definiere eine Funktion **TEST6**, die positiv reagiert, wenn
   das erste Wort eines Eingabesatzes ein Determiner oder ein
   Nomen ist nicht aber ein Verb.

4.5.5.3 Natürlichsprachliche Phänomene/COND

a) Definiere eine Funktion **PARSE-IMPERATIV**, die, falls ein
   Befehlssatz vorliegt, diesem das Subjekt _ihr_ einfügt. Als
   Befehlssätze sollen gelten:

         Kommt ...., Geht ....., Fragt ..... usw.

   Falls kein Befehlssatz vorliegt, soll eine entsprechende
   Ausgabe erzeugt werden.

-----

[26] Bevor eine Funktion zum Ablauf gebracht wird, sollte man
     nicht vergessen die benötigten Referenzlisten über SETQ zu
     definieren.

b) Definiere eine Funktion **PARSE-NP**, die erkennt, ob das erste Wort eines Satzes ein Determiner, ein Adjektiv oder ein Nomen ist und jeweils eine entsprechende Ausgabe erzeugt. Definiere entsprechende Listen vor dem Ablauf des Programms.

c) Da es sich bei PARSE-NP um eine Funktion handelt, die das erste Wort eines Aussagesatzes analysiert, können wir sie problemlos in SATZ-TYP integrieren. Wie geht das?

d) Definiere die Funktion **PARSE-IMP**, die in Imperativsätze der bekannten Art ein Subjekt einfügt und von SATZTYP aus aufgerufen wird.

e) Füge eine weitere COND-Klausel in PARSE-NP ein, die Pronomen als erstes Wort eines Eingabesatzes analysiert.

f) Da ein Befehlssatz durch PARSE-IMPERATIV ein Pronomen als Subjekt erhält, können wir nun von PARSE-IMPERATIV aus PARSE-NP aufrufen und den Satz entsprechend behandeln. Es wäre natürlich ratsam, auch nach der Einfügung des Subjektes _ihr_ festzuhalten, daß es sich um einen vormaligen Begehandelt hat.

4.6 Datenein- und ausgabe

Bevor weitere natürlichsprachliche Probleme behandelt werden,
sollen einige nützliche LISP-Primitiva vorgestellt werden,
die ein Programm benutzerfreundlicher machen. Zu Primitiva
dieser Art gehören Prozeduren, die vom Benutzer Dateneingaben
(z.B. einen Satz) verlangen, sowie gut lesbare und eventuell
sogar phantasievoll gestaltete Bildschirmausgaben erzeugen.

4.6.1 Das Lesen von Daten

Jede Programmiersprache verfügt über Programmierschritte, die
den Benutzer zur Eingabe von Daten auffordern. Die bisher definierten Parsing Funktionen hatten den Nachteil, daß jeweils
ein gequoteter Satz zusammen mit dem Funktionsnamen eingegeben werden mußte, z.B.

$ (satz-typ '(geht nach hause))
(SATZ = BEFEHLSSATZ)

Einfacher wäre es doch, den Benutzer direkt zu einer Eingabe
aufzufordern. Die Prozedur **READ** (engl. _read_ = _lesen_) bietet
diese Möglichkeit. Nach Eingabe von

$ (read)_

meldet sich LISP und fordert
den Benutzer durch den blinkenden Cursor zu einer Eingabe auf. Da diese Eingabe
nicht evaluiert wird,
braucht sie auch nicht gequotet zu werden.

$ (read) (der pfeil traf)
(DER PFEIL TRAF)

Die bloße Eingabe von READ
hat aber einen Nachteil: Was
immer nun eingegeben wird,
geht sofort wieder verloren,
da der Wert dieser Eingabe
keiner Variablen zugeordnet
wird. Im Zusammenhang mit
SETQ allerdings kann die Eingabe zum Wert einer Vari-
ablen, nämlich zum Wert des
ersten Arguments von SETQ gemacht werden:

$ (setq eingabe (read)) _

Wiederum fordert LISP den Benutzer zu einer Eingabe auf:

$ (setq eingabe (read)) (geht nach Hause)

(GEHT NACH HAUSE)   └── Benutzereingabe

Nun hat die Variable EINGABE den Wert (GEHT NACH HAUSE) erhalten. Will man in einer Funktion diese Möglichkeit der Eingabe integrieren, verfährt man, gezeigt am Beispiel SATZ-TYP,
wie folgt:

```
$ (defun satz-typ ()
    (setq eingabe (read))
    (cond ((  .......- siehe oben - ......))
```

Die Wirkung dieser Änderung ist folgende: Dadurch daß die
Funktion zwar einen Namen aber keine Argumente hat, wird sie
beim bloßen Aufrufen des Funktionsnamens zur Ausführung gebracht. Bevor nun die COND-Klauseln evaluiert werden, verlangt das Programm eine Eingabe vom Benutzer. Diese Eingabe
wird dem Symbol EINGABE zugeordnet und im folgenden unter
diesem Namen weiterbehandelt. Zusammen mit der Wertezuordnung
hat READ also die gleiche Funktion wie die BASIC Anweisung
INPUT <Variablenname>.

4.6.2 Die Ausgabe von Daten auf den Bildschirm

In vielen LISP-Programmen reicht es völlig aus, am Ende des
Programms das Ergebnis der Verarbeitung anzuzeigen. Das kann
mit einem gequoteten Ausdruck wie in SATZ-TYP geschehen. Häufig möchte man allerdings die zwischenzeitlichen Ergebnisse
einer Verarbeitung auf dem Bildschirm angezeigt bekommen.
Dazu reicht ein einfacher gequoteter Ausdruck nicht aus. Ein
kleines Programm mag dieses illustrieren:

```
$ (defun befehlssatz ()
    (setq eingabe (read))
    (cond ((and (member (car eingabe) verb)
                (not (member (cadr eingabe) nomen)))
        '(satz = befehlssatz)
        (setq eingabe (cons 'ihr eingabe)))
        (t '(satz = aussagesatz)))))
BEFEHLSSATZ
```

Bei Eingabe eines Befehlssatzes erwartet man nun normalerweise die Ausgabe (SATZ = BEFEHLSSATZ) und anschließend die
Neudefinition der Eingabe. Interessanterweise passiert aber
folgendes:

```
$ (befehlssatz) (geht nach hause)
(IHR GEHT NACH HAUSE)
```

Der erwartete Ausdruck erscheint nicht auf dem Bildschirm. Es
fehlt an einer Prozedur, die LISP sagt, was mit dem gequoteten Ausdruck getan werden soll. Am Ende eines Programms ist
das unwesentlich, da LISP ja jeweils den letzten Wert einer
Prozedur ausgibt, einen gequoteten Ausdruck, den Wert einer
Liste usw. Ein gequoteter Ausdruck innerhalb einer Funktion
allerdings wird schlicht übergangen. Erst eine zusätzliche

Prozedur zum Ausdruck eines
Elementes schafft hier Ab-
hilfe. LISP bietet dazu das
Primitiv **PRINT** (engl. <u>print</u> =
<u>drucken</u>) an.

```
(PRINT <ARGUMENT>)
```

PRINT wird dabei nicht nur
als Primitiv evaluiert sondern druckt sein Argument
auch noch auf dem Bildschirm
aus. Dabei rückt PRINT den
Cursor und somit den Ausdruck
automatisch auf die folgende
Bildschirmzeile:

```
$ (print '(ein satz))
(EIN SATZ)
(EIN SATZ)
```

Die Funktion BEFEHLSSATZ kann nun wie folgt modifiziert werden.

```
$ (defun befehlssatz ()
    (setq eingabe (read))
    (cond ((and (member (car eingabe) verb)
                (not (member (cadr eingabe) nomen)))
           (print '(satz = befehlssatz))
           (setq eingabe (cons 'ihr eingabe)))
          (t '(satz = aussagesatz)))))
BEFEHLSSATZ
```

Neben der einfachen PRINT-Anweisung gibt es noch eine Reihe
von Varianten:

```
(TERPRI     <ZAHL>)
(PRIN1      <ARGUMENT>)
(PRINC      <ARGUMENT>)
(WRITE-LINE <ARGUMENT>)
(CLEAR-SCREEN)
```

TERPRI, das ohne weitere Angaben den Wert der Zahl auf den
Standardwert Zahl = 1 setzt, schiebt den Cursor zum Anfang
der nächsten Zeile vor (engl. <u>terminate printing</u> = <u>drucken</u>
<u>beenden</u>). Verändert man den Wert von TERPRI und gibt z.B.
(TERPRI 2) ein, so werden zwei Leerzeilen ausgedruckt. **PRIN1**
druckt sein Argument direkt im Anschluß an das vorhergehende
Zeichen. **PRINC** (engl. <u>print character</u> = <u>drucke Zeichen</u>) verhält sich wie PRIN1, druckt aber auch reservierte Sonderzeichen, wie z.B. . oder : aus. Das Argument von PRINC steht
zwischen Anführungszeichen. Daher eignet sich PRINC sehr gut
zu Programmitteilungen, die während des Programmablaufes an
den Benutzer gerichtet sind. **WRITE-LINE** ist eine Kombination
von PRINC mit gleichzeitigem Zeilenvorschub. **CLEAR-SCREEN**
(engl. <u>clear the screen</u> = <u>den Bildschirm freimachen</u>) schließ-

lich säubert den Bildschirm für neue Ausgaben und entspricht
damit der BASIC Anweisung CLS. [27]

Etwas benutzerfreundlicher gemacht sieht die Funktion BE-
FEHLSSATZ nun wie folgt aus:

```
$ (defun befehlssatz()
    (clear-screen)
    (write-line "Eine Eingabe bitte: ")
    (setq eingabe (read))
    (cond ((and (member (car eingabe) verb)
                (not (member (cadr eingabe) nomen)))
             (print '(satz = befehlssatz))
             (setq eingabe (cons 'ihr eingabe)))
          (t '(satz = aussagesatz)))))
BEFEHLSSATZ
```

Schließlich können wir noch die T-(wahr) Klausel von COND dahingehend verändern, daß bei einer Eingabe, die nicht ein Befehlssatz ist, sofort eine neue Eingabe verlangt wird. Das
erreicht man dadurch, daß man die Funktion BEFEHLSSATZ als
Argument von COND erneut aufruft. Dabei muß nun auch eine
neue PRINT Anweisung integriert werden. Die CLEAR-SCREEN Prozedur sollte wegfallen, da ja bei jedem erneuten Aufruf auch
alle zwischenzeitlichen Angaben vom Bildschirm gelöscht werden:

```
$ (defun befehlssatz()
    (write-line "Eine Eingabe bitte: ")
    (setq eingabe (read))
    (cond ((and (member (car eingabe) verb)
                (not (member (cadr eingabe) nomen))
             (print '(satz = befehlssatz))
             (setq eingabe (cons 'ihr eingabe)))
          (t (write-line "Dies ist kein Befehlssatz!")
             (befehlssatz)))))
BEFEHLSSATZ
```

Wird nun ein Befehlssatz eingegeben, reagiert die Funktion
BEFEHLSSATZ wie erwartet, bei jeder anderen Eingabe wird ausgedruckt Dies ist kein Befehlssatz und anschließend die Funktion BEFEHLSSATZ erneut aufgerufen. Nun wird wieder eine Eingabe verlangt, evaluiert usw.

---

[27] Über diese recht einfachen Ausgabe-Primitiva hinaus sieht
LISP noch eine Reihe von weiteren Druck-Prozeduren vor.
Neben dem Ausdrucken einzelner Zeichen, deren ASCII Werten
oder dem Anfertigen speziell formatierter Ausdrucke, bieten Golden Common-LISP und auch MULISP die Möglichkeit der
farblichen Gestaltung von Bildschirminhalten. Der Leser
sei in diesem Zusammenhang auf die jeweiligen Handbücher
verwiesen. Übrigens ist CLEAR-SCREEN im Golden-Common-LISP
nicht als Primitiv vordefiniert.

4.6.3 Übungsaufgaben

a) Definiere eine Funktion VIELFRASS, die den Benutzer auffordert, einem Ungeheuer eine Speise zu verabreichen. Handelt es sich dabei um KEKSE, so soll eine positive Reaktion erfolgen. Ist das nicht der Fall, soll eine negative
   Reaktion erfolgen und eine erneute Eingabe verlangt werden.

b) Erweitere die Funktion VIELFRASS dahingehend, daß eine
   zweite Funktion die Verarbeitung der Eingabe vornimmt und
   die Top-Level Funktion lediglich die Benutzerinformationen
   vorsieht.

c) Definiere eine Funktion START, die das gleiche tut wie die
   'Vielfrass-Funktionen', den Benutzer aber zur Eingabe eines natürlichsprachlichen Satzes auffordert. Diese Funktion kann die Top-Level Funktion eines Parsers bilden.
   COND-Klauseln werden später integriert.

4.7 Rekursion und Iteration

Die bisher definierten Funktionen hatten fast alle einen ent-
scheidenden Nachteil: Sie wurden aufgerufen, einmal verwendet
und mußten dann für weitere Eingaben erneut aufgerufen werden. Das ist nicht sehr ökonomisch, gibt es doch eine Reihe
von Problemen, welche die wiederholte Anwendung des gleichen
Algorithmus erfordern. Zwei Typen von Algorithmen unterscheidet man in diesem Zusammenhang:

- **Rekursion**
  die Anwendung einer Operation auf ihr eigenes Ergebnis

- **Iteration**
  das wiederholte Ausführen einer Operation

Beide Operationen spielen in der KI eine große Rolle. Insbesondere in der natürlichen Sprache kann durch rekursive und
iterative Prozesse eine gewaltige Menge von Sätzen erkannt
und erzeugt werden.

4.7.1 Rekursion in natürlicher Sprache

Obwohl eine natürliche Sprache mit einem begrenzten Wort-
schatz auskommen muß, ist es möglich, eine unendliche Menge
von Sätzen zu erzeugen. Ein durchschnittlicher Sprecher des
Deutschen z.B. macht im täglichen Umgang mit seiner Muttersprache von nur wenigen hundert Wörtern Gebrauch. Dennoch ist
er in der Lage, unendlich viele Sätze auf der Basis dieser
geringen Anzahl von Wörtern zu erzeugen. Folgendes, bezüglich
der Bedeutung zugegebenermaßen nicht sehr sinnvolles Beispiel, mag dies verdeutlichen:

(12) a) Paul kennt Fritz.
     b) Paul, den Hans mag, kennt Fritz.
     c) Paul, den Hans mag, den Maria liebt, kennt Fritz.
     d) Paul, den Hans mag, den Maria liebt, die Erwin hasst,
        kennt Fritz.
     e) Paul, den Hans mag, den Maria liebt, die Erwin hasst,
        der Paul mag, kennt Fritz.   ....

Dieses Phänomen der sich ständig erweiternden Satzstrukturen
durch Einfügen weiterer Konstruktionen nennt man **Satzeinbettung**. Bei den eingebetteten Sätzen handelt es sich in (12) um
Relativsätze. Folgende Regel liegt dabei zu Grunde:

(13) a) **Satz** --> Nomen + Verb + (Nomen)
     b) Nomen --> Nomen + (**Satz**)

Die in Klammern geführten Elemente können jeweils wahlweise
auftreten. Betrachten wir diese Regeln einmal ohne das Einsetzen von Wörtern. Wir könnten dann folgende mögliche Strukturen erzeugen:

(14) a) Satz$_1$
         --> Nomen$_1$ + [Satz$_2$ --> Nomen$_2$ + Verb$_2$] + Verb$_1$
     b) Satz$_1$
         --> Nomen$_1$ + [Satz$_2$ --> Nomen$_2$ + [Satz$_3$ --> Nomen$_3$
                                     + Verb$_3$] + Verb$_2$] Verb$_1$
     . . . .

Die Strukturen (14a) und (14b) stellen die grammatikalischen
Beschreibungen der Sätze (12b) und (12c) dar. Die numerischen
Indizes verdeutlichen die jeweils durch Regel (13a) erzeugten
zusammengehörenden Nomen und Verben. Durch das Anwenden der
Regel (13a) auf das Ergebnis von (13b) ist die Möglichkeit
gegeben, eine unendliche Menge von aufeinanderfolgenden Rela-
tivsätzen zu erzeugen. Wir haben es hier also mit einem typi-
schen Beispiel natürlichsprachlicher Rekursion zu tun. Eine
rekursive Regel ist demnach eine Regel, die sich sozusagen an
den eigenen Haaren aus dem Sumpf zieht. Sie erzeugt ein Ergebnis und verwendet dieses als Eingabe für einen erneuten
Aufruf der Regel.

Neben der Relativsatz-Rekursion gibt es noch weitere Beispiele natürlichsprachlicher rekursiver Strukturen:

(15) Präpositionalphrasen-Rekursion (P + NP)[28]

     a) Paul stand vor dem Teich.
     b) Paul stand vor dem Teich im Garten.
     c) Paul stand vor dem Teich im Garten hinter dem Haus.
     d) Paul stand vor dem Teich im Garten hinter dem Haus im
        Park.
        . . . .

        Regel: **PP** --> P + NP
               NP --> (DET) + N + (Satz) + (PP)[29]

(16) Nominalphrasen-Rekursion (NP)

     a) Paul schlief.
     b) Paul, mein Freund, schlief.
     c) Paul, mein Freund, der Sportler, schlief.
        . . . .

        Regel: **NP** --> (DET) + N + (Satz) + (PP) + **NP**

---

[28] Als Präpositionalphrase (PP) bezeichnet man ein Gebilde,
     das aus einer Präposition (P) (z.B. vor) und einem Nomen
     (z.B. Jahren) besteht. Das Nomen kann dabei auch von einem
     Determiner (DET) modifiziert sein (z.B. dem Baum). Es bil-
     det dann eine Nominalphrase (NP). Zwingend für eine PP ist
     das Vorhandensein einer Präposition, während in einer NP
     ein Nomen enthalten sein muß.

[29] N = Nomen

(17) Rekursion durch Satz-Koordination

    a) Paul schlief.
    b) Paul schlief und Maria arbeitete.
    c) Paul schlief, Franz sah fern und Maria arbeitete.
    d) Paul schlief, Franz sah fern, Maria arbeitete und
       Erwin ging spazieren.
    ....

    Regel: **Satz** --> NP + VP + (NP) + (und + **Satz**)

(18) Rekursion durch Subordination

    a) Weil Paul schlief, sah Franz fern.
    b) Weil Paul schlief, sah Franz fern,
       weil Maria fort war.
    c) Weil Paul schlief, sah Franz fern,
       weil Maria fort war, weil sie Urlaub machte.
    ....

    Regel: **Satz** --> NP + VP + ...
           VP   --> V + (Konjunktion + **Satz**)

Schaut man sich die diesen Sätzen zu Grunde liegenden Regeln
an, so fällt eine Gemeinsamkeit auf: In allen Fällen befindet
sich sowohl links als auch rechts vom Ersetzungspfeil (dem
Äquivalent eines Gleichheitszeichens) der Name der jeweiligen
Operation. Diese Operation erzeugt nun ein Ergebnis, das den
eigenen Operationsnamen enthält. Dieser Name kann erneut als
Eingabe der Operation fungieren. Das heißt, daß eine Operation ständig wieder auf sich selbst angewendet werden kann.

Die natürliche Sprache bietet auch Beispiele iterativer (sich
ständig wiederholender) Strukturen:

(19) Adjektiv-Iteration

    a) Der schöne Ball ist teuer.
    b) Der schöne, große Ball ist teuer.
    c) Der schöne, große, blaue Ball ist teuer.
    d) Der schöne, große, blaue, englische Ball ist teuer.
    ....

Um Sätze der Form (12) bis (19), die allesamt sich in irgendeiner Form wiederholende Strukturen enthalten, verarbeiten zu
können, benötigt man zweckmäßigerweise auch Programmabläufe,
die dieser Wiederholung gerecht werden. Der aufmerksame Leser
wird bemerkt haben, daß natürlichsprachlich rekursive Phänomene zu einem großen Teil im Bereich der Nominalphrasen (NP)
auftreten. Diese gilt es, einer besonderen Behandlung zu unterziehen.

4.7.2 Rekursion in LISP

Die Funktionen VIELFRASS (Übungsaufgabe 4.6.3.(a)) und die
letzte Version von BEFEHLSSATZ in Abschnitt 4.6.2. zeigten
erste Ansätze zu einer wiederholten Anwendung einer Funktion.

Dies galt allerdings nur für den Fall einer nicht vorgese-
henen Eingabe. In beiden Fällen wurde einfach die gerade ab-
laufende Funktion während des eigenen Ablaufes erneut aufgerufen. Am Beispiel der Funktion VIELFRASS läßt sich dieser
Vorgang schematisch folgendermaßen darstellen:

```
(VIELFRASS ()
    (WENN ((EINGABE = KEKSE)(DRUCKE "VIELEN DANK"))
          (ANSONSTEN (DRUCKE "MAG ICH NICHT")
                     (VIELFRASS)))))
```

Nach der Anzeige "MAG ICH NICHT" wird die Funktion VIELFRASS
sofort wieder aufgerufen und damit erneut zum Ablauf gebracht. Dieser Prozess wiederholt sich solange, bis die gewünschte Eingabe erfolgt. Die Möglichkeit der Anwendung einer
Funktion auf sich selbst ist das typische Beispiel eines rekursiven LISP-Programmes. Dies kann man sich nun für die Programmierung der verschiedenen natürlichsprachlichen Phänomene
zunutze machen. Anhand der Verarbeitung einfacher Nominalphrasen (NP) soll das Prinzip der Adjektiv-Iteration
dargestellt werden:

Folgende Listen sollen über SETQ definiert worden sein:

    DET = (DER DIE DAS EIN EINE DIESER JENER DIESE JENE
           EINIGE MEHRERE VIELE ALLE DEM DEN)

    ADJ = (BLAU BLAUER BLAUE BLAUES BLAUEN SCHOEN SCHOENER
           SCHOENE SCHOENES SCHOENEN GROSS GROSSER GROSSE
           GROSSES GROSSEN ENGLISCH ENGLISCHER ENGLISCHE
           ENGLISCHES ENGLISCHEN)[30])

    NOM = (BALL BAELLE MANN MAENNER FRAU FRAUEN TISCH TISCHE
           AUTO AUTOS GARTEN GAERTEN PAUL MARIA WEIN)

Folgende Satzfragmente sollen verarbeitet werden können:

(20) a) der blaue Ball
     b) der Ball
     c) Wein
     d) englischer Wein
     e) der schöne blaue Ball
     d) schöner englischer Wein

Bei allen Beispielen handelt es sich um mögliche NPs der
deutschen Sprache. Sie haben jeweils die folgende Struktur:

---

[30]Bei Listen wie dieser Adjektivliste fällt auf, daß zur
    Verarbeitung einer Adjektivliste alle möglichen Formen
    dieses Adjektivs im Lexikon enthalten sein müssen. Durch
    Einführung einer morphologischen Komponente in ein Parsing
    Programm kann das Lexikon entlastet werden.

```
(20')a) DET ADJ      NOMEN
     b) DET          NOMEN
     c)              NOMEN
     d)      ADJ     NOMEN
     e) DET ADJ ADJ NOMEN
     f)      ADJ ADJ NOMEN
```

Das Schema von (20') läßt sich folgendermaßen interpretieren:

	Determiner	Adjektiv	Nomen
1. Wort	ja	ja	ja
2. Wort	Adj/Nomen	Adj/Nomen	-
3. Wort	Adj/Nomen	Adj/Nomen	
N. Wort	Adj/Nomen	Adj/Nomen	

Das kann man auch in einem sogenannten **Übergangsnetzwerk** darstellen:

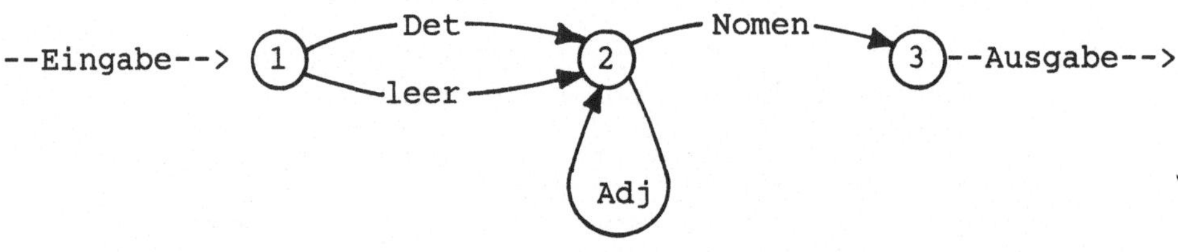

<u>Fig. 20:</u> Eine einfache NP dargestellt in einem Übergangsnetz-
         werk

Bei diesen Übergangsnetzwerken handelt es sich um Darstel-
lungsweisen, die sich im Zusammenhang mit natürlichsprachlichen Phänomenen als sehr geeignet erwiesen haben. In ihnen
läßt sich die zulässige Kombinationen von Wörtern in einem
Satz übersichtlich darstellen.

Übergangsnetzwerke bestehen aus Zuständen (0, 1, 2...) und
Kanten, welche die Zustände verbinden. Kanten können entweder
eine syntaktische Kategorie (Wortklasse oder größere Einheiten) bezeichnen oder einen Sprung zum nächsten Zustand
vorsehen (leere Kanten). Eigentlich müßten die Kanten 'Bögen'
genannt werden, da sie (a) gerundet sind und (b) dann dem
englischen Originalwort (engl. <u>arcs</u>) entsprächen.

Ein Parser (das Syntaxprogramm eines natürlichsprachlichen
Systems) hat in jedem Zustand bestimmte Möglichkeiten, um zum
nächsten Zustand zu gelangen. Ist eine dieser Möglichkeiten
gegeben, kann ein Eingabesatz erfolgreich weiterverarbeitet
werden, ansonsten erfolgt eine Fehlermeldung und/oder der Abbruch. Im oben dargestellten Übergangsnetzwerk kann der Par-

ser nur dann zum erfolgreichen Ende gelangen, wenn er in Zustand 2 ein Nomen findet und damit von Zustand 2 nach Zustand
3 gelangen kann.

Verbunden mit einer freundlichen Eingabefunktion läßt sich
das Programm in LISP wie folgt darstellen:

```
$ (defun parse-np ()
    (clear-screen)
    (princ "Eine Eingabe bitte: ")
    (terpri)
    (setq eingabe (read))
      (cond ((member (car eingabe) det) (parse-det eingabe))
            (t (parse-adj-oder-nomen eingabe)))))
```

Die Funktion PARSE-NP sieht nun für jeden Fall der Eingabe
eigene Unterfunktionen, die Unterfunktionen PARSE-DET und
PARSE-ADJ-ODER-NOMEN vor. Diese sollen die Variable EINGABE
entsprechend behandeln und müssen nun definiert werden. Für
Determiner als erstes Eingabewort ist das eine sehr einfache
Funktion:

```
$ (defun parse-det (eingabe)
      (print (list (car eingabe) '=determiner))
      (parse-adj-oder-nomen (cdr eingabe)))
```

Die Funktion PARSE-DET erzeugt einen entsprechend positiven
Bildschirmausdruck und verweist auf die nächste Funktion, die
nun Adjektive oder Nomen verarbeitet. Interessanterweise hat
diese nun ein neues Argument, nämlich (CDR EINGABE). Da das
erste Wort des Satzes bereits als Determiner verarbeitet
wurde, muß es von der Eingabe abgeschnitten werden, so daß
die Eingabe nunmehr aus ihrem eigenen Rest besteht. Die Funktion PARSE-ADJ-ODER-NOMEN hat nun zu entscheiden, ob ein Adjektiv oder ein Nomen vorliegt. Der Parser befindet sich also
in Zustand 2 des in Fig. 20 dargestellten Übergangsnetzes. Er
erwartet jetzt eine beliebige Anzahl von Adjektiven sowie als
letztes Element in jedem Fall ein Nomen:

```
$ (defun parse-adj-oder-nomen (eingabe)
    (cond ((member (car eingabe) adj)
            (print (list (car eingabe) '=adjektiv))
            (parse-adj-oder-nomen (cdr eingabe)))
          ((member (car eingabe) nomen)
            (print (list (car eingabe) '=nomen))
            '(alle woerter verarbeitet))
          (t (print (list (car eingabe) '=Illegales-Wort))
            (parse-np))))
```

Die nun entwickelte Funktion PARSE-ADJ-ODER-NOMEN hat drei
COND-Klauseln. Die erste verarbeitet Adjektive. Ist ein Adjektiv gefunden worden, wird ein entsprechender Bildschirmausdruck erzeugt. Der Parser befindet sich immer noch im 2.
Zustand des Übergangsnetzwerkes und erwartet weiterhin Adjektive oder ein Nomen. Aus diesem Grunde erfolgt als Argument$_2$
der ersten COND-Klausel ein rekursiver Aufruf der Funktion

PARSE-ADJ-ODER-NOMEN mit einem neuen Argument, nämlich (CDR
EINGABE), einer erneut um ein Wort verkürzten Eingabe. Dieser
Prozess wiederholt sich solange, bis ein Nomen gefunden wurde
oder ein im Lexikon nicht enthaltenes Wort auftritt. Folgt
ein Nomen, so tritt die zweite COND-Klausel in Aktion und
beendet den Vorgang des Parsens. Liegt ein Wort vor, das
nicht im Lexikon enthalten ist, wird es als illegal klassifiziert und der Benutzer durch Aufruf der Funktion PARSE-NP zu
einer neuen Eingabe aufgefordert.

Diese Art des rekursiven Aufrufs einer Funktion ist prädestiniert zur Verarbeitung natürlichsprachlicher Phänomene. Auf
ähnliche Art und Weise läßt sich die Präpositionalphrasenre-
kursion verarbeiten. Die Funktion PARSE-ADJ-ODER-NOMEN muß
entsprechend verändert werden und eine Funktion PARSE-PREP,
die erneut PARSE-NP aufruft, muß definiert werden. Das bedeutet natürlich, daß auch die Eingabefunktion separat behandelt
werden muß, da sonst der Variablenwert von EINGABE durch
Aufruf von PARSE-NP überschrieben wird. Mit diesen Zusätzen
sieht das gesamte Parser-Programm wie folgt aus. (Ein Programm wie das folgende sollte man natürlich im Editor des
LISP-Interpreters schreiben und mit Kommentaren versehen, damit man nach einiger Zeit noch imstande ist, den Programmablauf zu verstehen):

```
;LEXIKON

(setq det '(ein eine einem einer eines der des dem den die
            das))

(setq adj '(gross grosse grossem grossen grosser grosses))

(setq nom '(tisch tische auto autos mann maenner mannes manne
            ball baelle garten gaerten))

(setq prep '(in unter auf mit zu ueber von))

(defun start ()                              ;Eingabefunktion
   (clear-screen)
   (princ "Eine Eingabe (in Klammern) bitte: ")
   (terpri)
   (setq eingabe (read))
   (parse-np eingabe))

(defun parse-np (eingabe)               ;Top-Level NP-Funktion
     (cond
          ((member (car eingabe) det)
             (parse-det eingabe))
          (t (parse-adj-oder-nomen eingabe))))

(defun parse-det (eingabe)              ;von Zustand 1 nach 2
   (print
      (list (car eingabe) '=determiner))
   (parse-adj-oder-nomen (cdr eingabe)))
```

```
(defun parse-adj-oder-nomen (eingabe) ;in Zustand 2
                                      ;verbleiben
   (cond                             ;oder nach 3
         ((member (car eingabe) adj)
          (print (list (car eingabe) '=adjektiv))
          (parse-adj-oder-nomen (cdr eingabe)))
         (t (parse-nomen eingabe)))))

(defun parse-nomen (eingabe)              ;Verarbeitung des Nomens
    (cond ((and
            (member (car eingabe) nom)
            (= (length eingabe) 1))
            (print (list (car eingabe) '=nomen))
            '(alle woerter verarbeitet))
          (t (print (list (car eingabe) '=nomen))
           (parse-prep (cdr eingabe))))))

;Mit (= (length eingabe)1) kann man prüfen, ob es sich um das
;letzte Eingabewort handelt und damit das Parsen ggf. been-
;den.

(defun parse-prep (eingabe)              ;praeposition in NP
     (cond
          ((member (car eingabe) prep)
           (print (list (car eingabe) '=praeposition))
           (parse-np (cdr eingabe)))
          (t (print (list (car eingabe)
               'nicht-im-Lexikon)))))

(rds)                             ;muLISP Datenleseprimitiv
```

Mit diesem Programm, das durch die Top-Level Funktion START
aufgerufen wird und eine Reihe von Unterfunktionen hat, kann
-in Abhängigkeit vom Lexikon- eine Vielzahl von Nominalphrasen verarbeitet werden. Hier eine Auswahl:

(21) a) Der Ball
     b) Der große Ball
     c) Der große Ball unter dem Tisch
     d) Der große Ball unter dem Tisch auf dem Auto
     e) Der große blaue Ball unter dem schönen Tisch auf dem
        blauen englischen Auto in dem Garten

Der Parser präsentiert die Analyse wie folgt:

```
$ (start)
Eine Eingabe (in Klammern) bitte:
(der grosse mann in dem garten)
(DER =DETERMINER)
(GROSSE =ADJEKTIV)
(MANN =NOMEN)
(IN = PRAEPOSITION)
(DEM =DETERMINER)
(GARTEN =NOMEN)
(ALLE WOERTER VERARBEITET)
$
```

4.7.3 Iteration in LISP

Das NP-Parsing-Programm ist zwar schon recht mächtig, hat
aber noch eine Reihe von Unzulänglichkeiten. So wird z.B. jedes Wort, das nicht im Lexikon enthalten ist, als Nomen analysiert, da die wahre Abbruchbedingung von PARSE-NOMEN (die
T-Klausel von COND in PARSE-NOMEN) in jedem Fall ausgeführt
wird, solange die Resteingabe mehr als ein Element enthält.
Das bedeutet, daß jedes Wort, auch wenn es gar kein Wort ist,
diese Klausel erfüllt. Eine lexikalische Vorabüberprüfung aller Eingabewörter könnte dieses Problem vermeiden. Wir benötigen also ein Funktion, die jedes Eingabewort auf Mitgliedschaft im Lexikon überprüft. Das Gesamtlexikon können
wir wie folgt definieren:

```
$ (setq lexikon (append det adj nomen prep))
(EIN ....VON)
```

Mit einer iterativen, also einer sich automatisch wiederholenden Funktion, kann man nun den 'lexikalischen-check' vornehmen. Eine Möglichkeit, Information iterativ zu verarbeiten
ist die Prozedur DO (engl. do = machen, ausführen):[31]

```
(DO   ((  <PARAMETER₁ >  <WERT> )
       .................
      (  <PARAMETERₙ >  <WERT> ))
     ((  <BEENDIGUNGSTEST> )(  <ARGUMENT> ))
      <INHALT VON DO> )
```

Zugegeben, die Syntax von DO
sieht recht kompliziert aus.
Im wesentlichen dient DO
dazu, einige im Verlauf der
Verarbeitung wichtige An-
fangsvariablen lokal zu
definieren (z.B. die Namen
noch leerer Listen einzuführen) und anschließend die im
Inhalt von DO stehenden Argumente wiederholt auszuführen.
Das soll solange geschehen,
bis eine Abbruchbedingung erfüllt ist.

---

[31] DO ist im MULISP nicht vordefiniert. Es kann aber als vordefinierte Common-LISP Funktion mit **(rds common)** geladen
werden. (Es wird an dieser Stelle empfohlen, generell vor
dem Erstellen oder Laden eines Programms die Common-LISP
Funktionen zu laden). Eine etwas veraltete Alternative zu
DO ist das Zusammenspiel der Primitiva **PROG** (engl. <u>pro-
gramme</u> = <u>Programm</u>) und **LOOP** (engl. <u>loop</u> = <u>Schleife</u>). Während PROG den Anfangsparametern von DO entspricht,
bezeichnet LOOP den Test und den mehrfach auszuführenden
Inhalt.

Hier zunächst ein allgemeines, noch recht unkompliziertes
Beispiel für eine Iteration mit DO:


```
$ (defun analyse (wortkette)
    (do ((eingabe nil))
        ((null wortkette)(setq eingabe (reverse eingabe)))
        (setq eingabe (cons (car wortkette) eingabe))
        (setq wortkette (cdr wortkette)))))
ANALYSE
```

In der Funktion ANALYSE geschieht folgendes:

DO definiert zunächst eine Variable EINGABE auf leer. Anschließend wird eine DO-Abbruchbedingung definiert: Wenn die
Liste WORTKETTE leer ist, soll die Variable EINGABE auf ihre
eigene Umkehrung definiert werden. Im DO-Inhalt schließlich
werden nach und nach die jeweils ersten Atome der Eingabeliste WORTKETTE in die zunächst leere Liste EINGABE hineinkonstruiert. Außerdem wird die Eingabeliste WORTKETTE jeweils um
ein Atom gekürzt. Schauen wir uns das im einzelnen einmal an:

Wir geben folgendes ein:

```
$ (analyse '(der kleine hund ist krank))
(DER KLEINE HUND IST KRANK)
```

Folgende Einzelschritte werden in ANALYSE durchgeführt:

1. Die Liste EINGABE wird auf leer definiert.
2. Die Abbruchbedingung ist: Ist die Liste WORTKETTE leer?
3. Im Inhalt von DO wird die Liste EINGABE aufgebaut und die
   Liste WORTKETTE abgebaut:

Ausgangsposition ist unsere Eingabe:

```
EINGABE   = ()
WORTKETTE = (DER KLEINE HUND IST KRANK)
```

Abbruchbedingung erfüllt? Nein, WORTKETTE ist nicht leer.

```
EINGABE   = (DER)
WORTKETTE = (KLEINE HUND IST KRANK)
```

Abbruchbedingung erfüllt? Nein, Wortkette ist nicht leer.

```
EINGABE   = (KLEINE DER)
WORTKETTE = (HUND IST KRANK)
```

Abbruchbedingung erfüllt? Nein, WORTKETTE ist nicht leer.

```
EINGABE   = (HUND KLEINE DER)
WORTKETTE = (IST KRANK)
```

Abbruchbedingung erfüllt? Nein, WORTKETTE ist nicht leer.

```
EINGABE    = (IST HUND KLEINE DER)
WORTKETTE = (KRANK)
```

Abbruchbedingung erfüllt? Nein, WORTKETTE ist nicht leer.

```
EINGABE    = (KRANK IST HUND KLEINE DER)
WORTKETTE = ()
```

Abbruchbedingung erfüllt? Ja, WORTKETTE ist leer. Nun drehe
die Liste EINGABE um:

```
EINGABE    = (DER KLEINE HUND IST KRANK)
```

Zugegeben, das sieht alles sehr kompliziert aus, kann aber
sehr effektiv genutzt werden. Wir können nun z.B. eine Funktion aufbauen, die überprüft, ob die Wörter einer Eingabe in
unserem Lexikon enthalten sind:

```
$ (defun lex-check (wortkette)
     (do
         ((eingabe nil))                 ;Parameter EINGABE mit
                                         ;dem Wert leer

          ((null wortkette)              ;Test: wenn Wortkette leer
                                         ;ist..... dann

          (setq eingabe (reverse eingabe))  ;dann
              (parse-np eingabe))           ;dann

            (cond                              ;ansonsten DO
              ((member                         ;DO
                (car wortkette) Lexikon)       ;DO
                 (setq eingabe                 ;DO
                    (cons (car wortkette) eingabe)) ;DO
                 (setq wortkette (cdr wortkette))) ;DO
                 (t '(wort ist nicht im lexikon)))))) ;DO
$ LEX-CHECK
```

Lediglich zwei Ergänzungen haben diese erweiterte Version von
ANALYSE komplexer gemacht: Zum einen ist eine weitere Anweisung zur Abbruchbedingung hinzugekommen: (PARSE-NP EINGABE),
d.h. die Liste EINGABE wird der bereits bekannten Funktion
PARSE-NP übergeben. Auf der anderen Seite ist der Funktionsinhalt von DO wesentlich komplexer geworden. Eine komplette
COND-Prozedur ist hinzugekommen. Diese führt die gleichen
Schritte wie ANALYSE im DO-Inhalt durch, allerdings unter der
Bedingung, daß das jeweilige Eingabewort im Lexikon enthalten
ist. Ist das nicht der Fall tritt die T-(wahr) Klausel in Aktion und bricht die lexikalische Analyse ab. (Später werden
wir an dieser Stelle eine Funktion einführen, die dem Benutzer die Möglichkeit geben wird, das Lexikon zu erweitern).
Nun können wir LEX-CHECK dem Parsing-Programm hinzufügen:

```
(defun start ()
   (clear-screen)
   (princ "Eine Eingabe (in Klammern) bitte: ")
   (terpri)
   (setq wortkette (read))
   (lex-check wortkette))

(defun lex-check (wortkette)
     (do
        ((eingabe nil))
         ((null wortkette)
           (setq eingabe (reverse eingabe))
             (parse-np eingabe))
             (cond ((member (car wortkette) Lexikon)
                     (setq eingabe
                        (cons (car wortkette) eingabe))
                     (setq wortkette (cdr wortkette)))
                   (t '(wort ist nicht im lexikon)))))
```

Das Programm wird nun nur für den Fall ausgeführt, daß alle
Eingabewörter im Lexikon enthalten sind. Ist irgendein Wort
der Benutzereingabe nicht im Lexikon enthalten, so wird die
Liste EINGABE nicht an PARSE-NP übergeben. Allerdings tritt
dann ein Problem auf: Das Programm tritt in eine endlose
Schleife ein, da die DO-Iteration ja nicht beendet wird (die
Bedingung (NULL WORTKETTE) kann ja nicht erfüllt werden). Auf
dem Bildschirm wird das durch einen ständig blinkenden Cursor
angezeigt, der signalisiert, das sich das Programm in einer
endlosen Iteration befindet. Das Programm muß mit der ESC-Ta-
ste abgebrochen werden. Eine zusätzliche Prozedur kann hier
Abhilfe schaffen. Mit Hilfe des LISP-Primitivs **RETURN** (engl.
return = zurückkehren) kann man eine DO-Schleife sofort
beenden, auch wenn die DO-Abbruchbedingung nicht erfüllt ist.
Vernünftigerweise sollte man daher RETURN noch in die
Funktion LEX-CHECK einbauen.

```
.......    (t (print
               (list (car wortkette) 'nicht-im-lexikon))
               (return) ))))
```

Nun reagiert der Parser mit dem gewünschten Ausdruck für den
Fall, daß ein Eingabewort nicht im Lexikon zu finden ist.
Außerdem wird NIL angezeigt, da RETURN keine weiteren Argu-
mente hat.

4.7.4 Zusammenfassung

Sowohl rekursive als auch iterative Operationen lassen sich
äußerst effizient in LISP darstellen. Zwar sehen die meisten
Programmiersprachen iterative Programmiertechniken vor, man
denke nur an die FOR..TO..NEXT-Schleife in BASIC. Das kann
auch LISP. Doch zeigt sich LISP im Gegensatz zu vielen anderen höheren Programmiersprachen besonders stark im Bereich
der Darstellung rekursiver Operationen. Da auch die natürliche Sprache zahlreiche rekursive und iterative Phänomene auf-
zuweisen hat, ist LISP ein effektives Mittel, dem Computer
diese Phänomene zu übergeben.

4.7.5 Übungsaufgaben

4.7.5.1

a) Integriere eine Funktion **CHECK-NP-END** in das Parsing-Programm, die überprüfen soll, ob die gesamte
NP verarbeitet wurde oder nicht. Das heißt, es soll
überprüft werden, ob ein Verb folgt oder eine weitere NP angeschlossen ist.

--> Das Lexikon ist entsprechend zu erweitern <--

b) Erweitere die Funktion CHECK-NP-END dahingehend,
daß sie auch eine NP-Koordination durch <u>und</u> erlaubt, also Sätze wie

<u>Der Mann und die Frau kamen</u>

verarbeitet.

--> Das Lexikon ist entsprechend zu erweitern <--

c) Erweitere die Prozedur PARSE-ADJ-ODER-NOMEN, so daß
sie auch Adjektiv-Koordinationen wie z.B. <u>blau und
gelb</u> erkennt.

4.7.5.2

a) Alle Wörter, die zur NP gehören, sollen in einer
Liste abgelegt werden, die, sobald das Verb des
Eingabesatzes gefunden ist, als Subjekt des Satzes
analysiert wird. Es ist zu beachten, daß entsprechende Listen als Anfangsparameter der DO-Schleife in ANALYSE definiert werden.

4.8 Assoziations- und Eigenschaftslisten

Eine entscheidende Komponente eines natürlichsprachlichen Systems, also eines Systems, das in unserem Fall natürlichsprachliche Eingaben analysieren kann, ist das Lexikon. Dieses enthält Informationen über die Wörter der jeweiligen Sprache. Dabei genügt es in der Regel, einen Teil des Gesamtwortschatzes einer Sprache in das Lexikon aufzunehmen.

Bisher hatten wir den im Lexikon enthaltenen Wörtern über SETQ lediglich eine Wortklasse zugeordnet. In den meisten Fällen mag das reichen (z.b. bei Präpositionen, Adverbien). Häufig jedoch benötigt man weitere Informationen über die grammatikalischen Charakteristika der Eingabewörter. So ist es in vielen Fällen interessant, zu wissen, welchen Genus ein Eingabewort besitzt. Determiner und Nomen müssen nämlich im Genus übereinstimmen:

(21) a) *Der Frau kommt. (Det = maskulin, Nomen = feminin)
     b) Der Mann kommt. (Det = maskulin, Nomen = maskulin)

Neben der Wortklasse muß einigen Wörtern der deutschen Sprache also auch das Genus zugeordnet werden. Auch bestimmte Spezifikationen, z.B. ob ein Nomen eine nicht-zählbare Masse beschreibt oder ein zählbares Element, sind wichtig:

(22) a) *Der Wein ist mein Lieblingsgetränk.
     b) Wein ist mein Lieblingsgetränk.

Das Nomen <u>Wein</u> z.B. ist nur dann richtig verwendet, wenn es entweder keinen Determiner besitzt oder zusammen mit einem Determiner noch nachträglich modifiziert (postmodifiziert) wird:

(22) c) Der Wein, der an der Mosel geerntet wird, ist mein
         Lieblingsgetränk.

Das Nomen <u>Wein</u> ist ein Wort, das daher neben Wortklassentyp und Genusspezifizierung auch das Merkmal <u>nicht-zählbar</u> führen muß.

Ein angereichertes Lexikon also muß Informationen dieser Art beinhalten, soll es den Phänomenen einer natürlichen Sprache gerecht werden.

4.8.1 Assoziationen in Listen

Wie bereits bekannt bietet LISP die Möglichkeit, über SETQ einem Symbol einen Wert zuzuweisen. Bei dem bisher definierten Lexikon handelte es sich bei diesem Wert um eine Liste, die eine Reihe von Atomen beinhaltete. Die Möglichkeiten von SETQ kann man aber auch dahingehend ausnutzen, daß diese Liste Unterlisten enthält. Das erste Element der jeweiligen Unterliste ist ein **Schlüsselwort** und das zweite Element ein Wert für dieses Schlüsselwort. Eine solche Liste nennt man **Assoziationsliste**. Hier eine Assoziationsliste für das Wort <u>Mann</u>:

```
$ (setq mann '((wortklasse nomen)
               (genus maskulin)
               (spezifikation zaehlbar)))
((WORTKLASSE NOMEN)(GENUS MASKULIN)(SPEZIFIKATION ZAEHLBAR))
```

LISP bietet über die Möglichkeit, solche Assoziationslisten
zu definieren, ein Primitiv an, mit dessen Hilfe die Teillisten einer Assoziationsliste abgerufen werden können. **ASSOC**
(engl. <u>associate</u> = <u>zuordnen</u>) ist das hier relevante Primitiv:

```
(ASSOC <SCHLÜSSELWORT> <ASSOZIATIONSLISTE>)
```

Es hat zwei Argumente: Das
erste ist ein in einer Assoziationsliste enthaltenes
Schlüsselwort. Es muß gequotet werden, da auch die Liste
als Ganzes gequotet wurde.
$Argument_2$ ist der jeweilige
ungequotete Listenname. ASSOC
reagiert bei erfolgreicher
Suche mit der jeweiligen
Teilliste oder mit NIL, wenn
kein entsprechender Schlüssel
gefunden wurde.

```
$ (assoc 'genus mann)
(GENUS MASKULIN)

$ (assoc 'wortklasse mann)
(WORTKLASSE NOMEN)

$ (assoc 'numerus mann)
NIL
```

Will man anstelle der gesamten Teilliste nur den jeweils
zugeordneten Wert eines Schlüsselwortes abrufen, kann man
einen Listen-Selektor hinzufügen:

```
$ (cadr (assoc 'wortklasse mann))
NOMEN

$ (cadr (assoc 'spezifikation mann))
ZAEHLBAR
```

Da nur zählbare Nomen ohne Weiteres einen Determiner haben
können, ist es nun möglich, eine Test-Funktion zu entwickeln,
die überprüft, ob dieses Kriterium erfüllt ist. Definieren
wir uns noch einen Determiner vorab:

```
$ (setq ein '((wortklasse determiner)
              (genus nicht-feminin)
              (spezifikation zaehlbar))
((WORTKLASSE DETERMINER)(GENUS NICHT-FEMININ)(SPEZIFIKATION
ZAEHLBAR))
```

```
$ (defun spez-test (wort1 wort2)
    (cond ((equal (cadr (assoc 'spezifikation wort1))
                  (cadr (assoc 'spezifikation wort2)))
           '(beide Wörter zaehlbar))
          (t '(illegale Woerter-Kobination)))))
SPEZ-TEST

$ (spez-test 'ein 'mann)
(BEIDE WOERTER ZAEHLBAR)
```

Assoziationslisten ermöglichen es, unter Eingabe eines Schlüsselwortes einen zugeordneten Wert abzurufen. Dazu bedarf es einer geschickten Kombination von ASSOC mit einem Listen-Selektor.

4.8.2 Eigenschaftslisten

Eine weitergehende Möglichkeit, nicht nur Assoziationen zu definieren, sondern einem Element explizite Eigenschaften zuzuordnen, sind die sogenannten Eigenschaftslisten (engl. property lists). Dazu bietet LISP eine interessante Kombination von Primitiva:

$$(\text{SETF} \qquad <\text{ARGUMENT}_1> \qquad\qquad <\text{ARGUMENT}_2>)$$

$$(\text{GET} <\text{SYMBOL}> <\text{NAME DER EIGENSCHAFTSLISTE}>)$$

SETF (engl. set field = bereite ein Feld vor) ist dabei das einleitende Primitiv. Es verlangt zwei Argumente. Das erste Argument ist eine ganze Liste, nämlich die Eigenschaftsliste. Das zweite Argument von SETF ist die Eigenschaft, die dem Argument_1 von SETF zugeordnet wird. Die Eigenschaftsliste selbst wird von GET (engl. get = holen) eingeleitet. Das erste Argument von GET ist dabei ein Symbol, dem ein Eigenschaftswert zugeordnet werden soll, das zweite die Bezeichnung der Liste, in der die Eigenschaft abgelegt ist. Hier ein Beispiel:

```
$ (setf (get 'ein 'merkmale)
        '((wortklasse determiner)
          (genus nicht-feminin)
          (spezifikation zaehlbar)))
((WORTKLASSE DETERMINER)(GENUS NICHT-FEMININ)(SPEZIFIKATION
ZAEHLBAR))
```

Dem Symbol (Wort) EIN ist die Liste MERKMALE zugeordnet worden. Die in dieser Liste enthaltenen Eigenschaften können nun
mit GET abgerufen werden:

```
$ (get 'ein 'merkmale)
((WORTKLASSE DETERMINER)(GENUS NICHT-FEMININ)(SPEZIFIKATION
ZAEHLBAR))
```

Zusammen mit dem Primitiv ASSOC kann man auch auf bestimmte
Merkmale der Eigenschaftsliste zurückgreifen:

```
$ (assoc 'genus (get 'ein 'merkmale))
(GENUS NICHT-FEMININ)
```

Mit einem entsprechenden Listen-Selektor ist wiederum ein direkter Zugriff auf das gewünschte Merkmal möglich:

```
$ (cadr (assoc 'genus (get 'ein 'merkmale)))
NICHT-FEMININ
```

Im Gegensatz zu den Assoziationslisten sind die Eigenschaftslisten etwas spezieller, da sie nicht nur Werte zuordnen,
sondern diese noch unter einem Eigenschaftsnamen in einem
Feld abspeichern.

Sowohl Assoziations- als auch Eigenschaftslisten haben den
Nachteil, daß man jedem Wort eines Lexikons separat die jeweiligen Eigenschaften zuordnen muß. Das ist zeitraubend und
bei einigen hundert Wörtern nicht sehr effektiv. Man kann
sich allerdings eine Funktion definieren, die beliebige Eingabewörter zusammen mit ihren Merkmalsspezifikationen in ein
Lexikon einliest. In diesem Falle geschieht das über ein
Feld. Hier ein Beispiel:

```
$ (defun definiere-nomen (wort wortklasse genus spez)
       (setf (get wort 'merkmale)
         (list (list 'wortklasse wortklasse)
               (list 'genus genus)
               (list 'spezifikation spez))))
DEFINIERE-NOMEN
```

Diese Funktion verlangt zunächst ein Eingabewort und dann die
gewünschten Merkmale, die durch die Primitiva LIST in die
entsprechende Listenstruktur überführt werden. Zwar verlangt
die Funktion vier Eingabeparameter, doch können auch weniger
Eingaben gemacht werden. Werden z.B. nur drei Parameter eingegeben, wird der Name der Spezifikation auf NIL gesetzt. Der
Wert NIL ist übrigens auch die Ausgabe, wenn mit GET nach einem Merkmal gefragt wird, das nicht definiert wurde.

Nun kann man die jeweils gewünschten Wörter eingeben:

```
$ (definiere-nomen 'mann 'nomen 'maskulin 'zaehlbar)
((WORTKLASSE NOMEN)(GENUS MASKULIN)(SPEZIFIKATION ZAEHLBAR))
```

Noch besser ist allerdings eine Funktion, die Wörter gleichen
Typs automatisch nacheinander von einer Liste einliest und
auf die gewünschten Werte setzt. Zunächst wird dazu eine Liste definiert, welche die Wörter gleichen Typs enthält:

```
$ (setq nom-1 '(mann junge fahrer lehrer pfarrer richter))
(MANN JUNGE FAHRER LEHRER PFARRER RICHTER)
```

Dazu wird eine Funktion benötigt, welche diese Wörter nach
und nach mit den entsprechenden Merkmalen belegt. Hier bietet
sich eine rekursive Funktion an:

```
$ (defun lese-nomen (liste)
     (cond ((null liste)'(alle woerter gelesen))
           (t (setf (get (car liste) 'merkmale)
                '((wortklasse nomen)
                  (genus maskulin)
                  (spezifikation zaehlbar)))
                 (lese-nomen (cdr liste))))))
LESE-NOMEN
```

Diese Funktion setzt solange die Wörter der eingegebenen Liste auf die in der T-(wahr) Klausel angegebenen Merkmale, bis
die Liste leer ist:

```
$ (lese-nomen nom-1)
(ALLE WOERTER GELESEN)
```

Für den Benutzer unsichtbar sind nun alle in NOM-1 enthaltenen Nomen auf die entsprechenden Merkmale definiert worden.
Ähnlich kann man auch mit anderen Wörtern verfahren.

4.8.3 Zusammenfassung

Mit Hilfe der Primitiva SETF, GET und ASSOC ist es nun möglich, mehr als nur die Wortklasse einem Wort zuzuordnen. Das ermöglicht die Überprüfung solch wichtiger Aspekte wie z.B. Genus oder, wie später gezeigt werden wird, Kasus und Numerus. Hier nochmals die Argumentstruktur der relevanten Prozeduren:

```
(ASSOC <SCHLÜSSELWORT> <LISTE> )
(SETF <EIGENSCHAFTSLISTE> <EIGENSCHAFT>)
(GET <SYMBOL> <NAME DER EIGENSCHAFTSLISTE>)
```

4.8.4 Übungsaufgaben

4.8.4.1

a) Definiere eine Funktion, die für Plural-Determiner Eigenschaftslisten definiert (nimm die jeweiligen Wörter im Nominativ).

b) Definiere eine Funktion, die für nicht zählbare Nomen Eigenschaftslisten definiert.

c) Vereinige beide Funktionen, indem nach Einlesen der Determiner sofort die Nomen eingelesen werden.

d) Definiere eine Funktion **GET-MERKMALE**, die alle Merkmale eines Eingabewortes (ohne daß man das Schlüsselwort eingeben muß) auswirft.

e) Definiere eine Funktion **GET-GENUS**, die den Genus eines Eingabewortes auswirft.

f) Definiere eine Funktion **GET-WORTKLASSE**, die die Wortklasse eines Eingabewortes auswirft.

g) Definiere eine Funktion **GET-SPEZIFIKATION**, die eventuelle Spezifikationen eines Eingabewortes auswirft.

h) Definiere eine Funktion **ERWEITERE-LEXIKON**. Sie soll dem Benutzer die Möglichkeit geben, das Lexikon zu erweitern. Beim Ablauf der Funktion wird der Benutzer aufgefordert, nacheinander ein Wort, dessen Wortklasse, den Numerus und eventuelle Spezifikationen einzugeben. Die Funktion liest diese Angaben, fügt das Wort in das Gesamtlexikon ein und listet die eingegebenen Merkmale in eine Eigenschaftsliste. Am Ende wird ausgegeben: MERKMALE-EINGELESEN.

4.9 Das Zerlegen von Eingabewörtern

Die bisherigen Prozeduren sowie selbstdefinierten Funktionen hatten eines gemeinsam: Sie betrachteten die Wörter eines natürlichsprachlichen Satzes jeweils als Ganzes. Damit entsprechen sie der Grunddefinition von Datenelementen in LISP. Die Wörter eines Satzes nämlich kann man als LISP-Atome betrachten; und Atome sind ja nach der alten griechischen Wissenschaftstradition unteilbar.

Nun wäre es gerade für natürlichsprachliche Anwendungen von grossem Nachteil, wenn es in LISP keine Möglichkeit gäbe, auf die interne Struktur von Wörtern einer Sprache zugreifen zu können. Es gibt sogar ein ganzes linguistisches Teilgebiet, das sich mit der internen Struktur der Wörter von Sprachen beschäftigt, die **Morphologie**. Morphologische Fragestellungen spielen in vielen natürlichsprachlichen Aspekten eine große Rolle.

(a) morphologische Regelmäßigkeiten in Flektionsprozessen

Im vergangenen Abschnitt wurde gezeigt, wie Merkmale den Wörtern in einem Lexikon zuzuordnen sind. Es fiel dabei auf, daß die verschiedenen Formen eines Wortes, z.B. des Adjektivs <u>gross</u> mit in das Lexikon aufgenommen wurden.[32] Dabei sind doch gewisse Regelmäßigkeiten zu erkennen. Das gleiche trifft auf Verben zu. Ein regelmäßiges Verb wie etwa <u>sagen</u> hat folgende Formen:

```
-                   sagen      (Infinitiv)
- ich               sage       (1. Pers. Sing. Präsens)
- du                sagst      (2. Pers. Sing. Präsens)
- er/sie/es/ihr     sagt       (3. Pers. Sing./2. Pers. Plur. Präs.)
- wir/sie           sagen      (1. Pers. Sing./3. Pers. Plur. Präs.)
- ich/er/sie/es     sagte      (1. Pers./3. Pers. Sing. Präsens)
- du                sagtest    (2. Pers. Sing. Imperfekt)
- wir/sie           sagten     (1. Pers./3. Pers. Plur. Imperfekt)
- ihr               sagtet     (2. Pers. Plur. Imperfekt)
-                   sag        (Imperativ Singular)
-                   sagt       (Imperativ Plural)
-             gesagt           (Partizip Perfekt)
-             sagend           (Partizip Präsens)
```

Hinzu kommen noch die Konjunktivformen, die allerdings bei vielen Verben des Deutschen mit den Imperfektformen identisch sind. Bei der Betrachtung des Paradigmas des Verbs <u>sagen</u> und dem Vergleich mit anderen Verben fallen gewisse Regelmäßigkeiten auf. So scheinen die Endungen sehr ähnlich zu sein. Zwar gibt es eine Reihe von morphologischen Prozessen, die auf Grund ihrer extremen Unregelmäßigkeit nur schwerlich in Regeln überführt werden können (so bildet z.B. nicht jedes Verb eine Adjektivform mit der Endung <u>-bar</u>). In Flek-

---

[32]Die Gesamtheit der Flexionsformen eines Wortes nennt man auch **Paradigma**.

tionsprozessen eines Verbs wie oben dargestellt kann man allerdings einige Regelmäßigkeiten erkennen. Sind diese einmal ausformuliert, könnte man gewisse Entscheidungshilfen bei der Worterkennung im Parsing-Prozess geben. Man könnte z.B. die Eigenschaftslisten für Verben auf der Basis der erkannten Endung aufbauen und anhand der Wortform Rückschlüsse auf die grammatikalischen Merkmale des Wortes ziehen. Ob dies in einem Parser auch so geschehen muß, sei dahingestellt. Sprachtheoretische Überlegungen müßten diesbezüglich angestellt werden.

(b) Wortbildungsprozesse

Ein wichtiges Teilgebiet der natürlichsprachlich orientierten KI-Forschung ist das der Sprachgenerierung. Nach der Analyse einer natürlichsprachlichen Eingabe erwartet der Benutzer eine Ausgabe seitens der Maschine. Dabei hängt die Struktur der Ausgabe vom Einsatzgebiet des natürlichsprachlichen Systems ab. Für eine Datenbank mit natürlichprachlichem Zugang reicht es meist völlig aus, wenn eine tabellarische oder listenförmige Ausgabe erzeugt wird. Von Dialogsystemen erwartet man allerdings, daß sie antworten wie ein Mensch. Ein Teilprozess dieser Antwortgenerierung ist das Zusammenfügen von Wortteilen (in der Linguistik meist **Morpheme** genannt) zu Wörtern. Dabei sind **phonologische** (auf die Lautstruktur bezogene), **graphemische** (auf die Buchstabenkombination bezogene), **syntaktische** und **semantische** Aspekte zu beachten. Die Ableitung eines Adjektivs mit der Endung -bar von einem Verb mag dies verdeutlichen. Schauen wir uns einige dieser Adjektive an:

```
         machen      --> machbar
         lesen       --> lesbar
         rechnen     --> rechenbar
         atmen       --> atembar
         wundern     --> wunderbar
        ?fruchten    --> fruchtbar
        ?sondern     --> sonderbar
```

Oberflächlich mag man annehmen, daß es sich hierbei um eine völlig homogene Klasse von Wörtern handelt, die durch folgende allgemeine Regel erzeugt werden können:

VERB-STAMM + -bar ---> ADJEKTIV

Doch schon die obigen Beispiele zeigen, daß ein weitaus komplizierterer Prozess vorliegt. Betrachten wir zunächst die Graphemik. Da Computer z.Zt. noch nicht in der Lage sind, wie ein Mensch phonologische Information zu verarbeiten, basiert ihre Sprachanalyse und -synthese ja auf dem Schriftbild von Wörtern. Folgende graphemische Prozesse liegen in den Beispielen vor[33] (Adjektive wie etwa fruchtbar oder sonderbar seien einmal ausgeklammert):

----

[33]Übrigens sind die gezeigten Adjektivgenerierungsregeln auch phonetisch problematisch. So wird das stimmhafte 's'

```
machen  --> Stamm = mach   + bar --> machbar
lesen   --> Stamm = les    + bar --> lesbar
rechnen --> Stamm = rechn  + bar --> nicht: *rechnbar
                                       sondern: rechenbar
atmen   --> Stamm = atm    + bar --> nicht: *atmbar
                                       sondern: atembar
wundern --> Stamm = wunder + bar --> wunderbar
```

Es fällt auf, daß das bloße Subtrahieren der Infinitivendung
-en sehr schnell Probleme aufwirft. Einige Verben (übrigens
diejenigen, welche zwei Konsonanten am Stammende haben, wovon
der Endkonsonant ein Nasalkonsonant (m, n) ist) verlangen die
Einfügung eines e. Wiederum andere haben eine besondere Infinitivform (z.B. wundern, handeln usw.). Letztere Verben haben
gemeinsam, daß sie einen sogenannten 'Liquidlaut' (l oder r)
als Stammendkonsonant besitzen. Betrachtet man die syntaktischen Möglichkeiten der erzeugten Adjektive, findet man ebenfalls schnell Unterschiede: So lassen sich lediglich die Adjektive machbar und lesbar durch un- negieren:

unmachbar, unlesbar

Rechenbar und atembar kann man bedingt noch durch nicht negativ machen, während *unwunderbar oder *nicht wunderbar nicht
möglich sind. Ähnliche Unterschiede gibt es bei der Graduierbarkeit dieser Adjektive: Formen wie ?machbarer oder
*atembarer widersprechen logischen Grundsätzen. Lediglich
wunderbarer läßt eine Komparativform zu. Auch in der Bedeutung gibt es Unterschiede. Während die ersten vier Beispiele
die Bedeutung von:

Verb + bar --> man kann etwas (nicht) (be) Verben
lesen + bar --> man kann etwas (nicht) (be) lesen

haben, ist diese Interpretation bei Adjektiven wie wunderbar,
fruchtbar oder sonderbar nicht möglich. Das liegt an der Ab-
leitungsetymologie dieser Wörter. Darüber hinaus kommen noch
Probleme bestimmter Verben, die kein Adjektiv des -bar-Typs
bilden. Dazu gehören intransitive Verben wie etwa schlafen.

Um morphologische Fragestellungen in einem natürlichsprachlichen System bewältigen zu können, bedarf es bestimmter
LISP-Prozeduren, die in vielen LISP-Handbüchern unerwähnt
bleiben. Das liegt wohl daran, daß die Analyse von LISP-Ato-
men nur für natürlichsprachliche Anwendungen interessant ist.
Die nicht-natürlichsprachliche KI-Forschung ist daran weniger
interessiert.

4.9.1 String-Prozeduren in LISP

Höhere Programmiersprachen bieten die Möglichkeit, auf die
Bestandteile von Datenelementen zuzugreifen. Einige Programm-
miersprachen (z.B. SNOBOL) waren speziell für diesen Zweck
konzipiert. Auch in der Allzwecksprache BASIC kann man rela-

---

im Infinitiv lesen von einem stimmhaften zu einem stimmlo-
sen 's'.

tiv leicht Datenelemente auseinanderbrechen. Da man einzelne
Daten auch als **Strings** (engl. <u>string</u> = <u>Kette</u>) bezeichnet,
nennt man die Anweisungen, die auf die Bestandteile, also die
einzelnen Zeichen dieser Strings zugreifen können, auch
String-Anweisungen, im Falle von LISP also **String-Prozeduren**.
In der Programmiersprache BASIC ist das entsprechende String-
Symbol $ sogar in die String-Anweisung integriert: LEFT$.
RIGHT$, MID$, INSTR sind in diesem Zusammenhang die relevan-
ten Befehle. Mit

```
10 INPUT VERB$
20 IF RIGHT$(VERB$,1) = "n" THEN PRINT "Annahme: Infinitiv"
```

kann man in BASIC z.B. die Endung eines Verbs dahingehend untersuchen, ob es ein <u>n</u> als letzten Buchstaben enthält. Dies
könnte u.a. ein Hinweis auf das Vorhandensein eines Infini-
tivs sein. Auch LISP bietet eine Reihe von String-Prozeduren
an. Am grundlegendsten sind dabei die nicht-destruktiven Prozeduren **UNPACK** und **PACK**, die es gestatten, Atome in ihre Ein-
zelzeichen aufspalten:[34]

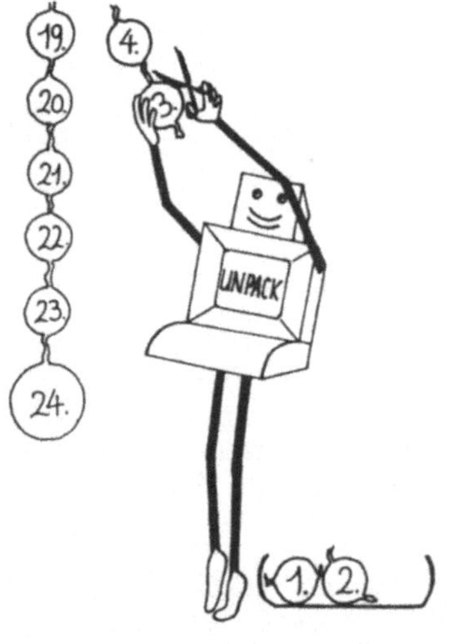

(UNPACK <Argument>)

UNPACK gibt dabei die einzelnen Zeichen seines Arguments
auf dem Bildschirm aus
(engl. <u>unpack</u> = <u>auspacken</u>).
Argument ist daher vernünftigerweise ein Atom:

$ (unpack 'sagte)
(S A G T E)

UNPACK erzeugt also eine
neue Liste, deren Symbole
die Zeichen des Eingabeatoms
sind. Auf diese neuen Symbole kann man nun auf die bekannte Art und Weise unter
Zuhilfenahme von Listen-Selektoren zurückgreifen:

$ (car (unpack 'sagte))
S

---

[34] UNPACK und PACK sind Primitiva, die nur für muLISP vorde-
finiert sind. Golden-Common LISP bietet andere String-Pro-
zeduren an: **STRING** wandelt ein Atom in einen String um und
STRING-APPEND fügt Strings zu einem Atom zusammen, **(CHAR
(STRING <Atom>) <Zahl>)** liest die ASCII-Werte einzelner
Zeichen.

Will man nun auf Flektionsendungen zugreifen, kann man das
durch geschickte Kombination von Listen-Selektoren und Listen-Konstruktoren mit UNPACK tun:

```
$ (car (reverse (unpack 'sagte)))
E

$ (cadr (reverse (unpack 'sagte)))
T
```

Die Prozedur **PACK** ist das Gegenstück
zu UNPACK:

(PACK <ARGUMENT>)

Allerdings ist das Argument
von PACK eine Liste, deren
Einzelatome zu einem neuen
Gesamtatom zusammengefügt
werden:

```
$ (pack '(s a g e n))
SAGEN
```

Dabei ist es unerheblich, ob
die Atome der Liste einzelne
Buchstaben oder komplexere
Gebilde sind:

```
$ (pack '(hand tuch halter))
HANDTUCHHALTER
```

Wie schon erwähnt bieten UNPACK
und PACK in Verbindung mit einigen Listen-Selektoren und Listen-
Konstruktoren die Möglichkeit, Wörter zu zerlegen und wieder
zusammenzusetzen. So kann man z.B. auf der Basis einer Eingabe wie etwa <u>sagtest</u> zunächst einmal die Flektionsendung untersuchen und anschließend den Infinitiv erzeugen. Letzteres
könnte man wie folgt tun:

```
$ (setq infinitiv
     (pack (append
             (reverse (cddddr (reverse (unpack 'sagtest))))
             (list 'en))))
SAGEN
```

Bei diesem Beispiel fügt PACK zwei Listen zusammen. Die erste
enthält die Atome S A G, die zweite ist die Liste (EN). Die
folgenden Teilschritte illustrieren, wie es zu der ersten Liste kommt:

```
(unpack 'sagtest) --> (S A G T E S T)
(reverse ....     --> (T S E T G A S)
(cddddr ....      --> (G A S)
(reverse ....     --> (S A G)
```

Auf diese Art und Weise kann man nun Funktionen schreiben, die es erlauben, auf der Basis der Morphologie Informationen über den Status eines Wortes zu bekommen. Dabei könnte man sich für viele Sprachen folgenden Weg vorstellen: Im Lexikon stehen nur Wortstämme und irreguläre Formen, also etwa Wörter wie sag-, gross-, Mensch- usw. Diese sind definiert nach Wortklassen.[35] Nach Abtrennung des Stamms eines Wortes und Überprüfung des Lexikons kann mit Hilfe dieser Wortklassenzuordnungen die Wortklasse eines Wortes in einem Eingabesatz ermittelt werden. Ist dann z.B. ein Verb gefunden, so wird das Wort an eine Unterfunktion übergeben, die die Merkmale dieses Verbs auf Grund seiner Endung ermittelt. Dieses Vorgehen könnte das Lexikon entlasten, da nun eine Reihe von Eigenschaftslisten nicht vordefiniert werden müssen, sondern im Laufe der Verarbeitung des Satzes aufgebaut werden. Es sei allerdings nochmals betont, daß ein natürlichsprachliches Programm auf verschiedene Art und Weise aufgebaut sein kann. Dies hängt ab vom Einsatzgebiet, vom Umfang des Lexikons sowie von linguistischen Aspekten. Will man z.B. ein Sprachanalyseprogramm entwickeln, das auf der Basis menschlicher Sprachverarbeitungsstrategien aufgebaut ist, wird man sicherlich andere Wege gehen als in einem funktionstüchtigen Anwenderprogramm. So ist auch der folgende Abschnitt zu verstehen. Es geht um die Illustration von String-Prozeduren, wobei nicht gesagt ist, daß ein Parser in jedem Falle und für jede Sprache solche Funktionen enthalten muß.

4.9.2 Die morphologische Analyse von Verben [36]

Stellen wir uns folgende Situation vor:

<u>Eingabesatz:</u> Du sagtest nichts und Maria schwieg dazu.

Nach Verarbeitung von <u>Du</u> trifft der Parser auf das Wort <u>sagtest</u>. Vorausgesetzt der Stamm von <u>sagtest</u> ist im Lexikon abgelegt, kann der Parser mit der Analyse beginnen. Dazu muß er Stamm und Endung trennen. Man könnte das durch eine iterative Funktion, die zunächst das Eingabewort in seine Bestandteile zerlegt, bewerkstelligen. Die Bestandteile, also die Buchstaben, werden dann von links nach rechts in eine Liste einfügt, die mit den Wörtern im Lexikon verglichen wird. Für unser Beispiel <u>sagtest</u> sieht das wie folgt aus:

```
(s)    im Lexikon?  Nein.
(sa)   im Lexikon?  Nein.
(sag)  im Lexikon?  Ja.    --> Beginne mit der Analyse!
```

---

[35] Zwar ist die Zuordnung von Wortklassen zu Wörtern nicht immer eindeutig, z.B. kann <u>rede</u> eine Verbform aber auch eine Nominalform sein, dennoch kann man gewisse Standardannahmen machen.

[36] Die Morphologie ist das Teilgebiet der Linguistik, daß sich mit der internen Struktur der Wörter einer Sprache befasst.

;ein fragmentarisches Lexikon

(setq lexikon '(sag mach oeffn hass lieb red hoer rechn atm))

Die folgende iterative Funktion ist für den lexikalischen
Vergleich verantwortlich:

```
(defun suche (verb)
   (do ((index 0)                                          ;1
        (stamm nil))
       ((or (> index 20)                                   ;2
            (member (pack (reverse stamm)) lexikon))
        (list (pack (reverse stamm)) '(ist im lexikon)))
       (setq index (+ index 1))                            ;3
       (setq stamm (cons (car (unpack verb)) stamm))
       (setq verb (pack (cdr (unpack verb)))))))
```

1 = Anfangswerte,   2 = Abbruchbedingung,   3 = Inhalt von DO

Diese Funktion schneidet solange die Eingabebuchstaben vom
Verb ab und konstruiert sie in die Liste STAMM, bis entweder
der willkürlich festgelegte Indexwert auf über 20 gestiegen
ist oder das entstandende Wort erfolgreich im über SETQ zu
definierenden Lexikon, das in unserem Fall lediglich regel-
mäßige Verbstämme enthält, gefunden wurde. Schauen wir unserer ersten Verbanalysefunktion einmal 'bei der Arbeit' zu:

```
$ (suche 'sagen)
(SAG (IST IM LEXIKON))
```

1. Anfangswerte: INDEX   = 0
                         STAMM   = NIL
                         VERB   = SAGEN

2. Abbruchbedingung: INDEX > 20 ?   Nein.
                         NIL im Lexikon?   Nein.

3. Inhalt/Iteration: INDEX   = 1
                         STAMM   = (S)
                         VERB   = AGEN

2. Abbruchbedingung: INDEX > 20 ?   Nein.
                         S im Lexikon?   Nein.

3. Inhalt/Iteration: INDEX   = 2
                         STAMM   = (A S)
                         VERB   = GEN

2. Abbruchbedingung: INDEX > 20 ?   Nein.
                         SA im Lexikon?   Nein.

3. Inhalt/Iteration: INDEX   = 3
                         STAMM   = (G A S)
                         VERB   = EN

2. Abbruchbedingung: INDEX > 20 ?   Nein.
                         SAG im Lexikon?   Ja. --> Ende.

Ein etwas vorteilhafteres Primitiv, das muLISP als String-Prozedur anbietet, ist **SUBSTRING** (engl. substring = Teilkette). SUBSTRING läßt sich sehr elegant im Zusammenhang mit der Funktion SUCHE einsetzen. Es hat folgende Argumentstruktur:

> (SUBSTRING <ARGUMENT> <ZAHL$_1$> <ZAHL$_2$>)

Das Argument von SUBSTRING ist ein Atom, also im Falle morphologischer Analysen ein Wort. Jedem Buchstaben in einem Wort kann man einen Positionswert zuordnen:

```
s a g t e s t
0 1 2 3 4 5 6
```

Das s bekommt den Anfangswert 0, das a den Wert 1 usw. Gibt man nun ein:

$ (substring 'sagtest 0 2)
SAG

bekommt man genau den Stamm, also die Buchstaben 0 bis 2 heraus. Wichtig ist, daß die Zahlenwerte von SUBSTRING inklusive sind, d.h. 0 bis 2 bedeutet: Buchstabe 0 inklusive bis Buchstabe 2 inklusive. Zusammen mit den Erkenntnissen unserer morphologischen Analyse können wir nun Wörter nach dem Vorhandensein von Teilketten noch effizienter durchsuchen. Wichtig ist in diesem Zusammenhang das bereits bekannte Primitiv LENGTH, mit Hilfe dessen man die Anzahl von Buchstaben in einem Wort ermitteln kann. Diese Anzahl benötigen wir, da ja auch der Stamm eines Verbes abhängig von der Gesamtlänge des Verbes ist. LENGTH ist hier sehr nützlich:

$ (length (unpack 'sagtest)) [37]
7

Möchte man die Endung eines Wortes bekommen, kann LENGTH als Zahlenwert$_2$ von SUBSTRING fungieren. Da SUBSTRING etwas anders 'zählt', nämlich von 0 bis n, muß man LENGTH in eine Subtraktion einbetten, um an den letzten Buchstaben eines Wortes zu kommen:

$ (substring 'sagtest 0 (- (length (unpack 'sagtest)) 1))
SAGTEST

$ (substring 'sagtest 3 (- (length (unpack 'sagtest)) 1))
TEST

Zahl$_2$ hat in beiden Fällen den Wert 6, (Länge des Wortes in Buchstaben minus 1). Zahl$_1$ ist ein entsprechend kleinerer Wert, der abhängig von der Breite der gewünschten Teilkette ist. Mit diesen Erkenntnissen kann man nun einen kleinen

---

[37] Im muLISP bewerkstelligt (**PRINT-LENGTH**) das gleiche wie (LENGTH (UNPACK ...))

Verbanalysealgorithmus aufbauen. Im Lexikon sollen die oben
bereits definierten regelmäßigen Verben enthalten sein.

Als Top-Level Funktion soll dabei MACH-STAMM auf der Basis
der Buchstaben des Eingabewortes eine Kette von Graphemen
aufbauen, die mit den Stämmen im Lexikon verglichen wird. Neben dem Stamm wird eine Endung erzeugt, das sogenannte **Suffix**:

```
(defun mach-stamm (verb)
   (do ((index1 0)                  ;Anfangswerte werden gesetzt
        (index2 1)
        (stamm nil)
        (suffix nil))

       ((or (> index2 20)           ;Abbruchbedingung der Iterat.
            (member stamm lexikon))
            (write-line (append (princ "Stamm   = ") stamm))
            (write-line (append (princ "Suffix  = ") suffix))
            '---)

      (setq stamm (substring verb index1 index2))     ;DO
      (setq suffix
         (substring verb
            (+ 1 index2)(- (length (unpack verb)) 1)))
      (setq index2  (+ index2 1)))))
```

Diese Funktion führt folgende Teilschritte durch:

Zunächst werden einige Zahlenwerte (INDEX1/INDEX2) lokal vordefiniert. Diese Zahlenwerte dienen im Laufe der Verarbeitung
als Zahlenwerte für das LISP-Primitiv SUBSTRING. Ebenso werden die Variablen STAMM und SUFFIX eingeführt. Sie sollen im
Programmablauf lokal an die jeweiligen Werte gebunden werden.

SUCHE wird abgebrochen, wenn INDEX2 den willkürlich gewählten
Wert 20 überschritten hat, das Eingabewort also mehr als 20
Buchstaben lang ist, oder wenn der Stamm erfolgreich auf ein
Atom im Lexikon abgebildet werden kann.

Im iterativen Teil von DO werden die Listen STAMM und SUFFIX
an entsprechende Teilketten von VERB gebunden. Mit jeder Wiederholung wird der Wert von INDEX2 um 1 erhöht, wodurch die
von SUBSTRING erzeugte Teilkette ständig größer wird. Nehmen
wir einmal die Eingabe machtest an:

$ (mach-stamm 'machtest)

Folgender Ablauf geschieht im Programm:

Anfangswerte

Index1 = 0
Index2 = 1
......

<u>Abbruchbedingung</u>

```
(> 1 20)                      = NIL
(member nil lexikon)          = NIL
```

<u>Iterativer Teil</u>

```
stamm  = (substring 'machtest 0 1) = ma
suffix = (substring 'machtest 2 6) = chtest
(+ 1 index2) = 2
```

<u>Abbruchbedingung</u>

```
(> 2 20)                      = NIL
(member 'ma lexikon)          = NIL
```

<u>Iterativer Teil</u>

```
stamm  = (substring 'machtest 0 2) = mac
suffix = (substring 'machtest 3 6) = htest
(+ 1 index2) = 3
```

<u>Abbruchbedingung</u>

```
(> 3 20)                      = NIL
(member 'mac lexikon)         = NIL
```

<u>Iterativer Teil</u>

```
stamm  = (substring 'machtest 0 3) = mach
suffix = (substring 'machtest 4 6) = test
(+ 1 index2) = 4
```

<u>Abbruchbedingung</u>

```
(> 4 20)                      = NIL
(member 'mach lexikon)        = T
(write-line ......)
Stamm  = mach
Suffix = test
```

Mit PACK, UNPACK und nun auch SUBSTRING haben wir die wesentlichen String-Prozeduren zum Aufbau eines morphologischen
Analyseprogramms, z.B. eines, das Verben analysiert, kennengelernt.

Bevor allerdings ein solches Verb-Analyseprogramm vervollständigt wird, muß man sich zunächst einmal Klarheit über die
jeweiligen morphologischen Möglichkeiten verschaffen, die ein
Verb bietet. Ausgehend vom Gesamtparadigma des regelmäßigen
Verbs <u>sagen</u>, kann man folgenden Algorithmus entwickeln:

<u>Imperfektformen</u>

```
Verbendung = -test  --> 2. Person Singular
Verbendung = -tet   --> 2. Person Plural
Verbendung = -ten   --> 1./3. Person Plural
Verbendung = -te    --> 1. Person Singular/3. Person Singular
```

<u>Präsensformen</u>

```
Verbendung = -st   --> 2. Person Singular
Verbendung = -t    --> 2. Person Plural/3. Person Singular/
                       Imperativ Plural
Verbendung = -en   --> 1./3 Person Plural/Infinitiv
Verbendung = -e    --> 1. Person Singular
```

<u>Sonstige</u>

```
Verbendung = null  --> Imperativ Singular
Verbendung = -end  --> Partizip Präsens
Verbanfang = ge- und Verbendung = -en --> Partizip Perfekt
             (Präfixe werden der Einfachheit halber im fol-
             genden ausgeklammert)
```

Diese Information ist der Ausgangspunkt für eine Verbanalyse-
Funktion, die auf MACH-STAMM aufbaut. Da wir bereits in MACH-
STAMM Endung und Stamm getrennt hatten, können wir nun die
Endung auf das Vorhandensein bestimmter Zeichen prüfen. Dabei
ist das Imperfekt durch <u>-te</u>, das Partizip Perfekt, das wir
einfacherweise ausklammern wollten, durch <u>ge- -en</u> gekennzeichnet, ansonsten liegt eine Präsensform vor. Diese
kann im Imperativmodus (keine Endung) sowie als finite Form
auftreten. Definieren wir uns also eine Funktion, die unser
Suffix näher unter die Lupe nimmt (dabei ist '┆┆ die LISP-in-
terne Darstellung für (PACK NIL), also für ein nicht vorhan-
denes Suffix):

```
(defun tempus-test (suffix)
   (cond ((equal suffix '┆┆)                      ;Imperative
          (write-line "Imperativ Singular")
          '-----)
         ((equal (substring suffix 0 1) 'te)      ;Imperfekt
          (setq tempus 'imperfekt)
          (analysiere-imperfekt suffix))
         (t (setq tempus 'praesens)               ;Praesens
            (analysiere-suffix suffix)))))
```

Während in der ersten COND-Klausel Imperative, also Verbformen wie etwa <u>hass</u> überprüft werden, prüft Klausel$_2$ die
Eingabeform auf das Vorhandensein der Teilkette <u>-te-</u>, also
des Imperfektmorphems. Da Präsens- und Imperfektpersonenfor-
men zur Vereinfachung des Gesamtalgorithmus im folgenden
durch eine gemeinsame Funktion analysiert werden sollen, muß
das Imperfektsuffix erst noch entsprechend behandelt werden.
Von den Formen <u>-test</u> und <u>-tet</u> muß nämlich <u>-te</u> abgeschnitten
werden, während aus den Formen <u>-ten</u> und <u>-te</u> lediglich das <u>-t</u>

entfernt wird. ANALYSIERE-IMPERFEKT bewerkstelligt diesen
Test:

```
(defun analysiere-imperfekt (suffix)
   (cond ((equal (car (reverse (unpack suffix))) 't)
          (setq suffix (pack (cddr (unpack suffix))))
          (analysiere-suffix suffix))
         (t (setq suffix (pack (cdr (unpack suffix))))
            (analysiere-suffix suffix))))
```

Nun kann die Ermittlung der Personenform vorgenommen werden:

```
(defun analysiere-suffix (suffix)
   (cond
          ((equal suffix 'st)                          ;-st ?
           (write-line
            (append
             (princ "2. Pers. Singular ") tempus))
            '-----)
          ((equal suffix 't)                           ;-t ?
           (write-line
            (append
             (princ "3. P. Sg./2. P. Pl. ") tempus))
            '-----)
          ((equal suffix 'e)                           ;-e ?
           (write-line
            (append
             (princ "1. Pers. Singular ") tempus))
            '-----)
          ((equal suffix 'en)                          ;-en ?
           (write-line
            (append
             (princ "1./3. Pers. Plural ") tempus))
            '-----)
          (t (mach-suffix suffix))))         ;-e + Suffix
```

ANALYSIERE-SUFFIX ermittelt die mögliche Person und den Numerus einer Verbform auf der Basis des vom Tempus bereinigten
Verb-Suffixes. Da einige Verben Suffixe verlangen, die durch
einen vorangestellten Vokal durch unsere Funktionen direkt
nicht analysierbar sind, benötigen wir noch eine Funktion,
die das Suffix entsprechend behandelt. Hier zunächst einige
Beispiele solcher Verben:

```
rechnen        Stamm: rechn-   Suffixe: e-st, e-test etc.
atmen          Stamm: atm-     Suffixe: e-st, e-test etc.
```

MACH-SUFFIX wird durch die T-Klausel in ANALYSIERE-SUFFIX
aufgerufen für den Fall, daß die vorliegende Suffixform nicht
analysierbar ist. Sie schneidet das -e- vom Suffix ab und
ruft mit dem verkürzten Suffix TEMPUS-TEST erneut auf:

```
(defun mach-suffix (suffix)
   (setq suffix (pack (cdr (unpack suffix))))
   (tempus-test suffix))
```

Nun kann auch ein Suffix von Verben wie etwa <u>trocknen</u> (e.g. <u>trockn-e-test</u>) analysiert werden.

Um diese Funktionen zu einem zusammenhängenden Programm verknüpfen zu können, bedarf es noch einer Änderung (fettgedruckt) der Abbruchbedingung in MACH-STAMM:

```
(defun mach-stamm (verb)
   (do ((index1 0)
        (index2 1)
        (stamm nil)
        (suffix nil))
       ((or (> index2 20)
            (member stamm lexikon))
          (write-line (append (princ "Stamm   = ") stamm))
          (tempus-test suffix))
     (setq stamm (substring verb index1 index2))
     (setq suffix
         (substring verb
            (+ 1 index2)(- (length (unpack verb)) 1)))
     (setq index2  (+ index2 1)))))
```

Dieses Programm analysiert die Formen regulärer Verben. Um auch Verbformen integrieren zu können, bei denen Veränderungen im Stamm stattfinden, bedarf es einiger Erweiterungen dieses Programms. Dazu gibt es mehrere Möglichkeiten. So könnte man Eigenschaftslisten aufbauen, von denen der jeweilige Stamm abgerufen würde. Eine weitere Möglichkeit wäre, die Endung zuerst zu analysieren und erst danach den Stamm zu ermitteln.

In jedem Falle würden aber die String-Prozeduren der nunmehr bekannten Art zur Anwendung kommen. Kombiniert mit den bekannten Listen-Konstruktoren und Listen-Selektoren können diese leistungsfähige Programmteile bilden, die, etwa integriert in einen Parsing-Algorithmus, Aufschluß über die morphologische Struktur von Wörtern geben.

4.9.3 Die Generierung von Wörtern

Ebenso wichtig sind die String-Prozeduren bei der Generierung von natürlichsprachlichen Ausgaben. Dabei müssen Wörter auf der Basis der vorhandenen Information zusammengesetzt werden. Im folgenden soll die Ausgabegenerierung anhand bestimmter Adjektive des Deutschen vorgestellt werden. Neue Prozeduren sind dazu nicht nötig.

Bei der Generierung von Wörtern sind mehrere Faktoren zu beachten. Nehmen wir erneut das Beispiel der <u>-bar</u> Adjektive im Deutschen. Wie oben bereits angedeutet hängt die Möglichkeit der Bildung eines solchen Adjektivs ab von:

(a) dem Vorhandensein eines Verbs
(b) der Argumentstruktur des Verbs
(c) der graphemischen Struktur des Verbs

Zwar gibt es auch einige -bar Adjektive, die nicht von einem
Verb abgeleitet sind (fruchtbar), die Mehrheit allerdings hat
ein Verb zum Ausgangspunkt. Dabei ist von großer Wichtigkeit,
ob das Verb Objekte mit sich führen kann. Intransitive Verben
z.B. bilden keine -bar Adjektive (*schlafbar, *regenbar).
Transitive Verben oder solche Verben, die obligatorische Ergänzungen mit sich führen, haben da keine Probleme: (sagbar,
machbar, etc.). Zwar ist die Bedeutung dieser Adjektive
durchaus hinterfragbar, theoretisch lassen sie sich allerdings problemlos ableiten. Schließlich hat die graphemische
Struktur des Verbs noch einen gewissen Einfluß. Endet nämlich
ein Verbstamm auf n oder m, so findet eine Stammumstellung
statt:

```
    rechn ---> rechen + bar
    atm   ---> atem   + bar
```

Diese Überlegungen sind mitentscheidend für die Erstellung
des Generierungsprogramms. Ein weiterer Punkt ist allerdings
noch zu bedenken. Die Bildung eines -bar Adjektivs sollte nur
unter gewissen Umständen durchgeführt werden. Im vorigen Abschnitt hatten wir die Bedeutung eines -bar Adjektivs wie
folgt klassifiziert:

```
        Verbstamm + bar ---> man kann etwas (be) verben
z.B.: mach      + bar ---> man kann etwas machen
      geh       + bar ---> man kann etwas begehen
```

Das bedeutet, daß dieses Adjektiv eine Fähigkeit oder Möglichkeit ausdrückt. Es wäre daher eine mögliche Reaktion auf
einen Eingabesatz, der Entsprechendes ausdrückt:

(23) Kannst Du das machen?   Antwort: Das ist machbar.

Es sei an dieser Stelle betont, daß die Antwort mit einem
-bar Adjektiv eine von mehreren Möglichkeiten ist.

Haben wir also diese Frage nach einer Fähigkeit in einem Eingabesatz gefunden, so können wir u.a. ein -bar-Adjektiv generieren. Dabei sollten folgende Tests durchgeführt werden:

a) Verb = intransitiv ? --> kein -bar-Adjektiv möglich
b) Verbstamm + Nasal ? --> füge -e- ein

Umgesetzt in ein LISP-Programm sieht das wie folgt aus:

```
;fragmentarisches Lexikon

(setq intrans-verben '(schlafen regnen gehen rennen leben))
(setq nasal '(n m))
```

Da wir in diesem Programm Infinitive als Eingabe gestatten,
muß zunächst einmal der Stamm der jeweiligen Infinitivform
ermittelt werden. Im allgemeinen geschieht das durch Entfernen des Infinitivmorphems -en. Einige Verben allerdings haben
ein verkürztes Infinitivmorphem, das -n. Verben dieser Art
haben als letzten Stammlaut einen Liquid:

```
wandern --> wander + n,  Liquid = /r/
handeln --> handel + n,  Liquid = /l/
```

Die folgende Funktion führt unter Rückgriff auf die Liste LI-
QUID nun diese ersten Tests durch:

```
(setq liquid '(r l))

(defun teste-verb (verb)
   (cond
     ((member verb intrans-verben)
      (princ "Intrans. Verben bilden keine -bar-Adjektive.")
       '!)
     ((member (cadr (reverse (unpack verb))) liquid)
      (setq stamm
         (pack (reverse (cdr (reverse (unpack verb)))))))
      (mach-adj stamm))
     (t
      (setq stamm
         (pack (reverse (cddr (reverse (unpack verb)))))))
      (mach-adj stamm))))
```

Nachdem nun die Verben je nach Art des Infinitvs entsprechend
behandelt wurden, werden sie der Funktion, welche die Adjektivformen generiert, übergeben.

```
(defun mach-adj (stamm)
   (cond ((member (car (reverse (unpack stamm))) nasal)
          (pack
            (append
             (list
              (pack (reverse (cdr (reverse (unpack stamm)))))
              'e
              (car (reverse (unpack stamm)))
              suffix))))
         (t (pack (append (list stamm suffix))))))
```

Eine benutzerfreundliche Eingangsfunktion schließlich informiert über den Umgang mit diesem kleinen Programm und führt
die benötigten Variablen ein:

```
(defun start ()
  (let ((verb nil)
        (stamm nil)
        (suffix bar))
       (clear-screen)
       (princ "Bitte ein Verb eingeben: ")
       (setq verb (ratom))
       (terpri)
       (teste-verb verb)))
```

Die Einführung der Variablen erfolgt über **LET**, ein Primitiv
zur lokalen Variablenbindung:

```
(LET (( <Parameter₁> <Wert₁> )
      ( <..........> <.....> )
      ( <Parameterₙ> <Wertₙ> ))
      <Inhalt von LET>)
```

Der Inhalt von LET ist ähnlich dem von DO, einmal abgesehen
von der Iteration in DO. In unserem Falle löscht START den
Bildschirm, schreibt eine Informationszeile auf den Bildschirm und liest ein Atom (**RATOM** = Read **Atom**), das an die Variable VERB gebunden wird. Schließlich ruft START die Haupt-
analysefunktion TESTE-VERB auf, die mit der Untersuchung der
eingegebenen Verben beginnt. Am Ende des kleinen Programms,
das man im Editor entwickeln sollte, steht ein muLISP Daten-
lese-Primitiv, das alle Funktionen und Variablen in den Arbeitsspeicher liest:

(rds)

Nun können wir das Programm durch Eingabe von (START) zum Ablauf bringen. Nach Eingabe eines Verbs wird das entsprechende
Adjektiv (soweit möglich) ausgegeben:

$ (start)
Bitte ein Verb eingeben: machen

MACHBAR

4.9.4 Zusammenfassung

String-Prozeduren sind äußerst nützliche Hilfsmittel zur Verarbeitung morphologischer Information in einem natürlichsprachlichen System. Man kann mit ihrer Hilfe morphologische Regelmäßigkeiten aufdecken und damit das Lexikon entlasten. Folgende Prozeduren wurden behandelt:

```
(UNPACK <ATOM>)
(PACK    <LISTE>)
(SUBSTRING <ATOM> <ZAHL₁> <ZAHL₂>)
```

Darüber hinaus gibt es noch eine Reihe von zusätzlichen String-Prozeduren, die den jeweiligen Handbüchern zu entnehmen sind.

4.9.5 Übungsaufgaben

(a) Entwickle eine Funktion, die Adjektivformen erkennt. Es soll sich dabei nur um Positivformen (e.g. <u>klein</u>), Komparativformen (e.g. <u>kleiner</u>) und Superlativformen (e.g. <u>kleinste</u>) prädikativer Adjektive (z.B. Er ist <u>klein</u> / <u>kleiner</u>/am <u>kleinsten</u>) handeln. Im Lexikon sollen lediglich Adjektivstämme stehen.

(b) Erweitere die Verbanalysefunktion dahingehend, daß sie auch nicht-finite Verbformen wie <u>sagend</u> und <u>sagen</u> (Infinitiv) verarbeitet.

(c) Entwickle eine Funktion, die Adjektivformen im Nominativ generiert (Positiv, Komparativ, Superlativ).

4.10 Der Aufbau eines natürlichsprachlichen Systems

Bevor nun im folgenden Abschnitt ein Programm entwickelt
wird, das Sätze des Deutschen grammatikalisch analysieren
kann, sind noch einige Vorbemerkungen zum Design eines
natürlichsprachlichen Systems im allgemeinen notwendig. Bereits in Kapitel 1 dieses Buches wurde angedeutet, daß ein
natürlichsprachliches System aus mehreren Komponenten besteht. Ausgehend von Verarbeitungsstrategien des menschlichen
Verstandes nimmt man folgende Komponenten an:

(a) die Lautanalysekomponente

> Diese Komponente analysiert im Idealfall die lautliche
> Struktur einer natürlichsprachlichen Eingabe und gene-
> riert Ausgaben, die dem gesprochenen Wort zumindest nahe
> kommen. Wie bereits mehrfach festgestellt, gibt es heute
> noch keine fehlerfreien Sprachanalysesysteme, die unab-
> hängig vom Gesprächspartner eine phonetische Analyse
> vornehmen können. Eine phonetische Ausgabe ist -mit ge-
> wissen Abstrichen bezüglich ihrer Qualität sowie ihrer
> allgemeinen Fähigkeiten- schon heute möglich.

(b) die Syntaxkomponente

> Die Syntaxkomponente analysiert (engl. _parse_) die gram-
> matikalische Struktur eines Eingabesatzes auf der Basis
> vorgegebener Regeln. Durch Anwendung syntaktischen Wis-
> sens auf die Benutzereingabe wird der Eingabesatz in
> eine funktionale Struktur (Subjekt, Verb, Objekte, Ad-
> verbiale, Komplemente) überführt. Diese Struktur kann
> danach im Hinblick auf ihre Bedeutung weiter untersucht
> werden. Der "Parser" arbeitet eng mit einem Lexikon zu-
> sammen, das Informationen über die Wörter der Zielspra-
> che bereithält. Ein morphologischer Verarbeitungsalgo-
> rithmus, der Regelmäßigkeiten der Wortbildung ermittelt,
> kann darüber hinaus bei Bedarf konsultiert werden.

(c) die Semantikkomponente

> Die Semantikkomponente ermittelt die Bedeutung der Wör-
> ter eines Eingabesatzes und generiert ein Gesamtver-
> ständnis der Eingabe. Sie arbeitet zusammen mit einer
> Wissensbasis. Da gerade im Bereich der Ermittlung der
> Bedeutung gewaltige Datenmengen anfallen und ungeheuer
> komplexe Darstellungstechniken notwendig sind, wird in
> vielen Fällen nur ein Ausschnitt des menschlichen Wis-
> sens dargestellt. Dieses "expertenhafte" Wissen ist in
> der Datenbasis der Semantikkomponente enthalten.

(d) die Pragmatikkomponente

> Diese Komponente, die häufig vernachlässigt wird, über-
> prüft die kommunikative Relevanz von Benutzereingaben.
> Sie enthält Strategien, die einen Dialog steuern und zum
> Erfolg bringen.

(e) die Partermodellierungskomponente

Anspruchsvollere Systeme enthalten oder entwickeln Modelle, die sich auf den jeweiligen Gesprächspartner und dessen Gesprächsverhalten beziehen. Sie passen sich in Wortwahl, Syntax und Semantik dem Dialogpartner an.

All diese Komponenten, zu denen noch zahlreiche Einzelprinzipien kommen, sind sowohl in der Sprachanalyse als auch in der Generierung einer Ausgabe aktiv.

Ein wichtiger Aspekt im Design eines natürlichsprachlichen Systems ist die Frage nach der Interaktion der genannten Komponenten. Die Ergebnisse psycholinguistischer Experimente auf dem Gebiet menschlicher Sprachverarbeitung haben gezeigt, daß der menschliche Verstand die Möglichkeit hat, auf die verschiedenen Komponenten gleichzeitig zuzugreifen.[38] Bei der Verarbeitung natürlichsprachlicher Information werden phonetische, syntaktische und semantische Faktoren interaktiv zu Rate gezogen, um zum Verständnis eines Satzes zu gelangen. Auf Grund seiner Bau- und Arbeitsweise sowie der Struktur seiner Programme ist ein Computersystem zu dieser interaktiven Verarbeitungsstrategie nur bedingt in der Lage. Die Komponenten eines natürlichsprachlichen Systems interagieren zwar, tun dies aber sequentiell, also nacheinander. Sie rufen sich nach bestimmten Verarbeitungsschritten gegenseitig auf.

In jedem Fall nimmt der Parser einen zentralen Platz in einem natürlichsprachlichen System (ob Mensch oder Maschine) ein. Erst wenn gewisse syntaktische Merkmale eines Satzes herausgearbeitet sind (z.B. ob es sich um eine Frage handelt, was das Subjekt eines Satzes ist usw.), kann eine weitere Analyse stattfinden. Zwar zeigen neuere Forschungsansätze, daß es bestimmte Stellen im Satz gibt, die besonders sensitiv für den Einsatz weiterer nicht-syntaktischer Analysen sind, dennoch ist die Analyse der Syntax ein zentrales Anliegen eines natürlichsprachlichen Systems. Daher wenden auch wir uns im folgenden der Syntaxkomponente, dem Parser, zu.

4.10.1 Das Design eines Parsers

Die Syntaxkomponente eines natürlichsprachlichen Systems läßt sich in folgende Teilkomponenten aufschlüsseln:

(a) Das Lexikon

Das Lexikon enthält die Wörter einer Sprache. Bei vielen Wörtern genügt es, den Stamm im Lexikon abzuspeichern. Das gilt für eine Reihe von invarianten Wörtern, die

---

[38] Der interessierte Leser sei in diesem Zusammenhang auf folgende Veröffentlichung verwiesen, welche die experimentelle Forschung menschlicher Sprachverarbeitung komprimiert zusammenfaßt: Tyler, L.K. 1981. Serial and interactive parallel theories of sentence processing. In: Theoretical Linguistics 8: 29-65.

nicht an Wortbildungsprozessen teilnehmen, z.B. deutsche
Präpositionen, englische Konjunktionen etc. Ebenso gibt
es eine große Menge von Wörtern, die völlig regelmäßigen
Flektionsprozessen unterworfen sind. Auch für diese genügt es, den jeweiligen Stamm abzuspeichern (z. B. Verben, Nomen, Adjektive im Deutschen). Wörter mit unregelmäßigen Varianten allerdings müssen mehrere Formen ihres
Paradigmas im Lexikon führen. Über die Stämme hinaus
enthält das Lexikon weitere Informationen über die Wörter einer Sprache, z.B. deren Wortklasse, kontextuelle
Einschränkungen usw. Neben der syntaktischen Information
ordnet das Lexikon den Wörtern einer auch semantische
Merkmale zu, die Rückschlüsse über die Bedeutung eines
Wortes erlauben.

(b) Die morphologische Komponente

Diese Komponente zerlegt komplexe Wörter. Auf der Basis
graphemischer oder phonologischer Regeln werden Stämme
und **Affixe** (nicht-selbständige Bestandteile eines Wortes) generiert. Die ermittelten Bestandteile eines Wortes werden dem Lexikon übergeben, das den Morphemtyp
(Stamm oder Affix), die Wortklasse sowie weitere Merkmale herausarbeitet. Anschließend kann das jeweilige
Wort zur weiteren Bearbeitung an den Kern der Syntaxkomponente, den Syntaxalgorithmus, übergeben werden.

(c) Der Syntaxalgorithmus

Auf der Basis möglicher Satzmuster einer Sprache prüft
der Syntaxalgorithmus, ob ein Eingabesatz syntaktisch
mit den Regeln einer Sprache vereinbar ist oder nicht.
Im Verlauf der Verarbeitung werden syntaktisch zusammen-
hängende Wörter in größere Einheiten gruppiert und
schließlich bezüglich ihrer Funktion im Satz (Subjekt,
Objekt usw.) hinterfragt. So könnte z.B. der Satz

(24) Hatte der Mann der Frau das Buch gegeben?

zunächst in folgende kategorielle Repräsentation überführt werden:

```
S[
  VG [AUX [hatte]]
  NP [DET [der] N [mann]]
  NP [DET [der] N [frau]]
  NP [DET [das] N [buch]]
  VG [V [gegeben]]
                              ]
```

S = Satz, VG = Verb Gruppe, NP = Nominal Phrase

Die funktionale Struktur würde in diesem Fall wie folgt
dargestellt werden:

```
(Satz
 (Interrrogativ
    (Verb (geben, Imperfekt, Perfekt))
    (Subjekt (der mann))
    (Dir-Objekt (das buch))
    (Ind-Objekt (der frau))
                                      ))
```

Es werden also Zusammenhänge zwischen den Eingabewörtern ermittelt. Manche Syntaxalgorithmen beinhalten bestimmte Regeln, welche die Wörter in einem Satz umgruppieren und auf bestimmte grundlegende Strukturen zurückführen. So ist es durchaus denkbar, z.B. Fragen auf Aussagesätze zurückzuführen und entsprechend zu behandeln. Dazu bedarf es einer Regel, die das an der ersten Stelle eines Eingabesatzes stehende Verb in eine entsprechende andere Position überführt.

Die Funktion des Parsers eines natürlichsprachlichen Systems läßt sich also wie folgt zusammenfassen:

In Zusammenarbeit mit einem Lexikon und einer morphologischen Komponente prüft er die lexikalischen Eigenschaften der Eingabewörter in einem Satz, ermittelt deren Wortklassen, generiert den jeweiligen Satztyp, arbeitet die funktionalen Elemente (Subjekt, Verb etc.) in einem Satz heraus und überwacht die Einhaltung gewisser syntaktischer Regeln wie etwa Wortstellungsregeln, Subjekt-Verb-Numerus-Übereinstimmung usw. Darüber hinaus werden Tempus, Modus sowie Aktionsart (Aktiv/Passiv) eines Eingabesatzes analysiert. Auf der Basis von Beispiel (24) lassen sich diese Vorgänge wie folgt darstellen:

<u>Eingabe:</u> (HATTE DER MANN DER FRAU DAS BUCH GEGEBEN)

Diesen Eingabesatz überführt die morphologische Komponente zunächst in eine Kette, die aus Stämmen und Affixen besteht:

((HAB TE) DER MANN DER FRAU DAS BUCH (GEB GE-EN))

Spezielle Zuordnungsfunktionen ermitteln nun die Wortklasse sowie weitere Merkmale, die mit den jeweiligen Wörtern in Verbindung gebracht werden:

```
((HAB TE)      DER MANN  DER FRAU  DAS BUCH  (GEB GE-EN))
((AUX AFFIX)   DET NOMEN DET NOMEN DET NOMEN (VERB AFFIX))
     [3.Per][def][Nom][def][Dat][def][Akk] [Partiz.Perf]
     [Imp]
     [Sing]
```

```
Imp = Imperfekt     def = definit      Nom  = Nominativ
Dat = Dativ         Akk = Akkusativ    Perf = Perfekt
```

Auf der Basis dieser Angaben kann nun der Syntaxalgorithmus die Satzstruktur und die funktionalen Aspekte generieren. So weiß er z.B., daß eine Nominalphrase im

Nominativ im Deutschen in der Regel das Subjekt eines
Satzes bildet.   Daher könnte folgende Ausgabe generiert
werden:

```
Satz-Merkmale:      (INTERROGATIV, INDIKATIV, AKTIV)
Subjekt:            (MANN, DEF, SINGULAR))
Verb:               (GEBEN, IMPERFEKT, PERFEKT)
Dir-Objekt:         (BUCH, DEF, SINGULAR)
Ind-Objekt:         (FRAU, DEF, SINGULAR)
Adverbial:          NIL
```

Zwar ist der Vorgang des Parsens nicht so strikt sequentiell geordnet wie hier dargestellt, dennoch kann man
sich die Syntaxverarbeitung im wesentlichen so vorstellen.

Je nach Einsatzgebiet und theoretischen Vorüberlegungen kann
die Syntaxkomponente eines natürlichsprachlichen Systems unterschiedlich konzipiert werden. Will man vorrangig ein indu-
striell einsatzfähiges System entwickeln, so steht die An-
wendbarkeit im Vordergrund. Die Relevanz linguistischer Theorien spielt dabei oft eine nur untergeordnete Rolle. So mag
es bei einem solchen System unerheblich sein, ob z.B. im Lexikon nur Stämme abgespeichert sind oder alle Formen des Paradigmas eines Wortes. Man wird den Weg wählen, der die An-
wendbarkeit des Systems fördert. Problembereiche werden im
Zweifelsfalle weggelassen.

Die Linguistik hat da andere Ansprüche. Ein natürlichsprachliches System dient dabei u.a. zur Simulation, d.h. zur Überprüfung einer linguistischen Theorie. So sind z.B. gerade im
Bereich der Syntaxverarbeitung Debatten entbrannt, welche
Theorie Grundlage für die Verarbeitung natürlichsprachlicher
Sätze ist. Zur Information hier einige der bekanntesten Algorithmen:

```
- Augmented Transition Networks        - ATN
- Transformational Grammar             - TG
- Lexical Functional Grammar           - LFG
- Generalised Phrase Structure Grammar - GPSG
```

Zentrale Punkte sind in diesem Zusammenhang zum einen die Interaktion zwischen Lexikon und Syntax und zum anderen die
Verarbeitung mehrdeutiger Information.

Da das vorliegende Buch mehr praktisch orientiert ist, wollen
wir an dieser Stelle nicht in eine Debatte über Parsing-Algo-
rithmen eintreten.[39] Vielmehr soll ein Programm entwickelt
werden, das exemplarisch einfache Eingabesätze der deutschen
Sprache auf der Basis eines kleinen Lexikons syntaktisch analysieren kann. Dazu wird folgender Weg vorgeschlagen:

---

[39] Der Verfasser arbeitet z.Zt. an einem Buch mit dem Ar-
beitstitel: Probleme natürlichsprachlicher Verarbeitung.
Hier werden die angesprochenen Probleme ausführlich behandelt.

Ein morphologisches Analyseprogramm ermittelt von jedem Wort
den Stamm und die Endung und ruft im Verlauf des Parsens die
grammatikalischen Merkmale aus dem Lexikon ab. Das Lexikon
wird vor dem Programmaufruf eingelesen. Der Syntaxalgorithmus
ermittelt zunächst einmal den Satztyp. Für das Deutsche sind
dabei u.a. die folgenden Satzanfangsmuster möglich:

(25) a) NP   [Der Mann] geht in die Stadt.
     b) V   [Geh] in die Stadt.
     c) V   [Geht] der Mann in die Stadt?
     d) PRON [Wer] geht in die Stadt?

All diese Satztypen sollen gleichermaßen wie Aussagesätze behandelt werden. Dazu bedarf es eines Regelmechanismus, der
die ursprüngliche Wortstellung im Satz umbaut. Dieser 'Trans-
formationsmechanismus' schneidet ggf. eine Kategorie ab und
fügt sie entweder an eine andere Stelle des Satzes an oder
legt sie vorübergehend in einem sogenannten **Register**
(Zwischenspeicher) ab. Schauen wir uns einmal eine solche
Transformation näher an. Im Deutschen bietet sich in diesem
Zusammenhang eine Transformationsregel an, welche die
Verbgruppe, die oft weit auseinandergezogen ist, wieder ver-
eint und danach als Ganzes verarbeitet. Hier sind einige Beispiele:

(26) a) Der Mann kam.
     b) Der Mann sah die Frau.
     c) Der Mann hat die Frau gesehen.
     d) Hatte der Mann die Frau gesehen?
     e) Kann der Mann die Frau gesehen haben?
     f) Der Mann wird die Frau gesehen haben können.
     q) Der Mann wird von der Frau gesehen worden sein.

In allen Fällen (ausgenommen (26a) und (26b)) haben wir eine
komplexe Verbgruppe vorliegen, die durch NPs unterbrochen
ist. Dieses Phänomen, das für das Deutsche sehr typisch ist,
nennt man **Satzklammer**. Zur Vereinheitlichung des Parsens
könnte man sich nun folgenden Weg vorstellen: Trifft der Parser auf ein Vollverb, das nicht am Ende eines Satzes steht,
so wird eine Umstellung, welche die Satzklammer auflöst, vorgenommen. Für unsere Beispiele sieht dies wie folgt aus:

(26') a) Der Mann kam.
      b) Der Mann die Frau sah.
      c) Der Mann - die Frau gesehen hat.
      d) - der Mann die Frau gesehen hatte?
      e) - der Mann die Frau gesehen haben kann?
      f) Der Mann - die Frau gesehen haben können wird.
      g) Der Mann - von der Frau gesehen worden sein wird.

Durch diese Transformation ist erreicht worden, daß die Elemente der VG unabhängig vom Satztyp wieder zusammenstehen.
Zusätzlich steht nunmehr das flektierte VG-Element am Endes
des Satzes. Das erleichtert die Tempusermittlung erheblich.
Zur Generalisierung der VG-Transformation wurde übrigens auch
das einfache Verb in (26b) ans Ende des Satzes überführt.
Diese Transformationsregel trägt im übrigen auch der Meinung

der Linguistik Rechnung, die Deutsch als Sprache mit Verbendstellung klassifiziert.

Weitere denkbare Transformationen für das Deutsche könnten
u.a. eine Imperativ-Transformation sein, die ein Subjekt für
Sätze wie etwa (25b) in einem Register ablegt (z.B. Du) und
direkt das Verb verarbeitet oder eine W-Frage-Transformation,
welche Fragen wie (25d) nach Erkennung des Interrogativprono-
mens als Aussagesätze verarbeitet. Eine besonders interessante Transformation behandelt Passivsätze. In diesen Konstruktionen stehen die grammatikalischen Funktionen in Oppo-
sition zu ihren semantischen Rollen im Satz:

(27) Der Mann wurde von der Frau gesehen.

In Aktivsätzen sind in der Regel grammatikalisches Subjekt
und Ausführender der Aktivität, die der Satz beschreibt (logisches Subjekt), identisch. Im Gegensatz dazu ist in
Passivsätzen wie etwa (27) das grammatikalische Subjekt (der
Mann) lediglich das Ziel (logisches Objekt) der Aktivität,
die im Satz zum Ausdruck kommt. Logisches Subjekt ist in der
Regel eine PP, die durch von eingeleitet wird. Da der Parser
eines NLPS allerdings eindeutige funktionale Strukturen
liefern soll, wäre auch hier eine Umstellung nach Identifi-
zierung der Aktionsart (Passiv) angebracht. Dabei werden
schlicht grammatikalisches Subjekt und die relevante PP in
modifizierter Form ausgetauscht:

(27') Die Frau sieht den Mann.

Durch die Anwendung transformationeller Operationen auf die
Eingabesätze können diese nach einem einheitlichen Schema
verarbeitet werden. Der eigentliche Parsing-Algorithmus wird
dadurch entscheidend vereinfacht.

Neben der Anwendung von Transformationen benötigt man noch
eine ganze Reihe von Registern, in denen wichtige Informationen zwischengespeichert werden. So muß man z.B. den Numerus und den Genus von NPs abrufen können, um deren Kasus zu
ermitteln, oder man muß auf die bereits ermittelte Aktionsart
zugreifen, um eine Passivtransformation anzuwenden.

Aus der Eingabe sowie den zwischengespeicherten Informationen
ermittelt der Parser schließlich die funktionale Satzstruktur
des Eingabesatzes und gibt sie in unserem Falle auf den Bildschirm.

Da ein komplexeres System mit einer semantischen Komponente
sowie weiteren Möglichkeiten, den Rahmen dieses Buches sprengen würde, beschränken wir uns auf eine exemplarische Darstellung einfacher syntaktischer Analysefunktionen. Ein solches 'abgemagertes' Syntaxprogramm beinhaltet naturgemäß eine
Reihe von Unzulänglichkeiten. Folgende Einschränkungen sollen
daher u.a. gemacht werden:

- ein kleines, exemplarisches Lexikon,
- keine Verarbeitung von Nebensätzen,
- keine Verarbeitung von Ellipsen (Auslassungen),
- keine Doppelzuordnung von Wortklassen an Einzelwörter,
- keine Komposita (zusammengesetzte Wortformen).

Darüber hinaus wird angenommen, daß der 'Benutzer' unseres NLPS Eingaben macht, die sich im Einklang mit den grammatikalischen Regeln des Deutschen befinden. Dadurch können wir uns umständliche Konkordanztests sowie lexikalische Editierungsfunktionen ersparen. Das Programm wird allerdings so strukturiert sein, daß Funktionen dieser Art leicht integriert werden können.

Die verwendeten LISP-Primitiva sind fast alle bekannt. Neue Primitiva werden im Bedarfsfall näher erläutert.

4.10.2 Ein Parser in LISP

(a) Das Lexikon

Die Darstellung lexikalischer Information ist von entscheidender Bedeutung für die Leistungsfähigkeit eines Parsers. Jedes Wort der zu bearbeitenden Sprache wird mit einer Reihe von syntaktischen und (wenn gewünscht) semantischen Merkmalen belegt. So könnte man z.B. den Determiner das mit folgenden syntaktischen Merkmalen assoziieren:

```
(dieser (sum-cat NP)(cat DET)(spec DEF))
```

Damit wird festgelegt, daß das Wort dieser in Nominalphrasen auftritt, das Wortklassenmerkmal DET hat und eine definite Beschreibung eines Nomens vornimmt.

Um derartige Merkmale abrufen zu können, benötigen wir Funktionen, welche die jeweiligen Merkmale Wörtern gleichen Typs zuordnen. So können z.B. die Wörter der, die, das etc. an die gleichen Merkmale wie dieser gebunden werden. Die Merkmalszuordnung geschieht über Eigenschaftslisten wie in 4.8.2 dargestellt (siehe auch Übungsaufgabe 4.8.4.1 c). Das Lexikon selbst soll, wo möglich, lediglich Wortstämme enthalten und die Affixe durch morphologische Prozeduren ermitteln. Ein Wort wie dieser wird daher im Lexikon nur mit seinem Stamm dies auftauchen. Für eine Reihe von Wörtern müssen wir allerdings separate Eigenschaftslisten aufbauen, da diese keine Merkmale mit anderen Wörtern teilen. Hier ein Beispiel:

```
(ist (sum-cat VG)(cat AUX)(stamm (SEIN T)))
```

Speziell die Auxiliarverben haben wenig mit den übrigen Verben gemeinsam und müssen auf relativ aufwendige Weise speziell behandelt werden. Ähnlich verhält es sich mit den unregelmäßigen Verben. Das Lexikon unseres Parsers, das eine Auswahl von Wörtern enthält, kann daher wie folgt aussehen:

```lisp
;*****    Das Wort-Lexikon des Parsers ******

;Determiner

(setq det-staemme-1 '(der die dies jen das dem den des))
(setq det-staemme-2 '(ein manch))
(setq det-staemme-3 '(mein dein ihr unser euer))
;Adjektive

(setq adj '(gross klein rot blau schwarz schnell gut dick))

;Nominal-Staemme

(setq nom-mask  '(tisch computer mensch tag schuh hund mann))
(setq nom-fem   '(frau schule stunde uhr tuer kueche hand))
(setq nom-neutr '(auto kind brot jahr fenster heft buch))
(setq nom-mass  '(bier milch wein freiheit frieden england))
(setq nom-name  '(Paul Peter Maria Herbert))

;irregulaere Nomen

(setq irr-nomen '((mann maenner mask)
                  (hand haende fem)
                  (buch buecher neutr)))
;Pronomen

(setq pronomen
    '(ich sg du sg er sg sie sg es sg wir pl ihr pl))

;Konjunktionen

(setq konj '(und aber oder))

;Regulaere Verben

(setq reg-verben '(lieb hass red hoer oeffn schick beweg geb
                   geh seh fahr schreib komm))

;Irregulaere Verben mit ihren Formen

(setq irreg-verben '((geb gab gegeben gibt)
                     (geh ging gegangen)
                     (seh sah gesehen sieht)
                     (fahr fuhr gefahren faehrt)
                     (schreib schrieb geschrieben)
                     (komm kam gekommen)))

;Auxiliarverb-formen

(setf (get 'sein 'merkmale)
    '((sum-cat VG)(cat AUX)(stamm (sein))))
(setf (get 'bin 'merkmale)
    '((sum-cat VG)(cat AUX)(stamm (sein e))))
(setf (get 'bist 'merkmale)
    '((sum-cat VG)(cat AUX)(stamm (sein st))))
(setf (get 'ist 'merkmale)
    '((sum-cat VG)(cat AUX)(stamm (sein t))))
```

```lisp
(setf (get 'seid 'merkmale)
   '((sum-cat VG)(cat AUX)(stamm (sein t))))
(setf (get 'sind 'merkmale)
   '((sum-cat VG)(cat AUX)(stamm (sein en))))
(setf (get 'war 'merkmale)
   '((sum-cat VG)(cat AUX)(stamm (sein te))))
(setf (get 'wart 'merkmale)
   '((sum-cat VG)(cat AUX)(stamm (sein tet))))
(setf (get 'gewesen 'merkmale)
   '((sum-cat VG)(cat AUX)(stamm (sein ge--en))))

(setf (get 'wird 'merkmale)
   '((sum-cat VG)(cat AUX)(stamm (werd t))))
(setf (get 'wirst 'merkmale)
   '((sum-cat VG)(cat AUX)(stamm (werd st))))
(setf (get 'worden 'merkmale)
   '((sum-cat VG)(cat AUX)(stamm (werd ge-en))))
(setf (get 'werdet 'merkmale)
   '((sum-cat VG)(cat AUX)(stamm (werd t))))
(setf (get 'wurd 'merkmale)
   '((sum-cat VG)(cat AUX)(stamm (werd te))))
(setf (get 'wurdet 'merkmale)
   '((sum-cat VG)(cat AUX)(stamm (werd tet))))


(setf (get 'hast 'merkmale)
   '((sum-cat VG)(cat AUX)(stamm (hab st))))
(setf (get 'hat 'merkmale)
   '((sum-cat VG)(cat AUX)(stamm (hab t))))
(setf (get 'hatt 'merkmale)
   '((sum-cat VG)(cat AUX)(stamm (hab te))))
(setf (get 'hattet 'merkmale)
   '((sum-cat VG)(cat AUX)(stamm (hab tet))))

;Modal und Auxiliarverben

(setq aux-irr '((hab hatte gehabt)
                (kann konnte gekonnt koennen)
                (mag  mochte gemocht moegen)
                (muss musste gemusst muessen)
                (will wollte gewollt wollen)
                (darf durfte gedurft duerfen)
                (werd wurde  geworden werden)))
;AUX-Staemme

(setq aux '(hab kann mag muss will darf werd))

;Praepositionen

(setq preps '(in auf mit von unter ueber zu nach wegen an))

;w-Woerter

(setq var '((wer nom)(wen akk)(wem dat)(wessen gen)
            (wann nil)(wo nil)(wie nil)(welch nil)))

(setq w-woerter '(wer wen wem wessen wann wo wie welch))
```

```
;APPEND zum Gesamtlexikon

(setq lexikon
  (append det-staemme-1 det-staemme-2 det-staemme-3 adj
              nom-mask nom-fem nom-neutr nom-mass nom-name
              irr-nomen pronomen konj reg-verben preps
              w-woerter aux))
```

Da sich die Singularformen irregulärer Nomen sowie die Prä-
sensformen unregelmäßiger Verben regelmäßig verhalten, können
sie zusammen mit den jeweiligen regelmäßigen Formen präsentiert werden.

Um diesen Wörtern (Stämmen) die gewünschten Merkmale zuzuordnen, benötigen wir eine Reihe von Zuordnungsfunktionen, die
sich nacheinander aufrufen. Diese Funktionen legen die Merkmale nach dem folgendem Prinzip in Eigenschaftslisten ab: Sie
lesen das erste Wort einer Liste, weisen diesem Merkmale zu
und wenden sich selbst auf den Rest der Liste an. Sobald die
Bezugsliste leer, d.h. vollständig gelesen worden ist, rufen
sie die nächste Lesefunktion aus. Das geschieht solange, bis
alle Bezugslisten durchgegangen wurden. Da rekursive Lesefunktionen dieses Typs bereits in 4.8 vorgestellt wurden, bedürfen sie keiner weiteren Erläuterung:

```
;********    Lexikalische Leseprozeduren **********

(defun lese-det-staemme-1 (det-staemme-1)       ;Lese DET-DEF
     (cond ((null det-staemme-1)
            (lese-det-staemme-2 det-staemme-2))
           (t (setf (get (car det-staemme-1) 'merkmale)
               '((sum-cat NP)(cat DET)(spec DEF)))
              (lese-det-staemme-1 (cdr det-staemme-1)))))

(defun lese-det-staemme-2 (det-staemme-2)       ;Lese DET-INDEF
     (cond ((null det-staemme-2)
            (lese-det-staemme-3 det-staemme-3))
           (t (setf (get (car det-staemme-2) 'merkmale)
               '((sum-cat NP)(cat DET)(spec INDEF)))
              (lese-det-staemme-2 (cdr det-staemme-2)))))

(defun lese-det-staemme-3 (det-staemme-3)         ;Lese DET-PERS
     (cond ((null det-staemme-3) (lese-adj adj))
           (t (setf (get (car det-staemme-3) 'merkmale)
              '((sum-cat NP)(cat DET)(spec PERS)))
             (lese-det-staemme-3 (cdr det-staemme-3)))))

(defun lese-adj (adj)                             ;Lese ADJEKTIVE
     (cond ((null adj)(lese-mask-nom nom-mask))
           (t (setf (get (car adj) 'merkmale)
              '((sum-cat NP)(cat adj)))
             (lese-adj (cdr adj)))))
```

```lisp
(defun lese-mask-nom (nom-mask)                      ;Lese MASK-NOM.
    (cond ((null nom-mask)(lese-nom-fem nom-fem))
          (t (setf (get (car nom-mask) 'merkmale)
             '((sum-cat NP)(cat N)(gen MASK)))
             (lese-mask-nom (cdr nom-mask)))))

(defun lese-nom-fem (nom-fem)                         ;Lese FEM-NOM.
    (cond ((null nom-fem)(lese-nom-neutr nom-neutr))
          (t (setf (get (car nom-fem) 'merkmale)
             '((sum-cat NP)(cat N)(gen FEM)))
             (lese-nom-fem (cdr nom-fem)))))

(defun lese-nom-neutr (nom-neutr)                     ;Lese NEU-NOM.
    (cond ((null nom-neutr)(lese-nom-mass nom-mass))
          (t (setf (get (car nom-neutr) 'merkmale)
             '((sum-cat NP)(cat N)(gen NEUTR)))
             (lese-nom-neutr (cdr nom-neutr)))))

(defun lese-nom-mass (nom-mass)                       ;Lese MASS NOM
    (cond ((null nom-mass)(lese-nom-name nom-name))
          (t (setf (get (car nom-mass) 'merkmale)
             '((sum-cat NP)(cat N)(num SG)(spec MASS)))
             (lese-nom-mass (cdr nom-mass)))))

(defun lese-nom-name (nom-name)                       ;Lese Namen
    (cond ((null nom-name)(lese-irr-nomen irr-nomen))
          (t (setf (get (car nom-name) 'merkmale)
             '((sum-cat NP)(cat N)(num SG)(spec NAME)))
             (lese-nom-name (cdr nom-name)))))

(defun lese-irr-nomen (irr-nomen)                     ;Lese Irreg.N.
    (cond ((null irr-nomen)(lese-pron pronomen))
          (t
                (setf (get (cadar irr-nomen) 'merkmale)
                (list
                  (list 'sum-cat 'NP)
                  (list 'cat 'N)
                  (list 'gen (caddar irr-nomen))
                  (list 'stamm (list (caar irr-nomen) 'ER))))
             (lese-irr-nomen (cdr irr-nomen)))))

(defun lese-pron (pronomen)                           ;Lese Pronomen
    (cond ((null pronomen)(lese-reg-verben reg-verben))
          (t (setf (get (car pronomen) 'merkmale)
             (list '(sum-cat NP)'(cat PRON)'(kasus NOM)
                   (list 'num (cadr pronomen))
                   (list 'stamm (car pronomen))))
             (lese-pron (cdr pronomen)))))

(defun lese-reg-verben (reg-verben)                   ;Lese Reg-Verben
    (cond ((null reg-verben)
              (lese-irreg-verben irreg-verben))
          (t (setf (get (car reg-verben) 'merkmale)
             (list (list 'sum-cat 'VG)
                   (list 'cat 'V)))
             (lese-reg-verben (cdr reg-verben)))))
```

```lisp
(defun lese-irreg-verben (irreg-verben)        ;Lese IRR-VERB.
   (cond ((null irreg-verben)(lese-aux aux-irr))
         (t (setf (get (cadar irreg-verben) 'merkmale)
            (list (list 'sum-cat 'VG)
                  (list 'cat 'V)
                  (list 'stamm
                        (list (caar irreg-verben) 'TE))))
            (setf (get (caddar irreg-verben)'merkmale)
            (list (list 'sum-cat 'VG)
                  (list 'cat 'V)
                  (list 'stamm
                     (list (caar irreg-verben) 'GE-EN))))
           (setf (get
                  (car (cdddar irreg-verben)) 'merkmale)
            (list (list 'sum-cat 'VG)
                  (list 'cat 'V)
                  (list 'stamm
                        (list (caar irreg-verben) 'T))))
            (lese-irreg-verben (cdr irreg-verben)))))

(defun lese-aux (aux-irr)                            ;Lese AUX-irr.
    (cond ((null aux-irr)(lese-aux-reg aux))
          (t (setf (get (cadar aux-irr) 'merkmale)
             (list '(sum-cat VG)'(cat AUX)
                   (list 'stamm (list (caar aux-irr) 'TE))))
             (setf (get (caddar aux-irr) 'merkmale)
             (list '(sum-cat VG)'(cat AUX)
                   (list 'stamm
                        (list (caar aux-irr) 'GE-EN))))
             (setf (get (car (cdddar aux-irr)) 'merkmale)
             (list '(sum-cat VG)'(cat AUX)
                   (list 'stamm (list (caar aux-irr) 'EN))))
             (lese-aux (cdr aux-irr)))))

(defun lese-aux-reg (aux)                          ;Lese Reg-aux
    (cond ((null aux)(lese-preps preps))
          (t (setf (get (car aux) 'merkmale)
             '((sum-cat VG)(cat AUX)))
             (lese-aux-reg (cdr aux)))))

(defun lese-preps (preps)                          ;Lese Preps
    (cond ((null preps)(lese-var var))
          (t (setf (get (car preps) 'merkmale)
             '((sum-cat NP)(cat PREP)))
             (lese-preps (cdr preps)))))

(defun lese-var (var)                              ;Lese [w]-
      (cond ((null var) 'ende)
            (t (setf (get (caar var) 'merkmale)
               (list '(sum-cat NP) '(cat WH) '(num SG)
                     (list 'kasus (cadar var))))
            (lese-var (cdr var)))))
```

Da wir während der syntaktischen Analyse die Merkmale der
Wörter eines Eingabesatzes abrufen müssen, benötigen wir spezielle Funktionen, die dies für uns tun:

```lisp
;****** Merkmal Abrufprozeduren ******

(defun get-stamm (wort)                        ;STAMM ABRUF
   (cadr (assoc 'stamm (get wort 'merkmale)))))

(defun get-sum-cat (wort)                       ;PHRASEN ABRUF
   (cadr (assoc 'sum-cat (get wort 'merkmale)))))

(defun get-cat (wort)                           ;KATEGORIE ABRUF
   (cadr (assoc 'cat (get wort 'merkmale)))))

(defun get-num (wort)                           ;NUMERUS ABRUF
   (cadr (assoc 'num (get wort 'merkmale)))))

(defun get-kasus (wort)                         ;KASUS ABRUF
   (cadr (assoc 'kasus (get wort 'merkmale)))))

(defun get-genus (wort)                         ;GENUS ABRUF
   (cadr (assoc 'gen (get wort 'merkmale)))))

(defun get-spec (wort)                          ;SPEC. ABRUF
   (cadr (assoc 'spec (get wort 'merkmale)))))
```

Wenn immer wir Informationen über die Wörter eines Eingabesatzes benötigen, können wir das unter Zuhilfenahme dieser
Funktionen tun.

(b) Benutzerinformation

Die folgenden Funktionen geben einige Erklärungen zum Programm und definieren, wo die Eingabe gemacht werden soll:

```lisp
(defun go ()                            ;Top-level Start Funktion
   (clear-screen)
   (write-line "Bitte gib einen Satz ein: ")
   (terpri)
   (write-line "Tippe ENDE. um den Parser zu verlassen.")
   (terpri)
   (start))
```

GO säubert den Bildschirm, druckt eine Informationszeile und
ruft anschließend die Funktion START auf:

```lisp
(defun start()                          ;Iterative Eingabe Funktion
  (do ((input nil))
      (set-cursor 6 0)
      (princ ">")(spaces 159)
      (set-cursor 6 2)
      (setq input (mach-liste))
      (set-cursor 8 0)(spaces 80)
      (set-cursor 8 0)
      (princ "Input:              ")(prin1 input)
      (cond ((equal (car input) 'ende)
             (terpri)
             (return '(Vielen Dank)))
            (t (print (analysiere input)))))))
```

START bindet die Variable INPUT lokal an eine leere Liste und
setzt anschließend den Cursor an die Position 6 0. Dort wird
ein eigens für den Parser definiertes Eingabesignal (Prompt)
gedruckt und alle vorherige Information in dieser und der
nächsten Zeile gelöscht. Anschließend erwartet der Parser
eine Eingabe. Die folgenden neuen Bildschirm-Primitive wurden
hierbei verwendet:

$$\text{(SET-CURSOR <ZAHL}_1\text{> <ZAHL}_2\text{>)}$$
$$\text{(SPACES <ZAHL>)}$$

SET-CURSOR bewegt den Cursor an eine bestimmte Bildschirmpo-
sition, wobei $ZAHL_1$ der gewünschte Vertikalwert (0 bis 24)
und $Zahl_2$ der Horizontalwert (0 bis 79) ist. **SPACES** druckt
eine gewünschte Anzahl von Leerzeichen.

Das Einlesen des Eingabesatzes geschieht durch die Funktion
MACH-LISTE, deren Ergebnis an INPUT in der Funktion START gebunden wird. MACH-LISTE überführt eine völlig normale Eingabe, also eine Eingabe ohne die LISP-typischen Klammern, in
eine Liste, auf die der Parser dann wie gewohnt zugreifen
kann:

```
(setq interpunktionszeichen '("." ! ?))

(defun mach-liste (satz wort)
   (do (())
       ((member wort interpunktionszeichen)
        (pop satz)
        (reverse satz))
       (setq wort (string-upcase (ratom)))
       (push wort satz)))
```

MACH-LISTE ist eine iterative Funktion ohne Anfangswerte,
d.h. der erste Teil von DO enthält lediglich eine leere Liste. MACH-LISTE wird beendet, sobald ein 'Wort' erreicht ist,
das in der Liste INTERPUNKTIONSZEICHEN enthalten ist, nämlich
ein Interpunktionszeichen. Im Inhalt von DO wird zunächst ein
Atom gelesen (**RATOM**), dieses in LISP-übliche Großbuchstaben
umgewandelt (**STRING-UPCASE**) und anschließend an die lokale
Variable WORT gebunden. Auch hier die Argumentstruktur der
eingeführten Primitive (RATOM, siehe auch S. 146):

(RATOM)   --> erwartet Atom und gibt es aus.
(STRING-UPCASE <Atom>)

Jedes Atom, das durch RATOM und STRING-UPCASE entsprechend
behandelt wurde, wird anschließend in die zunächst leere Liste SATZ hineinkonstruiert. Das geschieht Atom für Atom, bis
ein Interpunktionszeichen gefunden wird und damit die Abbruchbedingung von DO erfüllt ist. Danach wird das Interpunktionszeichen abgeschnitten und die Liste SATZ umgedreht. Das
folgende Beispiel illustriert die Funktionsweise von MACH-LI-
STE (Quotes wurden weggelassen):

<u>Eingabe:</u> Paul kam.

(MACH-LISTE (NIL NIL))

```
Abbruchbed.:    (member nil interpunktionszeichen)        --> Nein
Iteration:      (setq wort PAUL)
                (setq satz (PAUL))


Abbruchbed.:    (member PAUL interpunktionszeichen)       --> Nein
Iteration:      (setq wort KAM)
                (setq satz (KAM PAUL))


Abbruchbed.:    (member KAM interpunktionszeichen)        --> Nein
Iteration:      (setq wort \.)
                (setq satz (\. KAM PAUL))


Abbruchbed.:    (member \. interpunktionszeichen)         --> Ja
                (setq satz (KAM PAUL))
                (reverse satz (PAUL KAM))
```

MACH-LISTE ist extrem benutzerfreundlich, da eine völlig normale Eingabe vorgenommen werden kann. Das Resultat von MACH-
LISTE wird nun an START zurückgegeben, wo es an INPUT gebunden wird und zur Kontrolle in Position 8 0 ausgedruckt wird.
Anschließend wird iterativ im Inhalt von DO ein COND-Ausdruck
zur Anwendung gebracht, der nur dann beendet wird, wenn seine
erste Klausel erfüllt ist. Das ist der Fall, wenn der Benutzer das Wort "ende" eingibt. Ansonsten wird das Ergebnis der
Funktion (ANALYSIERE INPUT) ausgedruckt.

```
(defun analysiere (input)
   (let                                 ;Anlegen der Register
     ((satz nil)                        ;Stamm-Affix-Kette
      (satztyp deklarativ)              ;Satztyp
      (akt-art aktiv)                   ;Aktionsart
      (tempus nil)                      ;Tempus
      (aspekt einfach)                  ;Aspekt
      (tempus-liste nil)                ;Tempus-Liste
      (numerus-liste nil)               ;Nomen Numerus
      (kasus-liste nil)                 ;NP-Kasus
      (np-liste nil)                    ;NP-Anteile
      (subjekt nil)                     ;Subjekt
      (dir-objekt nil)                  ;direktes Objekt
      (ind-objekt nil)                  ;indirektes Objekt
      (adverbial nil)                   ;Adverbial
      (verb nil))                       ;Verb
     (lex-check input)))
```

ANALYSIERE bereitet eine Reihe von Variablen lokal über LET
vor. Diese Variablen werden im Laufe des Parsing-Prozesses
benötigt und müssen vor jeder neuen Eingabe wieder auf ihre
alten Werte zurückgesetzt werden. Einige dieser Variablen
sind mit einem Wert, dem sogenannten **Standardwert** (engl. <u>de-
fault value</u>), vordefiniert. Diese Werte, die für die Majori-
tät der Analysen zutreffen, werden nur dann geändert, wenn
spezielle Fälle auftreten. So ist der Standardwert für AKT-

ART eher AKTIV als PASSIV. Im Inhalt von LET wird schließlich
die Funktion LEX-CHECK aufgerufen, welche die Liste INPUT
morphologisch analysiert.

(c) Die morphologische Komponente

LEX-CHECK ist eine relativ komplexe Funktion, die zunächst
überprüft, ob das jeweilig erste Element von INPUT als Ganzes
im Lexikon enthalten ist (COND-Klausel$_2$). Ist das der Fall,
wird dieses Wort in die Liste SATZ konstruiert und LEX-CHECK
mit dem Rest von INPUT erneut aufgerufen. In der dritten
COND-Klausel werden Präfix-Verbformen des Typs ge-liebt
behandelt. Von diesen wird eine Liste bestehend aus Stamm und
Affix angefertigt und diese ebenfalls SATZ hinzugefügt. Die
T-Klausel schließlich ruft zunächst CHECK-WORT auf. LEX-CHECK
wird beendet, wenn INPUT leer ist (COND-Klausel$_1$). Anschließend wird die nun erzeugte Kette SATZ zur Kontrolle
ausgedruckt (Position 10 0) und danach der Funktion PARSE-
SATZ übergeben:

```
;******* Die morphologische Komponente ************

(defun lex-check (input)
   (cond ((null input)
          (set-cursor 10 0)(spaces 160)
          (set-cursor 10 0)
          (princ "Stamm-Affix Kette:  ")
            (prin1 (reverse satz))
          (parse-satz (reverse satz)))
         ((member (car input) lexikon)
          (setq satz (cons (car input) satz))
          (lex-check (cdr input)))
         ((and
           (member (substring (car input) 0 1) praef-liste)
           (member (substring
                     (car input) 2
                        (- (length (unpack (car input))) 2))
                                               lexikon))
           (setq satz (cons (list (substring (car input) 2
                        (- (length (unpack (car input))) 2))
                              'ge-en) satz))
           (lex-check (cdr input)))
         (t (check-wort (car input))
            (lex-check (cdr input)))))
```

CHECK-WORT überprüft, ob das erste Element von INPUT das
Merkmal NP oder VG hat. D.h. es wird getestet, ob eventuell
ein Nomen, ein Verb oder ein Auxiliarverb vorliegt, mögliche
Kandidaten für eine unregelmäßige Form also. Ist das der
Fall, so wird über RUFE-AB der jeweilige Stamm ermittelt. An-
sonsten wird die Funktion MACH-WORT aufgerufen:

```
(defun check-wort (wort)
   (cond ((or (equal (get-sum-cat wort) 'NP)
              (equal (get-sum-cat wort) 'VG))
          (rufe-ab wort))
         (t (mach-wort wort))))
```

RUFE-AB ermittelt unter Zuhilfenahme einer Abruffunktion
(siehe oben) diejenige Form, die ins Lexikon als Stamm eingelesen wurde. Beispiel: (MÄENNER) --> (MANN ER)

```
(defun rufe-ab (wort)
   (setq satz
      (cons (get-stamm wort) satz)))
```

MACH-WORT ist der Funktion MACH-STAMM (Abschnitt 4.9) sehr
ähnlich, erzeugt aber nicht nur einen Stamm sondern auch ein
Suffix und fügt beide der Variablen SATZ hinzu. Ergebnis von
MACH-WORT könnte sein: (LIEB TE) oder auch (KAMST ¦¦). Ein
Fall wie (KAMST ¦¦) kommt zustande, da KAM ja nicht als Wort
oder Stamm selbst im Lexikon vorhanden ist. Für solche Fälle
wird im Anschluß an MACH-WORT die Funktion TESTE aufgerufen:

```
(defun mach-wort (wort)
   (do ((index1 0)
        (index2 1)
        (stamm nil)
        (suffix nil))
       ((or (> index2 (length (unpack wort)))
            (and (member stamm lexikon)
                 (or (member suffix suffix-liste)
                     (equal suffix '¦¦))))
        (setq satz (cons (list stamm suffix) satz))
        (teste (car satz)))
      (setq stamm (substring wort index1 index2))
      (setq suffix (substring wort
                    (+ 1 index2)
                    (- (length (unpack wort)) 1 )))
      (setq index2 (+ index2 1))))
```

TESTE reagiert passiv (T-Klausel), wenn ein korrektes Suffix
gefunden wurde, e.g. -te in (LIEB TE). Für ein nicht gefun-
denes Suffix, das ja bekanntlich durch die Anwendung von
String-Prozeduren als ¦¦ dargestellt wird, aktiviert TESTE
die Funktion MACH-STAMM. Hier zunächst TESTE:

```
(defun teste (elem)
   (cond ((equal (car (reverse elem)) '¦¦)
          (mach-stamm (car elem)))
         (t nil)))
```

In MACH-STAMM wird nun das Suffix, das vereinfachterweise als
zweibuchstabiges Element angenommen wird (kam-en, kam-st),
vom Stamm getrennt. Der Stamm wird durch GET-STAMM und das
Suffix durch die Anwendung von SUBSTRING ermittelt.

```
(defun mach-stamm (element)
   (setq stamm
      (get-stamm
         (substring  element 0
            (- (length (unpack element)) 3)))))
   (setq suffix (substring element
                 (- (length (unpack element)) 2)
                 (- (length (unpack element)) 1)))
   (teste-suffix suffix)
   (setq satz (cons (list (car stamm) suffix) (cdr satz)))))
```

TESTE-SUFFIX dient dazu, die Endungen von irregulären Imperfektformen denen regulärer Verben anzupassen. Hier einige
Beispiele:

Regulär: Irregulär: Gewünschte Form:

(LIEB TE)   (KAM ¦¦)   (KOMM TE)
(LIEB TEST)   (KAM ST)   (KOMM TEST)
(LIEB TEN)   (KAM EN)   (KOMM TEN)
(LIEB TET)   (KAM T)   (KOMM TET)

Da Formen wie (KAM ¦¦) bereits durch RUFE-AB behandelt wurden, können wir uns nun auf die übrigen Formen konzentrieren.
(KAM T) wird dabei der Einfachheit halber weggelassen, handelt es sich doch dabei um eine ziemlich seltene Form. Durch
Einführung einer Bedingung in MACH-STAMM ließe sich dies allerdings schnellstens beheben. In unserer vereinfachten Form
bleiben also -st und -t, die in TESTE-SUFFIX entsprechend umdefiniert werden:

```
(defun teste-suffix (elem)
   (cond ((equal elem 'st)
          (setq suffix 'test))
         (t (setq suffix 'ten)))))
```

Am Ende der morphologischen Komponente stehen einige Listen,
welche die nötigen Affixe enthalten:

```
(setq plural-liste '(e er en n s))
(setq tempus-liste '(e st t en te test tet ten))
(setq kas-suffixe  '(s es em er))
(setq praef-liste  '(ge))
(setq suffix-liste
   (append plural-liste tempus-liste kas-suffixe praef-liste))
```

Schauen wir uns einmal die Funktionsweise der gesamten morphologischen Komponente anhand eines tatsächlichen Beispiels
an (ohne Quotes):

```
INPUT = (DIE GROSSEN MAENNER KAMEN)

       (LEX-CHECK (DIE GROSSEN MAENNER KAMEN))

Tests: 1. (NULL INPUT)                                --> Nein
       2. (MEMBER DIE LEXIKON)                        --> Ja
          (SATZ (DIE))
          (LEX-CHECK (CDR INPUT)) = (GROSSEN MAENNER KAMEN)

Tests: 1. (NULL INPUT)                                --> Nein
       2. (MEMBER GROSSEN LEXIKON)                    --> Nein
       3. (MEMBER GR PRAEFIX-LISTE)                   --> Nein
       T. (CHECK-WORT GROSSEN)                        --> True
          1. (EQUAL SUM-CAT NP)                       --> Nein
          2. (EQUAL SUM-CAT VG)                       --> Nein
          T. (MACH-WORT GROSSEN)
             (SATZ ((GROSS EN) DIE))
             (TESTE (GROSS EN))
             1. (EQUAL EN ¦¦)         --> NIL
       (LEX-CHECK (CDR INPUT)) = (MAENNER KAMEN)

Tests: 1. (NULL INPUT)                                --> Nein
       2. (MEMBER MAENNER LEXIKON)                    --> Nein
       3. (MEMBER MA PRAEFIX-LISTE)                   --> Nein
       T. (CHECK-WORT MAENNER)
          1. (EQUAL SUM-CAT NP)                       --> Ja
             (RUFE-AB MAENNER)
                (SATZ ((MANN ER)(GROSS EN) DIE))
          (LEX-CHECK (CDR INPUT)) = (KAMEN)

Tests: 1. (NULL INPUT)                                --> Nein
       2. (MEMBER KAMEN    LEXIKON)                   --> Nein
       3. (MEMBER KA PRAEFIX-LISTE)                   --> Nein
       T. (CHECK-WORT KAMEN)
          1. (EQUAL SUM-CAT NP)                       --> Nein
          2. (EQUAL SUM-CAT VG)                       --> Nein
          T. (MACH-WORT KAMEN)
             (SATZ ((KAMEN ¦¦)(MANN ER)(GROSS EN) DIE)))
             (TESTE (KAMEN ¦¦)
             1. (EQUAL ¦¦ ¦¦)                         --> Ja
                (MACH-STAMM KAMEN)
                   (TESTE-SUFFIX EN)
                   1. (EQUAL EN ST)                   --> Nein
                   T. (SETQ SUFFIX TEN)
                (SATZ((KOMM TEN)(MANN ER)(GROSS EN) DIE))
          (LEX-CHECK (CDR INPUT)) = ()

Tests: 1. (NULL INPUT)                                --> Ja.
          (PARSE-SATZ (DIE (GROSS EN)(MANN ER)(KOMM TEN)))
```

Die nun erzeugte Kette aus Stämmen und Affixen wird anschließend dem Syntaxalgorithmus zur weiteren Verarbeitung
übergeben:

(d) Der Syntaxalgorithmus

Nun können wir die verschiedenen Tests auf die Stamm-Affix-Kette anwenden. Zunächst einmal ermitteln wir den Satztyp. Das geschieht mit PARSE-SATZ:

```
; **** Das S-NETZ der ATN ****

(defun parse-satz (satz)
   (cond
      ((or (equal (get-cat (car satz)) 'WH)        ;1.Wort [+w]?
           (equal (get-cat (cadr satz)) 'WH))      ;2.Wort [+w]?
       (setq satztyp 'frage)
       (parse-w-start satz))
      ((or (equal (get-sum-cat (car satz)) 'NP)     ;1.Elem [NP]?
           (equal (get-sum-cat (caar satz)) 'NP))
       (parse-np satz))
      ((equal (get-cat (car satz)) 'V)                     ;unflekt.Verb
       (setq satztyp 'imperativ)
       (parse-imperativ satz))
      ((equal (get-sum-cat (caar satz)) 'VG)       ;1.Elem [VG]?
       (parse-alt-frage satz))
      (t 'illegal)))
```

Da SATZ nunmehr Wörter als Ganzes (Atome) sowie als Stamm-Affix-Kette (Liste) enthält, müssen wir flexibel genug sein, um mit beiden Elementen fertig zu werden. Betrachten wir PARSE-SATZ einmal etwas näher:

COND-Klausel$_1$ überprüft, ob Wort$_1$ oder Wort$_2$ ein Interrogativpronomen ist. Sollte das zutreffen, handelt es sich um Fälle wie etwa: Wer ...? oder Mit wem ...?. Klausel$_2$ deckt normale Deklarativsätze ab, während Klausel$_3$ nicht-flektierte Verben in Stammform behandelt. Bei letzteren haben wir Imperativsätze vorliegen. Klausel$_4$ schließlich ermittelt eine flektierte Verbform als erstes Element und hat damit eine Alternativfrage gefunden. Da es sich bei solchen Verbformen um Listen handelt, greifen wir auf das erste Element dieser Liste mit (CAAR ...) zu.

Nachdem die verschiedenen Satztypen differenziert wurden, können nun, wenn nötig, die jeweiligen Transformationen vorgenommen werden:

PARSE-ALT-FRAGE hängt z.B. das gefundene Verb-Element ans Satzende, wie in (26'd) beschrieben. Anschließend ruft diese Funktion den NP-Parsing-Mechanismus auf (siehe unten).

```
(defun parse-alt-frage (satz)
   (setq satztyp 'frage)
   (parse-np (append (cdr satz)(list (car satz)))))
```

PARSE-W-START ist etwas komplizierter. Hat nämlich das erste Satzelement ein Kasusmerkmal, so handelt es sich um ein Pronomen. Ist das erste Element eine Präposition, so handelt es sich um eine PP-Frage des Typs Mit wem..? etc. In beiden

Fällen wird im Anschluß die Funktion PARSE-PRON aufgerufen,
die später vorgestellt wird.

```
(defun parse-w-start (satz)
   (cond ((not (equal (get-kasus (car satz))) nil)
          (parse-pron satz))
         ((equal (get-cat (car satz)) 'PREP)   ;von wem ..?
          (setq kasus-liste (cons (car satz) kasus-liste))
          (parse-pron (cdr satz)))
         (t (print 'Adverbial-Frage)))))
```

Übrigens wird in PARSE-W-START mit KASUS-LISTE erstmalig ein
Register angelegt, das später zur Ermittlung der Funktionen
im Satz dient. Schließlich werden noch Imperativsätze näher
betrachtet. Dabei wird eine Unterscheidung zwischen folgenden
Typen getroffen:

(28) a) Geh nach England Paul!
     b) Geh nach England!

In (28a) haben wir einen **Vokativ** vorliegen, bei dem das Subjekt ein Name ist und am Ende des Satzes steht. Um zu vermeiden, daß alle Imperative mit Namen am Ende als Vokative betrachtet werden, haben wir folgende arbiträre Bedingung
eingeführt: Ist das letzte Element des Satzes ein Name und
enthält der Satz mehr als zwei Elemente, dann soll es sich um
einen Vokativ handeln. Das Subjekt ist in diesem Falle das
letzte Element. Es wird im Kasus-Register zwischengespeichert. Andernfalls ist das Subjekt Du, das ebenfalls in
KASUS-LISTE abgelegt wird. Diese Vorgehensweise garantiert,
daß nicht Sätze wie

(29) Hol Maria.

auch als Vokative analysiert werden.

```
(defun parse-imperativ (satz)
   (cond ((and (equal (get-spec (car (reverse satz)))'name)
               (> (length satz) 2))
          (setq kasus-liste (cons (list 'NOM 'SG 'DEF
                                  (car (reverse satz))) kasus-liste))
          (parse-vg (reverse (cdr (reverse satz)))))
         (t (setq kasus-liste
               (cons '(NOM SG DEF DU) kasus-liste))
          (parse-vg satz)))))
```

PARSE-IMPERATIV ruft am Ende jeweils die Top-Level Verbanalysefunktion PARSE-VG auf (siehe unten).

Nach dieser Vorabanalyse können wir nun Nominalphrasen und
Verbgruppen analysieren. Wenden wir uns zunächst dem NP-
Analysealgorithmus zu:

Die Top-Level NP-Analysefunktion entscheidet, was mit dem ersten Wort zu tun ist. Da Nomen wie auch Adjektive als Atome
(nicht flektiert) oder Listen (flektierte Formen) auftreten
können, muß diese Tatsache durch eine entsprechende Maßnahme

berücksichtigt werden. Folgende Tests werden im einzelnen
durchgeführt:

```
Klausel₁:   Erstes Wort Determiner     --> PARSE-DET
Klausel₂:   Erstes Wort Adjektiv       --> PARSE-ADJ-ODER-NOMEN
Klausel₃:   Erstes Wort Pron/Name etc  --> PARSE-PRON
Klausel₄:   Erstes Wort Nomen          --> PARSE-NOMEN
Klausel₅:   Erstes Wort Präposition    --> PARSE-NP (CDR NP)
Klausel₆:   Erstes Element Liste       --> STAMM in SATZ
```

PARSE-NP eröffnet darüber hinaus zwei Register, in denen bei
Bedarf Merkmale abgelegt werden. Stehen Adjektive am Anfang
einer NP, wird das Merkmal DEF in das NP-Register NP-LISTE
geschrieben, da Adjektive ja dann als Determiner behandelt
werden. Von Nomen als Anfangselement wird das Numerusmerkmal
ermittelt und in NUMERUS-LISTE abgelegt. Gleiches geschieht
für Adjektive, die als Determiner fungieren.

```
;******* Das NP-Netzwerk *******

(defun parse-np (satz)
   (cond
      ((equal (get-cat (car satz)) 'DET)
       (parse-det satz))
      ((equal (get-cat (caar satz)) 'ADJ)
       (setq np-liste (cons 'def np-liste))
       (setq numerus-liste
          (cons (cadar satz) numerus-liste))
       (parse-adj-oder-nomen satz))
      ((or (equal (get-cat (car satz)) 'PRON)
           (equal (get-num (car satz)) 'SG))
       (parse-pron satz))
      ((equal (get-cat (caar satz)) 'N)
       (setq numerus-liste
         (cons (cadar satz) numerus-liste))
       (parse-nomen satz))
      ((equal (get-cat (car satz)) 'PREP)
       (setq np-liste (cons (car satz) np-liste))
       (parse-np (cdr satz)))
      ((listp (car satz))
       (setq numerus-liste (cons (cadar satz) numerus-liste))
       (setq satz (append (list (caar satz)) (cdr satz)))
       (parse-np (cdr satz)))
      (t (print 'illegale-NP)))))
```

Die verschiedenen Funktionen, die von PARSE-NP aus zum Aufruf
kommen, bedürfen kaum der Erwähnung, sind sie doch im
wesentlichen in 4.7.2 diskutiert worden. Lediglich folgende
Ergänzungen sind gemacht worden:

- Adjektiv-Koordination durch <u>und</u> möglich (PARSE-ADJ-ODER-NO-
  MEN, COND-Klausel₂),

- Pronomen werden unterschieden in Interrogativpronomen, Ei-
  gennamen sowie nicht zählbare Nomen und Sonstige,

- Präpositionalphrasen können am Anfang einer NP oder innerhalb dieser (PARSE-PREP) stehen,

- Folgende Register werden aufgerufen:

  - NP-LISTE   (sammelt Wörter, die zu _einer_ NP gehören)
  - NUMERUS-LISTE (sammelt die Numerusinformation einer NP)
  - KASUS-LISTE   (sammelt die bereits verfügbare Kasusinfor-
                   mation)

Hier nun die einzelnen Analysefunktionen der NP-Analysekompo-
nente:

```lisp
(defun parse-det (satz)                           ;Determiner?
   (setq numerus-liste (cons (car satz) numerus-liste))
   (setq np-liste
      (append np-liste (list (get-spec (car satz)))))
   (parse-adj-oder-nomen (cdr satz) ))

(defun parse-adj-oder-nomen (satz)                ;Adjektiv?
      (cond ((equal (get-cat (caar satz)) 'ADJ)
             (setq np-liste
               (append np-liste (list (caar satz))))
             (parse-adj-oder-nomen (cdr satz) ))
            ((and (member (car satz) konj)
                  (equal (get-cat (caadr satz)) 'ADJ))
             (parse-adj-oder-nomen (cdr satz)))
            (t (parse-nomen satz))))

(defun parse-nomen (satz)                          ;Aufbau Nomen
   (cond ((member (car kasus-liste) preps)         ;PP in NP?
          (setq np-liste (append np-liste (list (caar satz))))
          (check-np-ende (cdr satz)))
         ((member (cadar satz) plural-liste)       ;Plural Nomen?
          (setq numerus-liste
            (append (list (get-genus (caar satz)) 'PL)
                    numerus-liste))
          (setq np-liste
            (append (cons 'PL np-liste)(list (caar satz))))
          (check-np-ende (cdr satz)))
         (t (setq numerus-liste
              (append (list (get-genus (caar satz)) 'SG)
                      numerus-liste))
            (setq np-liste
              (append (cons 'SG np-liste) (list (caar satz))))
            (check-np-ende (cdr satz)))))
```

Die Funktion PARSE-PRON bedarf noch einiger Bemerkungen:

In COND-Klausel$_1$ wird geprüft, ob ein W-Wort als Pronomen
vorliegt. Ist das der Fall, wird der Kasus sofort ermittelt,
ins Kasus-Register geschrieben und anschließend ohne Umwege
die Verbanalysefunktion PARSE-VG aufgerufen. Liegt ein Name
oder ein nicht-modifizierbares Nomen vor, werden in COND-
Klausel$_2$ eine NP-LISTE sowie eine NUMERUS-LISTE erzeugt. Die
NUMERUS-LISTE erhält dabei standardmäßig den Wert NEUTR, um
später bei der Kasuserkennung flexibler zu sein. Dadurch wer-

den Namen und nicht-zählbare Nomen, die ja inhärent kasusmäßig unspezifiziert sind, später das Kasusmerkmal 'Nomina-
tiv-oder-Akkusativ' erhalten. Mit einem umfangreicheren Lexikon könnte man diesen Behelf natürlich umgehen. In der T-
Klausel schließlich werden Pronomen und ihr Kasus ermittelt
und in KASUS-LISTE überführt:

```lisp
(defun parse-pron (satz)
  (cond ((equal (get-cat (car satz))'WH)
         (setq kasus-liste
           (list
             (append
               (list (get-kasus (car satz)) 'sg)
                kasus-liste
               (list (car satz)))))
         (parse-vg (cdr satz)))
        ((or (equal (get-spec (car satz)) 'NAME)
             (equal (get-spec (car satz)) 'MASS))
         (setq np-liste
           (append np-liste '(SG) '(DEF)(list (car satz))))
         (setq numerus-liste
           (append numerus-liste '(NEUTR) '(SG) '(DAS)))
         (check-np-ende (cdr satz)))
        (t (setq kasus-liste
             (append
               (list (get-kasus (car satz))
                     (get-num (car satz))
                     'def
                     (get-stamm (car satz)))))
           (check-np-ende (cdr satz)))))
```

Ist ein Nomen oder Pronomen (Name) gefunden, wird die NP auf
ihr Ende hin überprüft. Dieser Test ist erfolgreich, wenn ein
Verb oder eine weitere NP vorliegt.

```lisp
(defun check-np-ende (satz)
  (cond ((equal (get-sum-cat (caar satz))'VG)
         (mach-kasus)
         (setq numerus-liste nil)
         (setq np-liste nil)
         (parse-vg satz))
        ((equal (get-cat (car satz)) 'PREP)
         (parse-prep satz))
        ((equal (get-sum-cat (caar satz)) 'NP)
         (mach-kasus)
         (setq numerus-liste nil)
         (setq np-liste nil)
         (parse-np satz))
        (t 'nil)))
```

CHECK-NP-ENDE ist die entscheidende Übergangsfunktion zu weiteren Modulen der Syntaxkomponente. In der ersten COND-Klausel wird geprüft, ob ein VG-Element folgt, in der zweiten, ob
eine PP innerhalb der NP vorliegt. Ist Letztgenanntes der
Fall, wird die zu erwartende PP an die gerade aktive NP ge-
hängt. Das ist zwar semantisch nicht immer einwandfrei, soll
uns aber zunächst einmal genügen.

```
(defun parse-prep (satz)
   (setq np-liste (append np-liste (list (car satz))))
   (setq kasus-liste (cons (car satz) kasus-liste))
   (parse-np (cdr satz)))
```

COND-Klausel$_3$ in CHECK-NP-ENDE erlaubt weitere NPs, z.B. weitere Objekte oder Genitive, e.g. <u>die Frau des Mannes</u>. Sowohl in COND-Klausel$_1$ als auch in COND-Klausel$_3$ kommt mit MACH-KASUS zunächst die entscheidende Übergangsfunktion zum Modul, das den Kasus einer NP ermittelt, zum Aufruf. Anschließend werden die NP-Register geleert und der verbleibende Satz entweder an den VG-Verarbeitungsmechanismus (Klausel$_1$) oder erneut an das NP-Netz (Klausel$_3$) übergeben.

Der Kasusermittlungsmechanismus erarbeitet auf der Basis des Zustandes der NP-Register den Kasus einer NP. Das ist dringend notwendig, da nur so die funktionale Struktur des Satzes ermittelt werden kann. Ist eine NP verarbeitet, haben die Register folgende Inhalte. Hier einige Beispiele:

<u>Eingaben:</u>

```
(a) der Mann....
(b) den Mann....
(c) in der Kueche....
(d) der Mann in der Kueche....
(e) Ich....
(f) Paul....
```

<u>Ein.</u>	<u>NP-LISTE</u>	<u>NUMERUS-LISTE</u>	<u>KASUS-LISTE</u>
(a)	(SG DEF MANN)	(MASK SG DER)	NIL
(b)	(SG DEF MANN)	(MASK SG DEN)	NIL
(c)	(SG IN DEF KUECHE)	(FEM SG DER)	NIL
(d)	(SG DEF MANN IN DEF K.)	(DER MASK SG DER)	(IN)
(e)	NIL	NIL	(NOM SG DEF I.)
(f)	(SG DEF PAUL)	(NEUTR SG DAS)	NIL

```
;*************** Kasustest der NPs ***************

(defun mach-kasus ()
   (cond
       ((equal (get-cat (car (reverse kasus-liste))) 'PRON)
        (setq kasus-liste (list kasus-liste)))
      ((member (car kasus-liste) preps)
       (setq numerus-liste
          (nthcdr (- (length numerus-liste) 3)
                       numerus-liste))
       (setq kasus-liste (cdr kasus-liste))
       (teste-genus))
      (t (teste-genus))))
```

MACH-KASUS testet zunächst, ob ein Pronomen in der zunächst noch einfachen KASUS-LISTE vorliegt. Wir erinnern uns, in PARSE-PRON wurde Pronomen direkt schon ein Kasusmerkmal zugewiesen. COND-Klausel$_2$ ist dafür verantwortlich, daß bei NPs, die PPs enthalten, lediglich der Kasus der NP ermittelt wird.

Die NP-Merkmale selbst nehmen in der NUMERUS-LISTE die drei
letzten Positionen ein. Diese gilt es zu isolieren. Dazu bedienen wir uns des Primitivs **NTHCDR**, das folgende Struktur
hat:

(NTHCDR <ZAHL> <LISTE>)

NTHCDR wirft den jeweilig gewünschten Rest einer Liste aus.
Dabei ist der Wert der Zahl der Stellenwert, von dem ab der
Rest einer Liste ermittelt wird:

```
$ (nthcdr 3 '(a b c d e))
(D E)

$ (nthcdr 5 '(a b c d e f g))
(F G)
```

Um nun an die letzten drei Elemente zu gelangen, benötigen
wir die Kombination LENGTH und NTHCDR, wie oben dargestellt.

Im Anschluß an MACH-KASUS wird TESTE-GENUS aufgerufen:

```
(defun teste-genus ()
   (cond ((equal (cadr numerus-liste) 'PL)
          (teste-plur-kasus (car (reverse numerus-liste))))
         ((equal (car numerus-liste) 'MASK)
          (teste-mask-kasus (car (reverse numerus-liste))))
         ((equal (car numerus-liste) 'FEM)
          (teste-fem-kasus (car (reverse numerus-liste))))
         (t (teste-neutr-kasus
             (car (reverse numerus-liste))))))
```

TESTE-GENUS verweist auf entsprechende Unterfunktionen, die
je nach Numerus- oder Genusmerkmal den Kasus einer NP ermitteln. Diese Kasusermittlung erfolgt auf der Basis der Dekli-
nationsregeln deutscher Determiner, Adjektive und Nomen und
kann in jeder Grammatik nachgeschlagen werden:

```
(defun teste-plur-kasus (elem)                 ;Subjekt im Plural?
   (cond ((or (member elem plural-liste)
              (equal elem 'DIE))
          (mach-nominativ-oder-akkusativ))
         (t (teste-plur-objekt elem))))

(defun teste-mask-kasus (elem)                 ;Maskulin = Nom.?
   (cond ((or (equal elem 'der)
              (equal elem 'er))
          (mach-nominativ))
         ((or (member elem det-staemme-3)
              (equal elem 'ein))
          (mach-nominativ))
         (t (teste-mask-neutr-objekt elem))))
```

```lisp
(defun teste-fem-kasus (elem)                    ;Feminin = Nomin.?
   (cond ((or (equal elem 'die)
              (equal elem 'e))
          (mach-nominativ-oder-akkusativ))
         (t (mach-dativ-oder-genitiv))))

(defun teste-neutr-kasus (elem)                  ;Neutrum = Nominativ?
   (cond ((or (equal elem 'das)
              (equal elem 'es)
              (equal elem 'ein)
              (member elem det-staemme-3))
          (mach-nominativ-oder-akkusativ))
         (t (teste-mask-neutr-objekt elem))))

(defun teste-mask-neutr-objekt (elem)            ;Mask-Objekte
   (cond ((or (equal elem 'des)
              (equal elem 'es))
          (mach-genitiv))
         ((or (equal elem 'dem)
              (equal elem 'em))
          (mach-dativ))
         (t (mach-akkusativ))))

(defun teste-plur-objekt (elem)                  ;Objekte im Plural
   (cond ((or (equal elem 'der)
              (equal elem 'er))
          (mach-genitiv))
         (t (mach-dativ))))
```

Schließlich benötigen wir noch eine Reihe von Kasuskonstruktorfunktionen, welche die tatsächliche Kasuszuweisung vornehmen und in das Register KASUS-LISTE schreiben.

```lisp
;***** Kasus Konstrukteure *****

(defun mach-nominativ ()
    (setq kasus-liste
      (cons (append '(NOM) np-liste) kasus-liste)))

(defun mach-genitiv ()
    (setq kasus-liste
      (cons
        (append (car kasus-liste)
                (list (cons 'GEN np-liste)))
        (cdr kasus-liste))))

(defun mach-dativ ()
    (setq kasus-liste
      (cons (append '(DAT) np-liste) kasus-liste)))

(defun mach-akkusativ ()
    (setq kasus-liste
      (cons (append '(AKK) np-liste) kasus-liste)))

(defun mach-nominativ-oder-akkusativ ()
    (setq kasus-liste
      (cons (append '(NOM AKK) np-liste) kasus-liste)))
```

```
(defun mach-dativ-oder-genitiv ()
   (setq kasus-liste
       (cons (append '(GEN DAT) np-liste) kasus-liste)))
```

Da bei einer Reihe von NPs im Deutschen zunächst keine
eindeutige Kasuszuweisung möglich ist, werden mehrere Möglichkeiten generiert. So kann zum Beispiel die NP die Frau
Nominativ oder Akkusativ sein.

Am Ende der Kasuszuweisung steht eine KASUS-LISTE, die z.B.
folgende Struktur haben kann:

Beispiel: Der Mann gab der Frau in der Kueche ein Buch.

KASUS-LISTE: ((NOM AKK SG INDEF BUCH)
              (GEN DAT SG DEF FRAU IN DEF KUECHE)
              (NOM SG DEF MANN))

Bevor dieses Kasus-Register weiter analysiert werden kann,
muß allerdings erst einmal das Verb zerlegt werden, um nicht
nur Tempus und Aspekt ermitteln, sondern auch die Aktionsart
(Aktiv/Passiv) des Satzes herausfinden zu können. Von dieser
nämlich hängt die Anwendung der Passiv-Transformation ab.

Bei der Analyse von Verben wird zunächst einmal die für das
Deutsche typische Satzklammer aufgelöst. Dabei wird in PARSE-
VG die notwendige Umstellung vorgenommen. Erst wenn keine
weiteren NPs (COND-Klausel$_1$) oder Auxiliarverben (COND-Klau-
sel$_2$) vorhanden sind, wird die Verbgruppe als Ganzes verarbeitet.

;******* Das VG-Network *******

```
(defun parse-vg (satz)
   (cond
      ((equal (get-sum-cat (caadr satz)) 'NP)
       (parse-np (append (cdr satz) (list (car satz)))))
      ((equal (get-cat (caar satz)) 'AUX)
       (analysiere-vg (append (cdr satz)(list (car satz)))))
      (t (analysiere-vg satz))))
```

Die eigentliche Verarbeitung der Verbgruppe geschieht in ANA-
LYSIERE-VG. Um zu verstehen, wie dieser Verarbeitungsprozess
abläuft, muß man sich zunächst einmal Klarheit darüber verschaffen, welche möglichen Verbformen das Deutsche anbietet
und wie nunmehr unser Restsatz beschaffen ist. Die folgende
Übersicht zeigt die Verbformen des Deutschen anhand der 1./3.
Person Singular und die damit korrespondierende Liste SATZ:

<u>Aktivformen:</u>   <u>Zustand der Liste SATZ:</u>

```
seh (Imperativ)                                              (SEH)
ich sehe                                                     ((SEH E))
ich/er sah                                                   ((SEH TE))
ich habe gesehen          ((SEH GE-EN)              (HAB E))
ich/er hatte gesehen      ((SEH GE-EN)              (HAB TE))
ich werde sehen           ((SEH EN)                 (WERD E))
ich werde gesehen haben   ((SEH GE-EN)(HAB EN)      (WERD E))
```

<u>Passivformen:</u>

```
ich werde gesehen         ((SEH GE-EN)                   (WERD E))
ich/er wurde gesehen      ((SEH GE-EN)                   (WERD TE))
ich bin gesehen worden    ((SEH GE-EN)(WERD GE-EN)(SEIN E))
ich/er war gesehen
worden                    ((SEH GE-EN)(WERD GE-EN)(SEIN TE))
ich werde gesehen werden  ((SEH GE-EN)(WERD GE-EN)(WERD E))
ich werde gesehen         ((SEH GE-EN)(WERD GE-EN)
worden sein                                        (SEIN)(WERD E))
```

Diese Übersicht erleichtert die Analyse deutscher Verben erheblich. Besteht nämlich SATZ aus nur noch einem Element,
können wir direkt in die Tempusermittlung gehen, für alle übrigen Fälle muß eine Auxiliarverbanalyse stattfinden:

```
(defun analysiere-vg (satz)
   (setq verb (caar satz))
   (cond ((= (length satz) 1)              ;einfaches Verb
          (mach-tempus (cadar satz))
          (check-funktionen))
         (t (parse-aux satz)              ;komplexes verb
            (check-funktionen)))))
```

PARSE-AUX führt folgende Tests durch:

COND-Klausel$_1$:   Endung Element$_1$ = <u>en</u>, Stamm Element$_2$ = <u>werd</u>
               e.g. (SEH <u>EN</u>)(<u>WERD</u> E)
               --> Futur
COND-Klausel$_2$:   Stamm Element$_2$ = <u>hab/sein</u>, Stamm Elem$_3$ = <u>werd</u>
               e.g. (SEH GE-<u>EN</u>)(<u>HAB</u> EN)(<u>WERD</u> E)
               --> Futur Perfekt
COND-Klausel$_3$:   Stamm Element$_2$ = <u>hab/sein</u>
               e.g. (SEH GE-<u>EN</u>)(<u>HAB</u> E)
               --> Aspekt = Perfekt
               Das Tempus wird wiederum über MACH-TEMPUS
               ermittelt.
T-Klausel: --> Es handelt sich um eine Passivform

```
(defun parse-aux (satz)
   (cond ((and (equal (cadar satz) 'en)
               (equal (caadr satz) 'werd))
          (setq tempus 'futur))
         ((and (or (equal (caadr satz) 'hab)
                   (equal (caadr satz) 'sein))
               (equal (caaddr satz) 'werd))
          (setq tempus 'futur)
          (setq aspekt 'perfekt))
         ((or (equal (caadr satz) 'hab)
              (equal (caadr satz) 'sein))
          (setq aspekt 'perfekt)
          (mach-tempus (cadadr satz)))
         (t (mach-passiv (cdr satz)))))
```

Die Tempusermittlung erfolgt auf der Basis des Suffixes in
ähnlicher Weise wie in Abschnitt 4.9 (Seite 141) beschrieben.

```
(defun mach-tempus (tempus-suffix)
   (cond ((equal (substring tempus-suffix 0 1) 'TE)
          (setq tempus 'imperfekt))
         (t (setq tempus 'praesens))))
```

MACH-PASSIV schließlich behandelt alle Passivformen. Da das
erste Element in jedem Fall ein Partizip Perfekt sein muß,
konnten wir es in PARSE-AUX bereits abschneiden. Schauen wir
uns wieder die Tests an:

COND-Klausel$_1$:   Länge SATZ = 1
                    (WERD E)
                    --> einfache Passiv-Formen (Präsens/Imperf.)
COND-Klausel$_2$:   Stamm Element$_2$ = <u>sein</u>, Endung Elem$_2$ nicht NIL
                    (WERD GE-EN)(<u>SEIN E</u>)
                    --> Aspekt = Perfekt
                    Das Tempus wird wiederum über MACH-TEMPUS
                    ermittelt.
T-Klausel: --> Es handelt sich um eine Futurform

```
(defun mach-passiv (satz)
  (setq akt-art 'passiv)
    (cond ((= (length satz) 1)
           (mach-tempus (cadar satz)))
          ((and (equal (caadr satz) 'sein)
                (not (null (cadadr satz))))
           (setq aspekt 'perfekt)
           (mach-tempus (cadadr satz)))
          (t (setq tempus 'futur)
             (mach-futur (cdr satz)))))
```

MACH-FUTUR arbeitet wiederum mit dem verbliebenen Rest und
testet lediglich, ob das nunmehr erste Element <u>sein</u> ist (e.g.
(<u>SEIN</u>)(WERD E)) oder nicht. Trifft dies zu, liegt eine Futur
Perfektform vor, ansonsten eine einfache Passiv Futurform.

```
(defun mach-futur (satz)
   (cond ((equal (caar satz) 'sein)
          (setq aspekt 'perfekt))
         (t nil)))
```

Der gesamte Verbanalysevorgang sammelt natürlich die ermittelten Merkmale, um sie später bei der Ausgabe der Gesamtanalyse anzuzeigen. Das Verb selbst wird in ANALYSIERE-VG mit seinem Stamm an die Variable VERB gebunden.

Nachdem nun alle zur Funktionsermittlung notwendigen Merkmale vorliegen, können die Funtionen der Elemente im Satz festgelegt werden. Das geschieht durch die Funktion CHECK-FUNKTIONEN, die in ANALYSIERE-VG aufgerufen wird.

```
;***** Funktionen Ermittlung *********

(defun check-funktionen ()
   (adverbial-test-1 (reverse kasus-liste))
   (passiv-test)
   (ausdruck))
```

CHECK-FUNKTIONEN ruft zunächst eine Reihe rekursiver Funktionen auf, welche die KASUS-LISTE nach dem Vorhandensein bestimmter Elemente überprüfen. Ist ein solches Element gefunden, wird dieses Element aus der KASUS-LISTE entfernt. Dazu bedienen wir uns mit **DELETE** eines zusätzlichen muLISP-Primitivs, das folgende Argumentstruktur hat:

(DELETE <ELEMENT> <LISTE> <TEST>)

Dieses Primitiv entfernt aus einer Liste ein Element, für das ein bestimmter Test gilt. Ist kein Test gegeben, verwendet DELETE automatisch den EQL-Identitäts-Test. In unserem Falle ist allerdings der EQUAL-Test anzuwenden:

```
$ (delete '(c d) '((a b)(c d)(e f)) 'equal)
((a b)(e f))
```

Mit diesem Verfahren können wir durch Herausnahme von Teillisten Listen nach und nach abbauen. Haben wir also eine Teilliste 'Subjekt' gefunden, entfernen wir diese aus der KASUS-LISTE und prüfen, ob Objekte etc. vorliegen. Einige Teillisten enthalten mehrere Kasusmerkmale. Dieses müssen wir berücksichtigen. Hier zunächst die rekursiven Funktionen, welche die Satzfunktionen ermitteln:

```
;Liste der moeglichen Kasusmerkmale
(setq kasus '(nom gen dat akk))
```

```lisp
(defun adverbial-test-1 (liste)                   ;unabhaengige PPs?
  (cond ((null liste)(adverbial-test-2 kasus-liste))
        ((member (caddar liste) preps)
         (setq adverbial (cddar liste))
         (setq kasus-liste
            (delete (car liste) kasus-liste 'equal))
         (subjekt-test kasus-liste))
        (t (adverbial-test-1 (cdr liste)))))

(defun adverbial-test-2 (liste)              ;PPs mit Mehrfachkasus
   (cond ((null liste)(subjekt-test kasus-liste))
         ((member (cadddr (car liste)) preps)
          (setq adverbial (cdddar liste))
          (setq kasus-liste
             (delete (car liste) kasus-liste 'equal))
          (subjekt-test kasus-liste))
         (t (adverbial-test-2 (cdr liste)))))

(defun subjekt-test (liste)                  ;reine Nominativformen
   (cond ((null liste)(mach-subjekt kasus-liste))
         ((and (equal (caar liste) 'NOM)
               (not (member (cadar liste) kasus)))
          (setq subjekt (cdar liste))
          (setq kasus-liste
             (delete (car liste) kasus-liste 'equal))
          (dir-objekt-test kasus-liste))
         (t (subjekt-test (cdr liste)))))

(defun mach-subjekt (liste)          ;nicht-eindeutige Nominative
   (cond ((equal (caar liste) 'NOM)
          (setq subjekt (cddar liste))
          (setq kasus-liste
             (delete (car liste) kasus-liste 'equal))
         (dir-objekt-test kasus-liste))
         (t (mach-subjekt (cdr liste)))))

(defun dir-objekt-test (liste)               ;reine Akkusativformen
   (cond ((null liste) (mach-dir-objekt kasus-liste))
         ((equal (caar liste) 'AKK)
          (setq dir-objekt (cdar liste))
          (setq kasus-liste
          (delete (car liste) kasus-liste 'equal))
          (indir-objekt kasus-liste))
         (t (dir-objekt-test (cdr liste)))))

(defun mach-dir-objekt (liste)     ;nicht-eindeutige Akkusative
   (cond ((null liste) (indir-objekt kasus-liste))
         ((equal (cadar liste) 'AKK)
          (setq dir-objekt (cddar liste))
          (setq kasus-liste
             (delete (car liste) kasus-liste 'equal))
          (indir-objekt kasus-liste))
         (t (mach-dir-objekt (cdr liste)))))
```

```
(defun indir-objekt (liste)                      ;Dativformen
  (cond ((equal (caar liste) 'DAT)
         (setq ind-objekt (cdar liste)))
        ((equal (cadar liste) 'DAT)
         (setq ind-objekt (cddar kasus-liste)))
        (t nil)))
```

Schauen wir uns ein tatsächliches Beispiel an:

Eingabe: In England gab der Mann der Frau ein Buch.

KASUS-LISTE: ((NOM AKK SG INDEF BUCH)
              (GEN DAT SG DEF FRAU)
              (NOM SG DEF MANN)
              (NOM AKK IN SG DEF ENGLAND))

ADVERBIAL-TEST findet nach viermaliger Rekursion das Element
IN = (CADDAR LISTE) in der lokal definierten Liste LISTE und
kann daher die gefundene Teilliste an die Variable ADVERBIAL
binden und durch DELETE aus der KASUS-LISTE entfernen. KASUS-
LISTE hat jetzt noch folgenden Zustand:

KASUS-LISTE: ((NOM AKK SG INDEF BUCH)
              (GEN DAT SG DEF FRAU)
              (NOM SG DEF MANN))

SUBJEKT-TEST überprüft, ob es eine Teilliste gibt, die als
einziges Kasuselement NOM enthält, die also keinesfalls mehrdeutig spezifiziert ist. Ist eine solche Teilliste vorhanden,
wird sie ebenfalls entfernt und an die Variable SUBJEKT gebunden: KASUS-LISTE hat jetzt folgenden Zustand:

KASUS-LISTE: ((NOM AKK SG INDEF BUCH)
              (GEN DAT SG DEF FRAU))

Nun kommt DIR-OBJEKT-TEST zur Anwendung. Doch auch nach Abbau
der lokalen Liste findet es keine Teilliste, die in der ersten Position das Kasusmerkmal AKK enthält. Also wird MACH-
DIR-OBJEKT aufgerufen. MACH-DIR-OBJEKT testet nun, ob eventuell an der zweiten Stelle einer Teilliste (CADAR LISTE) das
Merkmal AKK zu finden ist. Das ist der Fall, daher kann KA-
SUS-LISTE erneut verkürzt werden und die gefundene Teilliste
an DIR-OBJEKT gebunden werden. Der neue Zustand von KASUS-LI-
STE ist nun:

KASUS-LISTE: ((GEN DAT SG DEF FRAU))

Die letzte Teilliste kann schließlich in MACH-DIR-OBJEKT erfolgreich getestet werden. Weitere Teillisten können nun
nicht mehr vorkommen. Das Gesamtergebnis kann daher an CHECK-
FUNKTIONEN zurückgegeben werden.

Hier wird nun noch die Passivüberprüfung vorgenommen:

```lisp
(defun passiv-test ()
   (cond ((equal akt-art 'passiv)
          (passiv-transform))
         (t nil)))
```

Liegt eine Passivform vor, wird eine Umstellung vorgenommen,
die das Adverbial zum logischen Subjekt und das Subjekt zum
logischen direkten Objekt macht. Ist kein Adverbial der Form
von <u>NP</u> vorhanden, wird ein nicht näher spezifiziertes Subjekt
<u>PRO</u> konstruiert und das Subjekt zum direkten Objekt gemacht.
Diese Transformation ist zwar etwas vereinfacht, zeigt aber
die wesentlichen Schritte bei der Ermittlung von Funktionen
in Passivsätzen:

```lisp
(defun passiv-transform ()
   (cond ((equal (car adverbial) 'von)
          (setq subjekt (list subjekt adverbial))
          (setq dir-objekt (car subjekt))
          (setq subjekt (cdadr subjekt))
          (setq adverbial nil))
         (t (setq dir-objekt subjekt)
            (setq adverbial adverbial)
            (setq subjekt '(PRO)))))
```

Am Ende des gesamten Parsers steht eine Funktion, die ebenfalls in CHECK-FUNKTIONEN aktiviert wird und uns das Ergebnis
der Analyse auf den Bildschirm gibt. Das ist bei einem
weitergehenden NLPS mit semantischer Komponente zwar nicht
nötig, in unserem Falle allerdings eine angenehme Überprüfung
der Resultate. Daher wird auch das Verb in einen normalen Infinitiv überführt:

```lisp
;***** Ausgabe der Analyse *******

(defun ausdruck ()
   (set-cursor 14 0)(spaces 560)(set-cursor 14 0)
   (princ "SATZTYP:    ")
        (prin1 (list satztyp akt-art tempus aspekt))
   (terpri)(write-byte 196 60)(terpri)
   (princ "VERB:        ")(prin1 (pack (list verb 'en)))
   (terpri)
   (princ "SUBJEKT:     ") (prin1 subjekt)(terpri)
   (princ "DIR-OBJEKT: ") (prin1 dir-objekt)(terpri)
   (princ "IND-OBJEKT: ") (prin1 ind-objekt)(terpri)
   (princ "ADVERBIAL:  ") (prin1 adverbial)(terpri)
   (write-byte 196 60)(terpri)'alle-woerter-verarbeitet)
```

WRITE-BYTE ist übrigens ein weiteres Bildschirmausgabe-Primi-
tiv. Es hat folgende Argumentstruktur:

$$\textbf{(WRITE-BYTE } \langle \textbf{ZAHL}_1 \rangle \langle \textbf{ZAHL}_2 \rangle \textbf{)}$$

$Zahl_1$ ist dabei ein ASCII-Zeichen (siehe Anhang A). $Zahl_2$ bestimmt, wie oft das Zeichen ausgedruckt wird.

(e) Die Struktur des Programms

Das gesamte Programm besteht aus mehreren Modulen (Komponenten), die unter den folgenden verschiedenen Dateinamen auf
der Festplatte des PC abgespeichert wurden:

```
LEXIKON.LSP   = Das Lexikon
LEX-LESE.LSP  = Die lexikalischen Lesefunktionen
LEX-MERK.LSP  = Die lexikalischen Abruffunktionen
MORPH.LSP     = Die morphologische Komponente
USER-INT.LSP  = Die Benutzerinformationskomponente
S-NETZ.LSP    = Das Satz-Netz
NP-NETZ.LSP   = Das NP-Netz
KASUS.LSP     = Die Kasusanlysefunktionen
VG-NETZ.LSP   = Das VG-Netz
FUNKTION.LSP  = Die Funktionsermittlung
```

Normalerweise könnten wir das Programm laden, indem jede dieser Dateien einzeln in den Arbeitsspeicher des PC geladen
wird. Das geschieht mit:

$ (rds lexikon)

$ (rds lex-lese)

etc.

Diesen sehr mühevollen und umständlichen Weg kann man sich
durch ein Datenleseprimitiv erleichtern, das am Ende der jeweiligen Datei steht und die Folgedatei automatisch einliest:

```
LEXIKON.LSP    (rds lex-lese)
LEX-LESE.LSP   (rds lex-merk)
LEX-MERK.LSP   (rds morph)
MORPH.LSP      (rds user-int)
USER-INT.LSP   (rds s-netz)
S-NETZ.LSP     (rds np-netz)
NP-NETZ.LSP    (rds kasus)
KASUS.LSP      (rds vg-netz)
VG-NETZ.LSP    (rds funktion)
FUNKTION.LSP   (det-staemme-1 det-staemme-1 (rds))
```

Interessanterweise steht am Ende der letzten Datei eine modi-
fizierte Version des Datenleseprimitivs, das automatisch die
erste lexikalische Leseprozedur aufruft und somit den Wörtern
die jeweiligen Eigenschaften zuordnet. Nun kann man das gesamte Programm durch einmaliges Eingeben von

$ (rds lexikon)

laden. Während dieses Ladevorganges wird allerdings jeder
Funktionsname und jede global definierte Variable auf dem
Bildschirm angezeigt. Um auch diesen Störfaktor auszuschließen, kann man an den Anfang der ersten Datei eine ele-
gante Ladeprozedur stellen, die das gesamte Programm lädt und
anschließend aufruft:

```
(progn
  (clear-screen)
  (print '(Lade morpho-syntaktische Funktionen und Lexikon))
  (do (())
      ((null rds)(go))
      (eval (read))))
```

Diese iterative Prozedur, die automatisch durch das Primitiv
PROGN aufgerufen wird, säubert zunächst den Bildschirm,
schreibt eine Informationszeile und wiederholt sich anschließend solange, bis alle Daten gelesen wurden (NULL RDS).
Solange das nicht der Fall ist, werden die gelesenen Daten
explizit ausgewertet (**EVAL** (READ)). Im Anschluß an den Ab-
bruchtest wird die Top-Level-Funktion des Programms, (GO),
aufgerufen. Dadurch startet sich der Parser automatisch. Wir
können nun das Programm einschließlich der lexikalischen
Lesefunktionen durch

$ (rds lexikon)

zum Ablauf bringen.

Die folgenden Beispiele zeigen den Parser 'bei der Arbeit':

```
BITTE GIB EINEN SATZ EIN:

TIPPE ENDE. UM DEN PARSER ZU VERLASSEN.

> HATTE DER MANN DER FRAU DAS DICKE BUCH GEGEBEN?

INPUT:          (HATTE DER MANN DER FRAU DAS DICKE BUCH GEGEBEN)

STAMM-AFFIX-KETTE: ((HAB TE) DER MANN DER FRAU DAS (DICK E) BUCH (GEB GE-EN))


SATZTYP:     (FRAGE AKTIV IMPEFEKT PERFEKT)
___________________________________________________________
VERB:        GEBEN
SUBJEKT:     (SG DEF MANN)
DIR-OBJEKT:  (SG DEF DICK BUCH)
IND-OBJEKT:  (SG DEF FRAU)
ADVERBIAL:   NIL
___________________________________________________________
ALLE-WOERTER-VERARBEITET
```

Fig. 21: Beispiel 1:
         "Hatte der Mann der Frau das dicke Buch gegeben?"

```
BITTE GIB EINEN SATZ EIN:

TIPPE ENDE. UM DEN PARSER ZU VERLASSEN.

> WEM IST VON DER FRAU DAS BUCH DES MANNES GESCHICKT WORDEN?

INPUT:              (WEM IST VON DER FRAU DAS BUCH DES MANNES GESCHICKT WORDEN)

STAMM-AFFIX-KETTE: (WEM (SEIN T) VON DER FRAU DAS BUCH DES (MANN ES)(SCHICK GE-EN)(WERD GE-EN))

SATZTYP:     (FRAGE PASSIV PRAESENS PERFEKT)
___________________________________________________________
VERB:        SCHICKEN
SUBJEKT:     (DEF FRAU)
DIR-OBJEKT:  (SG DEF BUCH (GEN SG DEF MAN))
IND-OBJEKT:  (SG WEM)
ADVERBIAL:   NIL
___________________________________________________________
ALLE-WOERTER-VERARBEITET
```

Fig. 22: Beispiel 2:
    "Wem ist von der Frau das Buch des Mannes geschickt
     worden?"

```
BITTE GIB EINEN SATZ EIN:

TIPPE ENDE. UM DEN PARSER ZU VERLASSEN.

> DER MANN IN DEM AUTO WIRD IN ENGLAND EINE GROSSE FRAU SEHEN.

INPUT:              (DER MANN IN DEM AUTO WIRD IN ENGLAND EINE GROSSE FRAU SEHEN)

STAMM-AFFIX-KETTE: (DER MANN IN DEM AUTO (WERD T) IN ENGLAND (EIN E)(GROSS E) FRAU (SEH EN))

SATZTYP:     (DEKLARATIV AKTIV FUTUR EINFACH)
___________________________________________________________
VERB:        SEHEN
SUBJEKT:     (SG DEF MANN IN DEF AUTO)
DIR-OBJEKT:  (SG INDEF GROSS FRAU)
IND-OBJEKT:  NIL
ADVERBIAL:   (IN ENGLAND)
___________________________________________________________
ALLE-WOERTER-VERARBEITET
```

Fig. 23: Beispiel 3
    "Der Mann in dem Auto wird in England eine grosse
     Frau sehen."

Das gesamte Programm kann in die folgenden Schritte unterteilt werden:

1. Lesen des Lexikons
2. Anlegen der Parsing-Listen und der Register
3. Morphologische Analyse der Eingabe
4. Syntaktische Analyse

Der Datenfluß der syntaktischen Analyse läßt sich am ge-
eignetsten in einem Übergangsnetzwerk darstellen.[40] Da während der eigentlichen Analyse eine Reihe von Bedingungen geprüft und diverse Aktionen ausgeführt werden, kann man den
hier vorgestellten Parser durchaus als einen ATN-Parser (Aug-
mented Transition Network = Angereichertes Übergangsnetzwerk)
betrachten. Folgende Parsingwege sind möglich:

SATZ (S-NETZWERK):

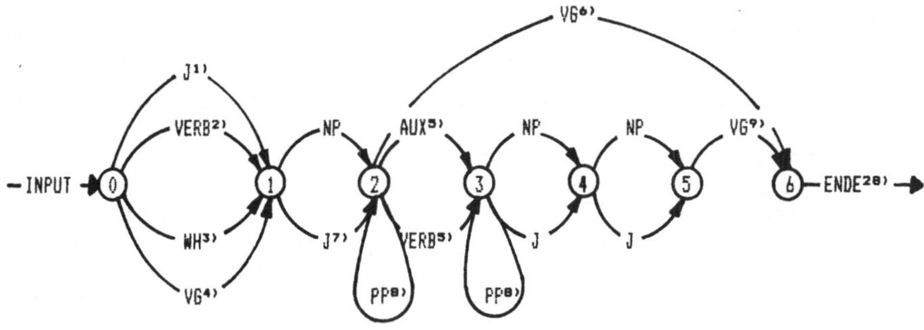

NOMINAL PHRASE (NP-NETWORK)

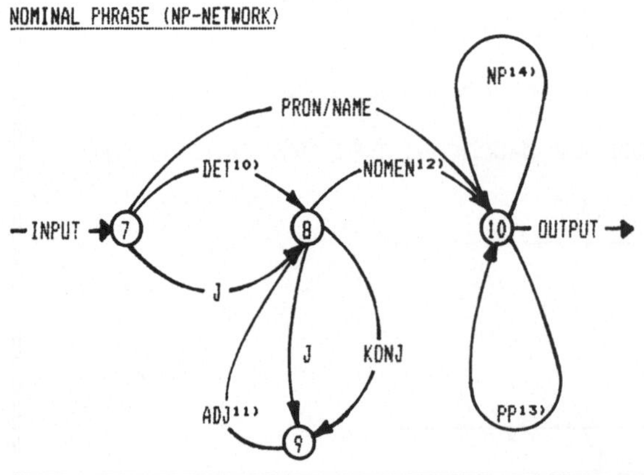

---

[40] Dem interessierten Leser wird an dieser Stelle die Lektüre
von Winograd (1983) ans Herz gelegt.

VERBGRUPPE (VG-NETZWERK):

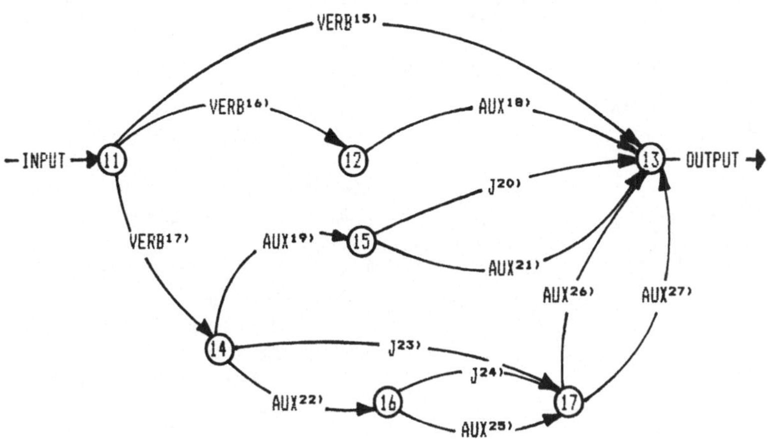

PRÄPOSITIONAL PHRASE (PP-NETZWERK):

J = JUMP, I.E. LEERE KANTE

Fig. 24a: Das Übergangsnetzwerk des LISP-Parsers

INDEX	KANTEN-BEDINGUNGEN (OHNE KATEGORIEN-TEST)		AKTIONEN:
1)	ERSTES ELEMENT = NP	--> DEKLARATIVSATZ	PARSE-NP
2)	ERSTES ELEMENT = UNFLEKTIERTES VERB	--> IMPERATIVSATZ	MACH SUBJEKT (DU ODER NAME)
3)	ERSTES ELEMENT = WH	--> W-FRAGE	PARSE-PRONOMEN
4)	ERSTES ELEMENT = VG	--> ALTERNATIVFRAGE	HÄNGE VG-ELEMENT ANS ENDE
5)	NACH VG-ELEMENT FOLGEN NP-ELEMENTE		HÄNGE VG-ELEMENT ANS ENDE
6)	KEINE WEITEREN NP_S/PP_S		PARSE-VG UND BEENDE SATZ-NETZWERK
7)	IMPERATIVSATZ		-
8)	-		PP_S WERDEN ALS UNABHÄNGIGE ADVERBIALE DEFINIERT
9)	WENN KOMPLEXE VG DANN		TRANSFORMIERE VG UND PARSE
10)	-		ERMITTLE NUMERUS
11)	WENN KEIN DETERMINER VORHANDEN		DANN ADJEKTIV = DETERMINER, ERMITTLE NUMERUS
12)	-		ERMITTLE NUMERUS UND KASUS
13)	-		HÄNGE DIE PP AN DIE GERADE ERMITTELTE NP
14)	GENITIV NPS		ERMITTLE NUMERUS UND KASUS
15)	VERB = FINITE FORM		ASPEKT = EINFACH, TEMPUS = PRÄS./IMP. (AKTIV)
16)	VERB = INFINITIV		ASPEKT = EINFACH
17)	VERB = PARTIZIP PERFEKT		-
18)	AUX = WERDEN		TEMPUS = FUTUR (AKTIV)
19)	AUX = HABEN/SEIN		ASPEKT = PERFEKT
20)	$AUX^{19)}$ = FLEKTIERT		TEMPUS = PRÄSENS/IMPERFEKT (AKTIV)
21)	AUX = WERDEN (FLEKTIERT)		TEMPUS = FUTUR (AKTIV)
22)	AUX = WERDEN (PARTIZIP PERFEKT)		AKT-ART = PASSIV, ASPEKT = PERFEKT
23)	NÄCHSTES WORT = WERDEN (FLEKTIERT)		ASPEKT = EINFACH, TEMPUS = PRÄSENS/IMPERFEKT
24)	NACHSTES WORT = WERDEN (FLEKTIERT)		ASPEKT = EINFACH
25)	AUX = SEIN (INFINITIV)		TEMPUS = FUTUR
26)	AUX = SEIN (FLEKTIERT)		TEMPUS = PRÄSENS/IMPERFEKT
27)	AUX = WERDEN (FLEKTIERT)		TEMPUS = FUTUR
28)	-		TESTE FUNKTIONEN

Fig. 24b: Kantenbedingungen und Aktionen im Übergangsnetz

Die Kombination dieser Netze zeigt, welche Wortstellungsmög-
lichkeiten für den Parser erlaubt sind. Dabei wird die Information vom höchsten Netz, dem S-Netz (realisiert durch die
Funktion PARSE-SATZ und ihre Unterfunktionen) jeweils an die
spezifischen Unternetze weitergereicht. Dort wird die Information verarbeitet. An einigen Kanten des Netzwerkes müssen
bestimmte Bedingungen erfüllt sein, damit diese Parsingwege
genommen werden können (siehe Fig. 24a). In Abhängigkeit von
diesen Bedingungen und der Art des zu verarbeitenden Elementes werden bestimmte Aktionen ausgeführt, die in Fig. 24b
dargestellt sind. Der Vorgang des Parsens ist erfolgreich,
wenn kein Wort der Eingabekette unbearbeitet geblieben ist
und Zustand 6 des S-Netzes erreicht ist.

Jeder Kante des Netzes kann eine bestimmte LISP-Funktion zugeordnet werden. So kommt z.B. die Funktion PARSE-NP in Zustand 1, 3 oder 4 zum Aufruf, während PARSE-ADJ-ODER-NOMEN
mit Zustand 8 assoziiert werden kann.

Das folgende Diagramm zeigt an einem konkreten Beispiel,
welche LISP-Funktionen bei der Verarbeitung dieses Beispiels
aktiviert werden und welche Wege im Netzwerk beschritten werden. Ausgehend von der Mitgliedschaft aller Eingabewörter im

Lexikon und einer erfolgreichen morphologischen Analyse soll
folgender Satz verarbeitet werden:

<u>Eingabe:</u> Der Mann hat die Frau gesehen.

GEPARST WIRD:	MOMENTAN AKTIVE LISP-FUNKTION	AKTIVE KANTE IM NETZWERK	AKTIVES NETZWERK	ERREICHTER ZUSTAND IM NETZWERK (ÜBERGÄNGE)	REGISTER[1] ANGELEGT?
-	DIVERSE TESTS	-	-		-
DER	PARSE-SATZ	JUMP	S-NETZWERK	ÜBERGANG VON 0 NACH 1	-
DER	PARSE-NP	NP	NP-NETZWERK	ÜBERG. NACH ZUSTAND 2	-
DER	PARSE-DET	DET	NP-NETZWERK	ÜBERGANG VON 7 NACH 8	NUM(NIL)
MANN	PARSE-ADJ-OD-N	-	NP-NETZWERK	ZUSTAND 8	NUM(NIL)
MANN	PARSE-NOMEN	NOMEN	NP-NETZWERK	ÜBERG. NACH ZUSTAND 10	NUM(SG)
HAT	CHECK-NP-ENDE	-	NP-NETZWERK	ZUSTAND 10	NUM(SG)
HAT	MACH-KASUS	-	NP-NETZWERK	ZUSTAND 2	KAS(NOM)
HAT	PARSE-VG	AUX	S-NETZWERK	ÜBERG. NACH ZUSTAND 3	NIL
DIE	PARSE-NP	NP	NP-NETZWERK	ÜBERG. NACH ZUSTAND 4	NIL
DIE	PARSE-DET	DET	NP-NETZWERK	ÜBERGANG VON 7 NACH 8	NUM(NIL)
FRAU	PARSE-ADJ-OD.-N	-	NP-NETZWERK	ZUSTAND 8	NUM(NIL)
FRAU	PARSE-NOMEN	NOMEN	NP-NETZWERK	ÜBERG. NACH ZUSTAND 10	NUM(SG)
GESEHEN	CHECK-NP-ENDE	-	NP-NETZWERK	ZUSTAND 10	NUM(SG)
GESEHEN	MACH-KASUS	-	NP-NETZWERK	ZUSTAND 4	KAS(NOM/A)
GESEHEN	PARSE-VG	JUMP	S-NETZWERK	ÜBERGANG VON 4 NACH 5	NIL
GESEHEN	PARSE-VG	VG	S-NETZWERK	ÜBERGANG VON 5 NACH 6	NIL
GESEHEN	ANLYSIERE-VG	VERB	VG-NETZWERK	ÜBERGANG VON 11 NACH 12	VRB(SEHEN)
HAT	PARSE-AUX	AUX	VG-NETZWERK	ÜBERGANG VON 12 NACH 13	NIL
HAT	MACH-TEMPUS	AUX	VG-NETZWERK	ZUSTAND 13	NIL
-	CHECK-FUNKTION.	-	S-NETZWERK	ZUSTAND 6	NIL
-	ADVERBIAL-TEST	-	-	-	NIL
-	PASSIV-TEST	-	-	-	NIL
-	AUSDRUCK	-	-	-	NIL

[1] NUR AUSZUGSWEISE DARGESTELLT

<u>Fig. 25:</u> Übergänge und LISP-Funktionen beim Parsen

(f) Unzulänglichkeiten des Parsers

Abgesehen von Kürzungen im Lexikon, die sich allerdings mit
einigem Tippaufwand leicht beheben lassen, wird man schnell
feststellen, daß der Parser auch die einfachsten semantischen
Problemstellungen nicht auflöst. So wird er unabhängig von
der inhärenten Argumentstruktur eines Verbs wahllos jede NP,
die das Kriterium Nominativ erfüllt, zum Subjekt des Satzes
machen, auch wenn dieses semantisch völlig unsinnig wäre.
Hier ein Beispiel:

* Das Buch liebte den Mann.

Diese und andere Probleme können erst durch die Zuordnung semantischer Merkmale im Lexikon gelöst werden.

Ebenso sind eine Reihe von syntaktischen Tests nicht in das
Programm aufgenommen worden, um den Rahmen dieses Buches
nicht zu sprengen. Allerdings könnten diese sehr schnell in
das Programm integriert werden. Als Beispiel seien hier Nume-
rus-Konkordanz-Test oder morphologische Stammveränderungsme-
chanismen genannt.

(g) Abschlußbemerkung

Das Gesamtprogramm umfasst ca. 30000 Bytes. Das ist nicht
viel im Vergleich zu bekannten Anwenderprogrammen wie etwa
einer Textverarbeitung. Bedenkt man jedoch, daß hier nur ein
winziger, relativ problemfreier Teil natürlicher Sprache verarbeitet wird, so kann man schnell ermessen, welch enormen
Umfang ein komplexeres NLPS haben wird. Kein natürlichsprachliches System kann es allerdings mit dem menschlichen Verstand aufnehmen, dessen gewaltige Kapazität in seiner Ganz-
heit bisher von keiner Maschine simuliert werden kann.

4.11 Weitere Hinweise

In den vorangegangenen Kapiteln dürfte klar geworden sein,
welcher Prozeduren man sich bedienen muß, um die Probleme
natürlichsprachlicher Verarbeitung für einen Computer verarbeitbar zu machen. Allein der im vorigen Abschnitt dargestellte Parsing-Algorithmus übersteigt schon die Komplexität vieler bekannter BASIC-Programme. Soll der vorliegende
Parser nicht nur vervollständigt werden, sondern auch mit
weiteren Komponenten eines natürlichsprachlichen Systems interagieren können und sollte er weiterhin noch mit benutzer-
freundlicheren Ein-, Ausgabe- und Lernfunktionen versehen
werden, so wird schon bald eine Komplexität erreicht, welche
die Grenzen eines Mikrocomputers aufzeigt.

Daß auch das gegenwärtige Programm schon relativ komplex ist,
kann man von Zeit zu Zeit feststellen. Interne Programme sorgen nämlich gelegentlich für eine "Abfallbeseitigung" (Ameri-
kanisches Englisch = <u>Garbage</u> <u>Collection</u>) und befreien den Arbeitsspeicher von Daten, die im Programmablauf anfallen. Bei
muLISP wird das durch einen größer werdenden blinkenden Cursor signalisiert, während im Golden-Common LISP das Garbage
Collection explizit durch ein aufleuchtendes <u>GC</u> angezeigt
wird.

'Sprachverarbeitung auf dem PC', so der Titel dieses Buches,
klingt insgesamt gesehen zwar vielversprechend, ist jedoch
ohne weiteres kaum realisierbar. Erst über spezielle Hardwa-
reanforderungen wie etwa Speichererweiterungen sowie pro-
blemspezifische Einschränkungen des Verarbeitungsprogramms
(z.B. Beschränkung auf ein ganz bestimmtes Wissensgebiet)
können wenigstens Teilbereiche natürlichsprachlicher Verarbeitung auf einem Mikrocomputer zum Ablauf gebracht werden.
Unabhängig davon sind im vorangegangenen Abschnitt die Grundprinzipien eines natürlichsprachlichen Programms dargelegt
worden. Dem Leser sollte klar geworden sein, wie in der Programmiersprache LISP ein solches Programm aufgebaut werden
kann. Ebenso sollte den in BASIC erfahrenen Programmierern
veranschaulicht werden, warum LISP in der Programmierung
natürlichsprachlicher sowie allgemeiner KI-Probleme so effizient ist. Das Vorhandensein von Prozeduren, die auf Listenelemente zugreifen, von String-Prozeduren, der einfachen Möglichkeit der Darstellung von Rekursion und Iteration sowie
die Möglichkeit, eigene Funktionen zu schreiben, machen LISP
zu einem eminent wertvollen Transportvehikel für KI-Anwendungen.

Eine Reihe der für die Programmierung natürlichsprachlicher
Probleme relevanten LISP-Primitiva wurde in den vergangenen
Abschnitten behandelt. Es wurde gezeigt, daß schon wenige
Prozeduren ausreichen, um ein leistungsfähiges Programm zu
erstellen. Zwar wurden nicht alle in diesem Zusammenhang in-

teressanten Prozeduren vorgestellt, dennoch genügten einige
wenige Prozeduren zur Lösung der gestellten Aufgaben.[41]

Aus diesem Grunde wird auf die LISP-Bibliographie verwiesen.
Zwar wird man in den meisten Büchern natürlichsprachliche
Programmiertechniken vermissen, dennoch bieten einige der erwähnten Handbücher eine Auswahl weitergehender LISP-Prozeduren und Programmiertechniken an.

---

[41]Dem interessierten Leser werden insbesondere die MAP-Funk-
tionen für weitergehende Programmiertechniken empfohlen
(siehe auch Kapitel 6).

4.12 Lösung der Übungsaufgaben

<u>Lösung der Aufgaben in Abschnitt 4.2.4 (Seite 67)</u>

4.2.4.1. a) Die Liste enthält 6 Elemente. Alle Elemente
             sind Atome (Symbole).
        b)   Die Liste enthält 6 Elemente. Es sind 5 Atome
             (Symbole) und 1 Liste mit einem Atom (Symbol).
        c)   Die Liste enthält 1 Element: 1 Liste, die eine
             Liste enthält, darin sind 3 Atome (Symbole).
        d)   Die Liste enthält 3 Elemente: je 1 Liste mit je
             einem Atom (Symbol).
        e)   Die Liste enthält 4 Elemente: 2 Atome (Zahlen)
             und zwei Listen mit je 1 Atom.

4.2.4.2. a) Der Ausdruck ((verb)) ist nicht als Prozedur
             definiert: undefined function break: (((verb)))
        b)   Der Ausdruck () ist nicht als Prozedur defi-
             niert: undefined function break (NIL + 3 4)
        c)   3 ist nicht als Funktion definiert bzw. der
             Operator (Prozedur) steht nicht am Listenan-
             fang. (undefined function break: (3 + 4)
        d)   Die Klammerung des Ausdrucks fehlt (hier tritt
             das auto-quoting von muLISP in Kraft).
        e)   Der Ausdruck <u>der</u> ist keine LISP-Prozedur:
             undefined function break: (der pfeil traf)

4.2.4.3. a) (((VERB)))
        b)   (QUOTE (MEIN FREUND))
        c)   undefined function break: (mein freund)
        d)   3
        e)   keine Reaktion, da lediglich ein Kommentar
             eingegeben wurde.

<u>Lösung der Aufgaben in Abschnitt 4.3.5 (Seite 79/80)</u>

4.3.5.1. a) (setq det-sing '(jeder des dem das ein))
        b)   (setq det-pl '(mehrere viele alle zwei wenige))
        c)   (setq standard-det 'die)
        d)   (setq adj '(groß dick klein alt lang))
        e)   (setq nomen '(mann frau tisch haus garten))

4.3.5.2. a) (car det-sing)
        b)   (caddr det-pl)
        c)   (setq sing-det1
                 (list (cadddr det-sing)
                      (car (cddddr det-sing))))

Da im MULISP und auch im Golden-Common-LISP CADDDDR nicht als
Primitiv vorgesehen ist, muß es entsprechend aus Kombinatio-
nen von CAR und CDR entwickelt werden. Alternativ könnte die
Lösung daher auch wie folgt aussehen:

```
              (setq sing-det1
                 (list
                    (car (cdr (cdr (cdr det-sing))))
                    (car (cdr (cdr (cdr (cdr det-sing)))))))))

      d)   (setq nomen (cdr nomen))
            oder
           (pop nomen)


4.3.5.3   a)   (setq det-sg (cons standard-det det-sing))
                oder
               (push standard-det det-sing)
          b)   (car (reverse det-sing))
          c)   (append det-sing det-pl adj nomen)
          d)   (setq det
                  (append det-sing det-pl
                          (list standard-det)))
          e)   (setq np (list
                          (car det-sing)
                          (cadr adj)
                          (car nomen)))
          f)   (setq adj (cddr (reverse adj)))
```

Lösung der Aufgaben in Abschnitt 4.4.2 (Seite 85)

```
4.4.2.1   a)   (defun transform (eingabe-satz)
                  (setq eingabe-satz
                     (append (cdr eingabe-satz)
                             (list (car eingabe-satz)))))


          b)   (defun fuege-ein (eingabe-satz)
                  (setq eingabe-satz
                     (cons 'ihr eingabe-satz)))


          c)   (defun satztyp (typ eingabe-satz)
                  (setq gesamt
                     (list typ
                           (cons 'ihr eingabe-satz))))


          d)   (defun satztyp (typ eingabe-satz)
                  (setq gesamt
                     (cons (list typ)
                           (fuege-ein eingabe-satz))))
```

Lösung der Aufgaben in Abschnitt 4.5.5 (Seite 105/106)

```
4.5.5.1   a)   (defun test0 (eingabe-satz)
                  (null eingabe-satz))

          b)   (setq lexikon '(der die das grosse kleine mann
                  frau))

               (defun test1 (eingabe-satz)
                  (member (car eingabe-satz) lexikon))
```

```lisp
c)   (defun test2 (eingabe-satz)
       (listp eingabe-satz))

d)   (defun test3 (eingabe-satz)
       (> (length eingabe-satz) 0))
```

4.5.5.2   a)
```lisp
(defun test4 (eingabe-satz)
  (and (listp eingabe-satz)
       (member (car eingabe-satz) lexikon)))
```

b)
```lisp
(setq determiner '(der die das))

(defun test5 (eingabe-satz)
  (and (member (car eingabe-satz) determiner)
       (not
         (member
           (cadr eingabe-satz) determiner))))
```

c)
```lisp
(setq nomen '(paul egon franz))
(setq verben '(geht kommt ))

(defun test6 (eingabe-satz)
  (and
    (or
      (member (car eingabe-satz)determiner)
      (member (car eingabe-satz) nomen))
    (not (member (car eingabe-satz)verben)))))
```

4.5.5.3   a)
```lisp
(defun parse-imperativ (eingabe-satz)
  (cond ((member (car eingabe-satz) verben)
         (cons 'ihr eingabe-satz))
        (t '(kein imperativsatz))))
```

b)
```lisp
(setq adjektiv '(gross klein rot))

(defun parse-np (eingabe-satz)
  (cond ((member (car eingabe-satz) determiner)
         '(wort1 = determiner))
        ((member (car eingabe-satz) adjektiv)
         '(wort1 = adjektiv))
        ((member (car eingabe-satz) nomen)
         '(wort1 = nomen))
        (t
         '(wort1 = nicht
                   im lexikon oder falsch))))
```

c)
```lisp
(setq w-woerter
      '(wer wem wen wessen was wie warum
        wo weshalb wann))
```

```
      (defun satz-typ (eingabe-satz)
        (cond
          ((and
              (member (car eingabe-satz) w-woerter)
              (member (cadr eingabe-satz) verben))
            '(satz = w-frage))
          ((and
              (member (car eingabe-satz) verben)
              (member (cadr eingabe-satz) nomen))
            '(satz = alternativfrage))
          ((member (car eingabe-satz) verben)
            '(satz = befehl))
          (t (parse-np eingabe-satz)))))

d)    (defun parse-imp (eingabe-satz)
        (cons 'ihr eingabe-satz))

      (defun satz-typ (eingabe-satz)
        (cond
          ((and
              (member (car eingabe-satz) w-woerter)
              (member (cadr eingabe-satz) verben))
            '(satz = w-frage))
          ((and
              (member (car eingabe-satz) verben)
              (member (cadr eingabe-satz) nomen))
            '(satz = alternativfrage))
          ((member (car eingabe-satz) verben)
              (parse-imp eingabe-satz))
          (t (parse-np eingabe-satz)))))

e)    (setq pronomen '(ich du er sie es wir ihr sie))

      (defun parse-np (eingabe-satz)
        (cond ((member (car eingabe-satz) determiner)
               '(wort1 = determiner))
              ((member (car eingabe-satz) adjektiv)
               '(wort1 = adjektiv))
              ((member (car eingabe-satz) nomen)
               '(wort1 = nomen))
              ((member (car eingabe-satz) pronomen)
               '(wort1 = pronomen))
              (t
               '(wort1 = nicht im
                         lexikon oder falsch)))))

f)    (defun parse-imp (eingabe-satz)
          (setq eingabe-satz
            (cons 'ihr eingabe-satz))
          (setq typ 'imperativsatz)
          (parse-np eingabe-satz))
```

Lösung der Aufgaben in Abschnitt 4.6.3 (Seite 111)

```
4.6.3      a)  (defun vielfrass ()
                 (write-line "Gib mir etwas zu essen!")
                 (setq essen (read))
                 (cond ((equal essen 'kekse)
                         '(mampf mampf))
                       (t
                         (write-line
                           (append
                             (princ "Mag kein ") essen))
                         (vielfrass))))

           b)  (defun start ()
                 (clear-screen)
                 (write-line "Gib mir etwas zu essen!")
                 (setq essen (read))
                 (vielfrass))

               (defun vielfrass (essen)
                 (cond ((equal essen 'kekse)
                         '(mampf mampf))
                       (t
                         (write-line
                           (append
                             (princ "Mag kein ") essen))
                         (vielfrass))))

           c)  (defun start ()
                 (clear-screen)
                 (write-line
                     "Eine Eingabe (in Klammern) bitte: ")
                 (setq wortkette (read))
                 (lex-check wortkette))

               ;LEX-CHECK muß natürlich noch definiert werden!
```

Lösung der Aufgaben in Abschnitt 4.7.5 (Seite 124)

```
4.7.5      Folgender Parser war bisher definiert:
           (Das Lexikon ist hier nur ein Fragment)

           (setq determiner '(der die das dem den des))
           (setq adjektive '(gross grosse grosses))
           (setq nomen '(tisch frau haus))
           (setq preposition '(in auf unter vor))
           (setq lexikon (append determiner adjektive nomen
                          preposition))

           (defun start ()
             (clear-screen)
             (write-line
                 "Eine Eingabe (in Klammern) bitte: ")
             (setq wortkette (read))
             (lex-check wortkette))
```

```lisp
(defun lex-check (wortkette)
  (do
    ((eingabe nil))
    ((null wortkette)
       (setq eingabe (reverse eingabe))
          (parse-np eingabe))
    (cond ((member (car wortkette) lexikon)
             (setq eingabe
                (cons (car wortkette) eingabe))
             (setq wortkette (cdr wortkette)))
          (t (print (list (car wortkette)
                '=nicht-im-Lexikon))
                              (return)))))

(defun parse-np (eingabe)
  (cond
    ((member (car eingabe) determiner)
         (parse-det eingabe))
    (t (parse-adj-oder-nomen eingabe))))

(defun parse-det (eingabe)
  (print (list (car eingabe) '=determiner))
  (parse-adj-oder-nomen (cdr eingabe)))

(defun parse-adj-oder-nomen (eingabe)
  (cond ((member (car eingabe ) adjektive)
           (print (list (car eingabe) '=adjektiv))
           (parse-adj-oder-nomen (cdr eingabe)))
        (t (parse-nomen eingabe))))

(defun parse-nomen (eingabe)
  (cond ((and (member (car eingabe) nomen)
              (= (length eingabe) 1))
           (print (list (car eingabe) '=nomen))
          '(erwarte jetzt ein verb))
        (t (print (list (car eingabe) '=nomen))
           (parse-prep (cdr eingabe)))))

(defun parse-prep (eingabe)
  (print (list (car eingabe) '=praeposition))
  (parse-np (cdr eingabe)))

(start (rds))
```

4.7.5.1 a) Integrierung von **CHECK-NP-END** in PARSE-NOMEN
            (die Verben sind hier nur exemplarisch):

(setq verben '(geht kommt hat ist))

```lisp
(defun parse-nomen (eingabe)
  (cond ((member (car eingabe) nomen)
           (print (list (car eingabe) '=nomen))
           (check-np-end (cdr eingabe)))
        (t (print (list (car eingabe) '=nomen))
           (parse-prep (cdr eingabe)))))
```

```
      (defun check-np-end (eingabe)
        (cond ((member (car eingabe) verb)
               (list (car eingabe) '=verb))
              (t (parse-np eingabe)))))
```

b) Erneute Erweiterung von CHECK-NP-END:

(setq konj '(und oder))

```
      (defun check-np-end (eingabe)
        (cond ((member (car eingabe) verb)
               (list (car eingabe) '=verb))
              ((member (car eingabe) konj)
               (print
                 (list (car eingabe) '=Konjunktion))
               (parse-np (cdr eingabe)))
              (t (parse-np eingabe)))))
```

c) Erweiterung von PARSE-ADJ-ODER-NOMEN:

```
      (defun parse-adj-oder-nomen (eingabe)
        (cond ((member (car eingabe ) adjektive)
               (print (list (car eingabe) '=adjektiv))
               (parse-adj-oder-nomen (cdr eingabe)))
              ((member (car eingabe) konj)
               (print
                 (list (car eingabe) '=konjunktion))
               (parse-adj-oder-nomen (cdr eingabe)))
              (t (parse-nomen eingabe)))))
```

4.7.5.2 a) Zunächst wird eine Liste NP-LISTE in ANALYSE vor-
           bereitet:

```
      (defun lex-check (wortkette)
        (do
          ((eingabe nil)
           (np-liste nil))
          ((null wortkette)
             (setq eingabe (reverse eingabe))
             (parse-np eingabe))
          (cond ((member (car wortkette) lexikon)
                 (setq eingabe
                     (cons (car wortkette) eingabe))
                 (setq wortkette (cdr wortkette)))
                (t (print (list (car wortkette)
                     '=nicht-im-Lexikon))
                          (return)))))))
```

Jetzt muß jede Funktion entsprechend verändert
werden, so daß ein Eingabewort (vorausgesetzt es
gehört zur NP) in diese Liste hineinkonstruiert
wird. Voraussetzung ist natürlich, daß diese NP
auch das Subjekt ist (das wird an anderer Stelle
geprüft). Die Prozedur, die das jeweilige Wort
in die Liste hineinkonstruiert, ist:

```lisp
      (setq np-list (cons (car eingabe) np-list))

      Die Subjektausgabe sieht dann so aus:

      (print (list 'subjekt (reverse np-list)))
```

Diese beiden Prozeduren werden nun in die Funktionen des Parsers integriert, der wie folgt
aussieht: (Das Lexikon ist zu erweitern!)

```lisp
(defun start ()
    (clear-screen)
    (write-line
          "Eine Eingabe (in Klammern) bitte: ")
    (setq wortkette (read))
    (lex-check wortkette))

(defun lex-check (wortkette)
   (do
     ((eingabe nil)
      (np-liste nil))
     ((null wortkette)
        (setq eingabe (reverse eingabe))
           (parse-np eingabe))
     (cond ((member (car wortkette) lexikon)
               (setq eingabe
                   (cons (car wortkette) eingabe))
               (setq wortkette (cdr wortkette)))
           (t (print (list (car wortkette)
                   '=nicht-im-Lexikon))
                              (return))))))
(defun parse-np (eingabe)
   (cond
     ((member (car eingabe) determiner)
           (parse-det eingabe))
     (t (parse-adj-oder-nomen eingabe))))

(defun parse-det (eingabe)
    (print (list (car eingabe) '=determiner))
    (setq np-list (cons (car eingabe) np-list))
    (parse-adj-oder-nomen (cdr eingabe)))

(defun parse-adj-oder-nomen (eingabe)
   (cond ((member (car eingabe ) adjektive)
            (print (list (car eingabe) '=adjektiv))
            (setq np-list
                (cons (car eingabe) np-list))
            (parse-adj-oder-nomen (cdr eingabe)))
         ((member (car eingabe) konj)
          (print
             (list (car eingabe) '=konjunktion))
          (setq np-list
                (cons (car eingabe) np-list))
          (parse-adj-oder-nomen (cdr eingabe)))
         (t (parse-nomen eingabe)))))
```

```lisp
            (defun parse-nomen (eingabe)
               (cond ((member (car eingabe) nomen)
                      (print (list (car eingabe) '=nomen))
                      (setq np-list
                         (cons (car eingabe) np-list))
                      (check-np-end (cdr eingabe)))
                     (t (print (list (car eingabe) '=nomen))
                        (setq np-list
                              (cons (car eingabe) np-list))
                        (parse-prep (cdr eingabe))))))

            (defun check-np-end (eingabe)
               (cond ((member (car eingabe) verben)
                      (setq subjekt
                         (list 'subjekt (reverse np-list)))
                      (print (list (car eingabe) '=verb))
                       subjekt)
                     ((member (car eingabe) konj)
                      (print
                         (list (car eingabe) '=Konjunktion))
                      (setq np-list
                         (cons (car eingabe) np-list))
                      (parse-np (cdr eingabe)))
                     (t (parse-np eingabe))))

            (defun parse-prep (eingabe)
               (setq np-list (cons (car eingabe) np-list))
               (print (list (car eingabe) '=praeposition))
               (parse-np (cdr eingabe)))

            (start (rds))
```

Lösung der Aufgaben in Abschnitt 4.8.4 (Seite 130)

4.8.4.1   a) (setq plur-det '(alle wenige viele einige))

```lisp
            (defun lese-plur-det (plur-det)
               (cond ((null plur-det)
                       '(alle Eingabewoerter gelesen))
                     (t (setf (get (car plur-det)'merkmale)
                             '((wortklasse det)
                               (numerus plur)
                               (spez zaehlbar)))
                        (lese-plur-det (cdr plur-det)))))
```

          b) (setq nz-nomen '(wein milch bier wasser))

```lisp
            (defun lese-nicht-zaehl-nomen (nz-nomen)
               (cond ((null nz-nomen)
                       '(alle Eingabewoerter gelesen))
                     (t (setf (get (car nz-nomen)'merkmale)
                             '((wortklasse nomen)
                               (numerus sing)
                               (spez nicht-zaehlbar)))
                        (lese-nicht-zaehl-nomen
                             (cdr nz-nomen)))))
```

c) Von LESE-PLUR-DET wird nun LESE-NICHT-ZAEHL-NOMEN
   aufgerufen:

```
(defun lese-plur-det (plur-det)
   (cond ((null plur-det)
          (lese-nicht-zaehl-nomen nz-nomen))
         (t (setf (get (car plur-det)'merkmale)
                  '((wortklasse det)
                    (numerus plur)
                    (spez zaehlbar)))
            (lese-plur-det (cdr plur-det)))))
```

d) (defun merkmale-out (wort)
   ```
      (get wort 'merkmale))
   ```

e)(defun get-numerus (wort)
   ```
      (cadr (assoc 'numerus (get wort 'merkmale))))
   ```

f) (defun get-wortklasse (wort)
   ```
      (cadr
        (assoc 'wortklasse (get wort 'merkmale))))
   ```

g) (defun get-spezifikation (wort)
   ```
      (cadr (assoc 'spez (get wort 'merkmale))))
   ```

h) (defun erweitere-lexikon ()
   ```
      (princ "Bitte Wort eingeben: ")
      (setq wort-ein (read))
      (princ "Bitte Wortklasse eingeben: ")
      (setq wortklasse-ein (read))
      (princ "Bitte Numerus eingeben: ")
      (setq numerus-ein (read))
      (princ "Bitte Spezifikation eingeben: ")
      (setq spezifikation-ein (read))
      (setq lexikon (cons word lexikon))
      (setf (get wort-ein 'merkmale)
            (list (list wortklasse wortklasse-ein)
                  (list spez spezifikation-ein)
                  (list numerus numerus-ein)))
      'merkmale-eingelesen)
   ```

Lösung der Aufgaben in Abschnitt 4.9.5 (Seite 147)

4.9.5   a) Zunächst   ein   fragmentarisches   Adjektiv-Stamm-
             Lexikon:

```
(setq adjektive
      '(klein schnell satt wild dunkel hell))
```

Die Funktion SUCHE trennt zunächst Stamm und Endung und übergibt die Endung an CHECK-ENDUNG:

```lisp
(defun suche (adjektiv)
   (do ((index1 0)
        (index2 1)
        (stamm nil)
        (endung nil))
       ((or (> index2 20)
            (member stamm adjektive))
        (check-endung endung))
      (cond ((member
                (substring adjektiv index1 index2)
                    adjektive)
             (setq stamm
                (substring adjektiv index1 index2))
             (setq endung
                   (substring adjektiv
                        (+ 1 index2)(- (length
                             (unpack adjektiv)) 1))))
          (t
           (setq index2 (+ index2 1))))))
```

CHECK-ENDUNG überprüft die Endung. Ist ein 's
darin enthalten, so liegt eine Superlativform
vor. Da wir nur prädikative Adjektivformen analysieren, sind die Komparativformen durch den
Endkonsonanten 'r gekennzeichnet:

```lisp
(defun check-endung (endung)
   (cond ((member 's (unpack endung))
          (setq grad 'superlativ)
          (aufbau-adj-merkmale))
         ((equal
             (car (reverse (unpack endung))) 'r)
          (setq grad 'komparativ)
          (aufbau-adj-merkmale))
         (t (setq grad 'positiv)
            (aufbau-adj-merkmale))))
```

AUFBAU-ADJ-MERKMALE schließlich bewirkt einen
freundlichen Bildschirmausdruck:

```lisp
(defun aufbau-adj-merkmale ()
   (write-line
      (append (princ "Eingabe: ")adjektiv))
   (terpri)
   (write-line (append (princ "Stamm:    ")stamm))
   (write-line (append (princ "Form:     ")grad))
   (terpri))
```

b) Ausgehend von der Funktion TEMPUS-TEST (S. 141)
   wird folgende Änderung vorgeschlagen:

(i) Zusatz einer COND-Klausel in TEMPUS-TEST:

```lisp
((equal (substring suffix 0 2) 'end)
 (write-line "Partizip Praesens")
    '----)
```

(ii) Infinitive werden bereits implizit durch ANA-
     LYSIERE-SUFFIX (S. 142) verarbeitet. Sie un-
     terscheiden sich allerdings nicht von Präsens
     Pluralformen und könnten erst durch Funtkio-
     nen ermittelt werden, die auch den Kontext
     betrachten. Gleiches gilt für Imperativformen
     im Plural, e.g <u>sagt</u>.

c) Zunächst auch hier ein Lexikon, das allerdings
   Grapheme (Buchstaben) enthält. Diese nämlich sind
   entscheidend für die Zusammensetzung der Super-
   lativ-Adjektivform. Folgende Beispiele mögen dieses verdeutlichen:

```
klein --> klein + ste
frei  --> frei  + este
treu  --> treu  + este
fett  --> fett  + este
```

Dies ist zwar etwas vereinfacht, mag aber für die
Lösung der Aufgabe genügen. Da übrigens beim End-
vokal '<u>e</u> die Endung nicht <u>este</u> (<u>lose</u> --> *<u>lose-
este</u>) ist, taucht das <u>e</u> nicht in der Vokalliste
auf:

```
(setq plosiv-laute '(d t))
(setq vokale '(a i o u))
```

Zunächst wieder eine freundliche Eingabefunktion:

```
(defun adj-ein ()
   (clear-screen)
   (write-line "Einen Adjektivstamm bitte: ")
   (setq stamm (read))
   (princ "Einen Grad bitte:  (p/k/s)      ")
   (setq grad (read))
   (terpri)
   (mache-adj-form stamm grad))
```

Die folgende Funktion übergibt nun die Adjektivstämme an Unterfunktionen auf der Basis der gewünschten Formen:

```
(defun mache-adj-form (stamm grad)
   (cond ((equal grad 'k)
          (mache-komparativ stamm))
         ((equal grad 's)
          (mache-superlativ stamm))
         (t (setq neu-adj stamm)
            (aufbau-adj-neu-merkmale))))
```

Für jede spezielle Form wird nun eine Unterfunktion aufgerufen:

```lisp
(defun mache-komparativ (stamm)
   (setq neu-adj (pack (append (unpack stamm)
                                 '(e r))))
   (aufbau-adj-neu-merkmale))

(defun mache-superlativ (stamm)
   (cond
     ((or
        (member (car (reverse (unpack stamm)))
                                  plosiv-laute)
        (member (car (reverse (unpack stamm)))
                                  vokale))
      (setq neu-adj (pack  (list stamm 'este)))
      (aufbau-adj-neu-merkmale))
     ((equal (car (reverse (unpack stamm))) 's)
      (setq neu-adj (pack (list stamm 'te)))
      (aufbau-adj-neu-merkmale))
     (t (setq neu-adj (pack (list stamm 'ste)))
        (aufbau-adj-neu-merkmale)))))
```

Zum Abschluß wieder die benutzerfreundliche Ausgabe:

```lisp
(defun aufbau-adj-neu-merkmale ()
   (write-line
     (append (princ "Eingabe:    ") stamm))
   (terpri)
   (write-line
     (append (princ "Neue Form: ")neu-adj))
   (terpri))

(rds)
```

4.13 Literaturhinweise zu Kapitel 4

Abeld, G. 1979. BASIC. Stuttgart: Frech Verlag.

Allen, J. 1978. Anatomy of LISP. New York: McGraw Hill.

Barr, A. & Feigenbaum, E.A. (eds). 1982. The Handbook of Ar-
     tificial Intelligence. (Vol I). London: Pitman.

Barr, A. & Feigenbaum, E.A. (eds). 1982. The Handbook of Ar-
     tificial Intelligence. (Vol II). London: Pitman.

Besag, F.P. & Levine,, L.P. 1984. BASIC for Teachers. London:
     Sage Publications.

Bundy, A. 1980. Artificial Intelligence. Edinburgh University
     Press.

Charniak, E., Riesbeck, C. & McDermott, D. 1979. Artificial
     Intelligence Programming. New Jersey: Lawrence Erl-
     baum Ass.

Coxhead, P. 1987. Starting LISP for AI. Oxford: Blackwell.

Friedman, D. 1974. The little LISPer. Chicago: Scientific Re-
     search Associates Inc.

Funkhauser, R. 1983. BASIC auf dem IBM PC. München: Hanser.

Hasemer, T. 1984. A Beginner's Guide to LISP. Amsterdam: Ad-
     dison-Wesley.

Holtz, F. 1985. LISP: The Language of Artificial Intelli-
     gence. Blue Ridge Summit: TAB Books Inc.

Koffman, E. & Friedman, F. 1984. Problem Solving in Structur-
     ed BASIC-PLUS and VAX-11 BASIC. New York: Addison-
     Wesley.

Maurer, W.D. 1972. A Programmer's Introduction to LISP. New
     York: American Elsevier Inc.

Müller, D. 1985. LISP. Mannheim: Hain-Druck GmbH.

Queinnec, C. 1983. LISP. Basingstoke: Macmillan Publishers.

Schoffa, G. 1987. Die Programmiersprache LISP. Muenchen:
     Francis Verlag.

Siklossy, L. 1976. Let's Talk LISP. New York: Prentice Hall.

Steele, G. 1984. Common LISP: The Language. Hanover, Mass.:
     Digital Press.

Stoyan, H. 1980. LISP. Berlin (Ost): Akademie Verlag.

Stoyan, H. & Görtz, G. 1984. LISP - Eine Einführung in die Programmierung. Berlin: Springer Verlag.

Touretzky, D.S. 1984. LISP: A Gentle Introduction to Symbolic Computation. New York: Harper and Row.

Wilensky, R. 1984. LISPcraft. New York: W.W. Norton Comp.

Winograd, T. 1983. Language as a Cognitive Process. New York: Addison-Wesley.

Winston, P.H. & Horn, B.K. 1984. LISP. London: Addison-Wesley. 2nd Edition.

Golden Common LISP Manual, Version 1.01. 1985. Cambridge, Mass: Gold Hill Computers.

muLISP-86 Reference Manual. 1986. Honolulu: Soft Warehouse Inc.

5 PROLOG

- Die PROLOG Familie
- Die Struktur von PROLOG
- Das Definieren einfacher Prädikate
- Die Arbeitsweise von PROLOG
- Listenverarbeitung in PROLOG
- Datenein- und Datenausgabe
- Das Erstellen umfangreicherer Programme
- Zusammenfassung
- Literaturhinweise

PROLOG

5 PROLOG

> "Aus meiner Sicht ist LISP die Königin der höheren
> Programmiersprachen, denn LISP in der Form von Com-
> mon-LISP ist ungeheuer ausdrucksstark, aber wie etwas
> vom Programm ausgeführt werden soll, muß vom Program-
> mierer mitgeteilt werden. PROLOG auf der anderen
> Seite, ist eine Sprache, die von den Sprachen, denen
> mitgeteilt werden muß, wie etwas zu tun ist, ab-
> weicht. Sie fordert den Programmierer auf, Situatio-
> nen und Probleme zu beschreiben, nicht aber Methoden,
> wie diese Probleme zu lösen sind." [1]

Im folgenden soll nun ein grundlegender Vergleich zwischen
LISP und der zweiten, noch jüngeren Sprache der KI, **PROLOG**
gezogen werden. Dabei gehen wir von der Kenntnis der Programmiersprache LISP auf der Basis des vorangegangenen Kapitels
aus.

Das obige Zitat zeigt schon, daß trotz der oft erwähnten Gemeinsamkeiten erhebliche Unterschiede zwischen LISP und PRO-
LOG bestehen. Durch Vergleiche von Datenstruktur und Dateneingabe, der Diskussion einiger grundlegender LISP-Funktionen
und PROLOG-Prädikate sollen die wesentlichen Unterschiede
herausgearbeitet werden. Aus diesem Grunde werden ständig
Parallelen zwischen LISP und PROLOG gezogen. Der Rahmen dieses Buches würde allerdings gesprengt werden, wenn das PRO-
LOG-Kapitel ebenso umfangreich wie das LISP-Kapitel wäre.

5.1 Die PROLOG-Familie

Die Arbeit an PROLOG (**PRO**gramming in **LOG**ic) begann anfang der
70er Jahre in Frankreich durch **Alain Colmerauer** an der
Universität von Marseille. Erste experimentelle PROLOG-Interpreter wurden in ALGOL und FORTRAN später auch auf der Basis
von PASCAL entwickelt. Ursprünglich als ein System für die
Programmierung von Grammatiken entwickelt, hat sich PROLOG
sehr schnell als ein allgemeines Programmierkonzept für Problembereiche aus der KI entwickelt. Bekannt wurde PROLOG
durch die Arbeiten von **David Warren** (Edinburgh) und **Luis Perreira** (Lissabon). Seit etwa 1975 verbreitete sich PROLOG besonders in Frankreich und Großbritannien in Anwendungen der
KI. Um 1980 begannen die Japaner mit der Konzeption eines
Forschungsprojektes zur Entwicklung eines Supercomputers. Als
Basis für die Software wurde PROLOG gewählt. Diese Entscheidung gab PROLOG starken Auftrieb. Inzwischen stehen auf der
Hardwareseite die ersten PROLOG-Maschinen zur Verfügung.

Ursprünglich war PROLOG dank der effizienten Implementierung
Warrens lediglich auf den DEC-Computersystemen verfügbar (das
sogenannte **DEC-10-PROLOG**), seit kurzem sind PROLOG Interpreter auch für den Personal Computer im Handel. Da PROLOG

---

[1] Aus dem Englischen übertragen, Originalzitat siehe Bratko,
darin Winston, S. VIII.

glücklicherweise noch nicht die Dialektvielfalt von LISP erreicht hat, sind im Gegensatz zu LISP noch keine ernstzunehmenden Anstrengungen unternommen worden, eine Vereinheitlichung der verschiedenen PROLOG Dialekte vorzunehmen.

Auf dem PC sind derzeit u.a. verfügbar:

IFPROLOG (InterFace PROLOG)
Micro PROLOG
PROLOG 1
Turbo PROLOG

Eine Reihe von Gründen hat dazu geführt, daß im folgenden der Interface PROLOG Interpreter näher betrachtet wird. Zum einen benötigt das IFPROLOG, das auf der DEC-10-PROLOG Syntax aufbaut, einen für PROLOG Interpreter noch relativ bescheidenen Arbeitsspeicher. Daher kann man schon ohne Hauptspeichererweiterungen durchaus leistungsfähige PROLOG-Programme erstellen. Der zweite Grund hängt nicht mit der Hard- oder Software zusammen, sondern mit der verfügbaren Literatur. Das Buch von Clocksin und Mellish, das sich als außerordentlich nützlich erwiesen hat, beschreibt nämlich genau den PROLOG Dialekt, mit dem man in IFPROLOG programmieren kann. Mittlerweile erscheinen mehr und mehr PROLOG-Programmierbücher, die sich auf ähnliche PROLOG-Versionen beziehen.

5.2 Die Struktur von PROLOG

Wie LISP ist PROLOG eine interaktive Programmiersprache, die auf Benutzereingaben direkt reagiert und damit den Direktprogrammiermodus erlaubt. Sie ist wie LISP speziell dafür geeignet, Symbole zu manipulieren. Beide Sprachen sind auf formalen mathematischen Systemen aufgebaut: Während LISP auf Churchs Lambda-Notation basiert, gründet sich PROLOG auf einen Teil der klassischen Logik. Im Gegensatz zur **prozeduralen** Programmiersprache LISP ist PROLOG eine **deklarative** (deskriptive) Programmiersprache.

In einer **prozeduralen** Programmiersprache ist das Programm ein Algorithmus, der explizit bestimmt, **wie** ein bestimmtes Problem zu lösen ist. Es liegt in der Verantwortung des Programmierers, die richtige Sequenz von Schritten zur Lösung des jeweiligen Problems festzulegen. So müssen in LISP explizit Funktionen wie etwa GET-CAT, CAT-KASUS etc. (Kapitel 4) geschrieben werden, mit deren Hilfe bestimmte Schritte vollzogen werden.

Eine **deklarative** Programmiersprache auf der anderen Seite enthält in einem Programm weniger die Schritte zur Lösung eines Problems als korrekte Definitionen eines Problems. Es wird also dargestellt, **was** zu tun ist. Nicht das vom Programmierer erstellte Programm, sondern das Programmiersystem selbst kontrolliert den Programmablauf. Dennoch kann man - und das wird später gezeigt werden - auch in einer deklarativen Programmiersprache bedingt Eingriff auf den Programmablauf nehmen, also Prozeduren entwickeln.

Ein typisch deklarativer Teil eines PROLOG-Programms besteht
im wesentlichen aus Fakten und Regeln. Damit beschreibt der
Programmierer ein bestimmtes Problem. Interaktiv kann anschließend der Benutzer Fragen zu diesem Problem an PROLOG
stellen. Auch die Anfragen an das Programm sind deklarativ.
Sie beschreiben die Anforderungen an die erwünschte Antwort
und spezifizieren, wie die Antwort zu finden ist. Natürlich
sind die Antworten beschränkt auf die vorhandenen Fakten. Ein
PROLOG-Programm kennt nur diejenigen Fakten, die dem Interpreter auch beschrieben wurden. PROLOG erlaubt also dem
Programmierer, eine Datenbank, die aus Fakten und Regeln
besteht, zu erstellen und diese mit gezielten Fragen zu er-
forschen. Damit hat PROLOG den Charakter eines eigenen Expertensystems.

5.2.1 Der IFPROLOG-Interpreter

Um ein PROLOG-Programm entwickeln zu können, muß man zunächst
einmal den PROLOG-Interpreter laden. Das kann von einer Diskette oder einer Festplatte geschehen:

Starten von PROLOG von:

(a) einer Festplatte   (b) einer Diskette

    C> CD\IFPROLOG   **A> IFPROLOG**
    C> IFPROLOG

Nach kurzer Ladezeit meldet sich der Interpreter und signalisiert mit dem Auftauchen des Prompts Eingabebereitschaft:

?-

Will man PROLOG wieder verlassen, so gibt man folgenden Befehl ein:

?- end_of_file.

Zum Laden des Editors übrigens begibt man sich ins Betriebssystem und ruft von dort den Editor auf. Nach Bearbeitung eines Programms verläßt man den Editor und geht vom Betriebssystem zurück zum PROLOG-Interpreter. Folgende Schritte sind
dazu erforderlich:

-? dos.   (zwischenzeitliches Verlassen von PROLOG)
A> ed   (Laden des gewünschten Editors)
......   (Bearbeiten des Programms) [2]
A> exit   (zurück zum PROLOG-Interpreter)

(In Anhang C ist eine etwas vereinfachte Form des Editorauf-
rufs dargestellt).

---

[2] siehe hierzu Anhang C

5.2.2 Die Struktur von PROLOG-Ausdrücken

PROLOG-Ausdrücke werden im allgemeinen **Terme** genannt. Dabei
unterscheidet man drei Typen:

- Konstanten (Zahlen, Atome)
- Variablen
- Strukturen

Konstanten benennen bestimmte Objekte oder Beziehungen.
Sowohl als Zahlen als auch als Atome gelten für Konstanten
ähnliche syntaktische Regeln wie für LISP-Atome. Hier ein
Beispiel für nicht-numerische PROLOG-Konstanten:

```
np
franz_beckenbauer
np2_S
-->
=
```

Folgende Regelmäßigkeiten fallen dabei auf: Zum einen hat der
LISP-Bindestrich im PROLOG-'Underscore' _ seine Entsprechung
gefunden, zum zweiten beginnen Konstanten nicht mit Großbuchstaben. Diese sind nämlich für **Variablen** reserviert:

```
NP1
Nomen
Nomen_Kasus
```

Dabei ist es unerheblich, wie lang der Variablenname ist und
wieviele Großbuchstaben darin enthalten sind. Wichtig ist,
daß ein Großbuchstabe an erster Stelle steht. Im Gegensatz zu
LISP ist es also von großer Bedeutung, in welcher Form (Groß-
oder Kleinschreibung) die Eingabe vorgenommen wird. Viele
PROLOG-Systeme (so auch das IFPROLOG) speichern Variablennamen leider nicht intern und arbeiten statt dessen mit intern
generierten Zahlen als Variablennamen. Als anonyme Variable
in PROLOG fungiert der 'Underscore', der damit mit dem LISP-
Symbol * vergleichbar ist.

Wie in den übrigen Programmiersprachen so sind auch in PROLOG
bestimmte Zeichen für besondere Aufgaben reserviert und dürfen daher nicht in Konstanten- oder Variablennamen auftauchen
(z.B. der Bindestrich). Durch Setzen von Apostrophen jedoch
kann diese Beschränkung aufgehoben werden. Damit hat das
Apostroph in PROLOG eine Funktion, die dem Anführungszeichen
in LISP-Ketten nahekommt.

Strukturen schließlich sind Datenobjekte, die aus mehreren
Komponenten bestehen. Bei der Schreibweise einer Struktur
müssen ganz bestimmte syntaktische Regeln eingehalten werden.
So beginnen Strukturen mit dem **Funktoren**, der eine Beziehung
ausdrückt. Dieser wird von einem Klammerausdruck gefolgt, der
eine Reihe von Argumenten, die sogenannten **Komponenten**, enthält. Abgeschlossen wird der Ausdruck durch einen Punkt.
Schematisch läßt sich eine PROLOG-Struktur also wie folgt
darstellen:

$$\textbf{funktor(komp}_1\textbf{, komp}_2\textbf{, ...komp}_n\textbf{).}$$

Wichtig ist in diesem Zusammenhang, daß im IFPROLOG direkt
nach dem Funktor eine Klammer folgt und nicht eine Leertaste.
Wie LISP hat also auch PROLOG die sogenannte Präfixnotation,
wobei der Operator außerhalb der Klammer steht.

Eine Reihe von Funktoren, die sogenannten **Operatoren** werden
im Gegensatz zu den meisten Funktoren nicht in der Präfix-
sondern in der Infixnotation dargestellt. Es handelt sich dabei um die arithmetischen Funktoren. Sind an einen Funktoren
Regeln und Fakten geknüpft, nennt man ihn **Prädikat.** Wie in
LISP einige Primitiva so sind auch in PROLOG einige Prädikate
vordefiniert. Es handelt sich dabei vorwiegend um Prädikate,
welche die Datenein- und -ausgabe sowie die Manipulation von
Wissensbasen regeln. Ansonsten lassen sich Prädikate im Rahmen der Syntaxregeln von PROLOG frei vom Benutzer definieren.
Damit erreicht PROLOG die gleiche Flexibilität wie LISP.

Zusammenfassend läßt sich die Struktur von PROLOG wie folgt
darstellen:

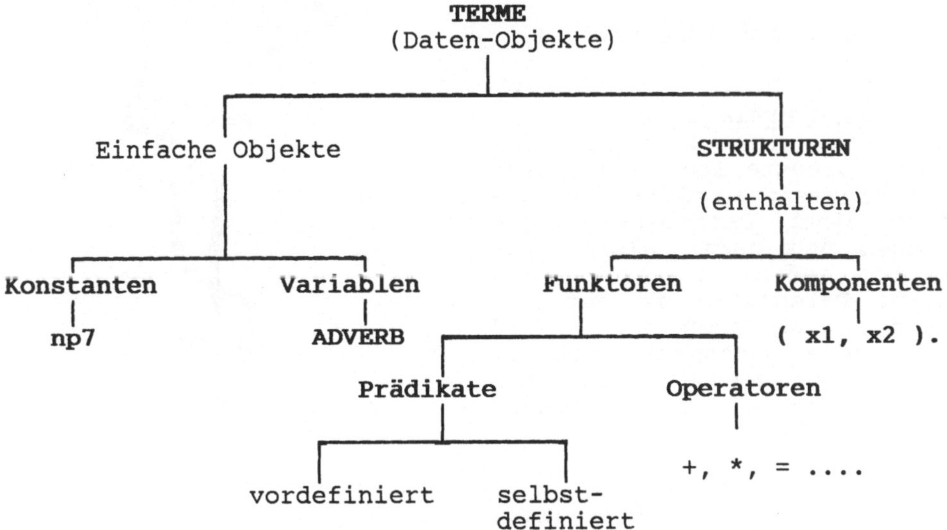

Fig. 26: Die Datenstruktur in PROLOG

Im Prinzip ist damit das wesentliche über PROLOG gesagt. Im
folgenden Abschnitt werden nun noch einige PROLOG-Prädikate
und Operatoren sowie deren Argumentstruktur vorgestellt.

5.3 Das Definieren einfacher Prädikate

Mit dem bereits bekannten Wissen über die Datenstruktur in
PROLOG können wir nun eine Datenbank erstellen und gezielte
Anfragen an diese Datenbank richten. Dazu teilen wir dem PRO-
LOG-Interpreter eine Reihe von Fakten mit. Diese Fakten wer-
den als PROLOG-Strukturen dargestellt. Nehmen wir als Bei-
spiel einen Teil des Lexikons des in 4.10.2. in LISP program-

mierten Syntaxparsers. Anhand der dort definierten Merkmale
für Pronomen kann man eine PROLOG-Datenbank gut illustrieren.
Unsere Datenbank könnte Datensätze des folgenden Typs enthalten:

pronomen(ich,nominativ,pers_1,singular,allgemein).

Diese Struktur besteht aus dem Funktor **pronomen** und einer
Reihe von Konstanten. Diese sind durch Kommas voneinander getrennt und drücken der Reihenfolge nach die folgenden Merkmale eines Pronomens aus: das Wort selbst, den Kasus, die
Person sowie das Genus.

Eine Datenbank, also eine
Sammlung von Fakten, kann man
entweder im Editor- oder im
Interpreter-Modus aufbauen.
Im Interpreter verwendet man
dazu ein vordefiniertes PRO-
LOG-Prädikat und teilt dem
Interpreter interaktiv die
Datensätze mit:

     asserta(<struktur>).

asserta (engl. assert = be-
haupten, erklären) hat als
Argument eine Struktur der
oben dargestellten Art. Dieses Argument wird an den Anfang einer Datenbank einge-
tragen und damit als wahres
Faktum definiert. Wenn noch
keine Datensätze in der Datenbank vorhanden sind, wird
eine neue Datenbank erzeugt.
Unsere Pronomen könnten nun
interaktiv wie folgt eingegeben werden:

?- asserta(pronomen(
                 ich,nominativ,pers_1,singular,allgemein)).

Nach Eingabe der Struktur antwortet PROLOG mit **yes** und bestätigt damit den ordnungsgemäßen Eintrag in die Datenbank. Wollen wir die Strukturen in der Datenbank angezeigt bekommen,
so bietet PROLOG das vordefinierte Prädikat **listing** (engl.
list = auflisten) an:

?- listing.
pronomen(ich,nominativ,pers_1,singular,allgemein).

yes

Die weiteren Datensätze kann man nun mit **asserta** oder **assertz**
der Datenbank hinzufügen. asserta fügt diese an den Anfang
und assertz an das Ende der Datenbank.

```
?- assertz( pronomen(
                du,nominativ,pers_2,singular,allgemein )).
```

yes   usw.

Sollte man bei der Eingabe eines Datensatzes einen Fehler gemacht haben, so kann man den jeweiligen Datensatz mit dem
vordefinierten Prädikat **retract** (engl. <u>zurücknehmen</u>) löschen:

retract(pronomen(ich,nominativ,pers_1,singular,allgemein)).

Eine im Direktmodus eingegebene Datenbank allerdings geht
nach Verlassen des Interpreters wieder verloren. Es empfiehlt
sich daher, eine Datenbank im Editor zu entwickeln. Zum einen
kann man fehlerhafte Eingaben leichter korrigieren, zum anderen kann man die Datenbank abspeichern und damit permanent
sichern.

Im Editor kann man dabei auf Prädikate wie <u>assert</u> oder <u>re-</u>
<u>tract</u> verzichten, es werden schlicht die jeweiligen Fakten
eingegeben:

```
pronomen( du,nominativ,pers_2,singular,allgemein ).
pronomen( er,nominativ,pers_3,singular,maskulin ).
pronomen( sie,nominativ,pers_3,singular,feminin ).
pronomen( es,nominativ,pers_3,singular,neutrum ).
pronomen( wir,nominativ,pers_1,plural,allgemein ).
pronomen( ihr,nominativ,pers_2,plural,allgemein ).
pronomen( sie,nominativ,pers_3,plural,allgemein ).

pronomen( mich,akkusativ,pers_1,singular,allgemein ).
pronomen( dich,akkusativ,pers_2,singular,allgemein ).
pronomen( ihn,akkusativ,pers_3,singular,maskulin ).
pronomen( sie,akkusativ,pers_3,singular,feminin ).
pronomen( es,akkusativ,pers_3,singular,neutrum ).
pronomen( uns,akkusativ,pers_1,plural,allgemein ).
pronomen( euch,akkusativ,pers_2,plural,allgemein ).
pronomen( sie,akkusativ,pers_3,plural,allgemein ).
```

Zum Aufrufen einer abgespeicherten Datenbank benötigt man allerdings noch ein weiteres PROLOG-Prädikat, das Prädikat **con-**
sult, (engl. <u>consult</u> = <u>konsultieren</u>):[3]

```
     consult( atom ).
```

Nun können wir unsere Datenbank, der wir den Namen PRONOMEN
gegeben haben, laden:

---

[3]Eine Variante von <u>consult</u>, **reconsult** (engl. = **erneut kon-**
sultieren), liest editierte Dateien in den Interpreter.

?- consult(pronomen).

consult:
file pronomen loaded in 2 sec.
yes

Nach Mitteilung der Ladezeit
ist PROLOG bereit für Anfragen zur Datenbank.

Durch Verwendung von Variablen in den Anfragen können
nun gezielt bestimmte Datensätze angesprochen werden.
Möchten wir z.B. wissen, welche Pronomen in der Datenbank
PRONOMEN das Merkmal pers_1
tragen, so geben wir ein:

?- pronomen(Wort,Kasus,pers_1,Numerus,Genus).

PROLOG antwortet anschließend wie folgt:

Wort   = ich
Kasus   = nominativ
Numerus   = singular
Genus   = allgemein

PROLOG hat also eine Struktur in der Datenbank gefunden, welche die Anfrage erfüllt. Dabei sind die Variablen Wort, Kasus, Numerus und Genus auf die entsprechenden Komponenten der
Struktur gesetzt worden. Der Variablenname ist dabei unerheblich, sollte allerdings mit der zu erwartenden Ausgabe in Beziehung stehen. PROLOG durchsucht die Datenbank von oben nach
unten in der Reihenfolge, wie die Datensätze eingegeben wurden. Am Ende der erfolgreichen Ausgabe eines Datensatzes war-
tet PROLOG auf weitere Anweisungen. Betätigt man nun die Eingabetaste, wird die Suche nach weiteren Datensätzen, welche
die Anfrage erfüllen, eingestellt. Ein Semikolon allerdings
fordert PROLOG auf, weiterzusuchen, d.h. die Variablenwerte
zurückzusetzen und mit eventuellen weiteren zutreffenden Datensätzen zur Deckung zu bringen. Ist die Datenbank vollständig durchsucht und sind keine weiteren Datensätze vorhanden,
welche die Anfrage erfüllen, antwortet PROLOG mit **no**.

Über die einfachen Anfragen hinaus, kann man nun eigene Prädikate definieren, die, verbunden mit gewissen Bedingungen,
spezielle Anfragen an die Datenbank richten können. Ein Prädikat besteht aus folgenden Komponenten:

- dem Prädikatsnamen
- einer Reihe von Argumenten
- dem Prädikatsinhalt

Schematisch läßt sich ein Prädikat wie folgt darstellen:

prädikatsname(Argument$_1$, ...Argument$_n$) :-
prädikatsinhalt.

Folgende syntaktische Charakteristika sind dabei zu beachten:
Der frei wählbare Prädikatsname wird kleingeschrieben und
sollte in einem Zusammenhang mit der Aufgabe des Prädikats
stehen. Die Anzahl der Argumente eines Prädikats ist beliebig, ein Prädikat kann auch ohne Argument definiert werden.
Prädikatsname und Argumente werden vom Prädikatinhalt durch
Doppelpunkt und Trennungsstrich :- voneinander getrennt. Alles, was hinter dieser Zeichenkombination folgt, wird im
Zusammenhang mit dem Prädikat abgearbeitet. Im Prädikatsinhalt stehen eine Reihe von Klauseln. Diese können, wie wir
später sehen werden, die verschiedensten Datenobjekte beinhalten. Das können einfache Fakten oder wiederum Prädikate
sein. Wie LISP-Funktionen können PROLOG-Prädikate in ihrem
Inhalt auch sich selbst enthalten, was zu einem rekursiven
Prädikatsaufruf führt.

Die Eingabe von Prädikaten erfolgt im Editor oder im Direktmodus. Im Direktmodus gibt man dazu PROLOG zu erkennen, daß
man ein Prädikat eingeben möchte. Das geschieht mit:

?- [user].[4]

Anschließend meldet sich PROLOG wie folgt und signalisiert
Eingabebereitschaft:

| .... hier gibt man jetzt das gewünschte Prädikat ein ...

Ist die Definition des Prädikates abgeschlossen, gibt man
ein:

| end_of_file.

Folgendes Prädikat, das auf genau diejenigen Pronomen zutrifft, die kasusmäßig unspezifiziert sind, also mehrere Ka-
susformen haben können, wäre für die Datenbank PRONOMEN sinnvoll:

```
undef( Wort) :-
    pronomen( Wort,nominativ,Person,Numerus,Genus ),
    pronomen( Wort,akkusativ,Person,Numerus,Genus ).
```

Dieses Prädikat trägt den Namen **undef** und hat ein Argument,
die Variable **Wort**. Das Prädikat ist erfolgreich, wenn die im
Inhalt formulierten Bedingungen erfüllt sind:

---

[4]Übrigens bietet PROLOG generell die Möglichkeit, einige
vordefinierte Prädikate alternativ durch Kombinationsmöglichkeiten mit den eckigen Klammern [] darzustellen. Beispiele:

```
consult( datei ).    = [datei].
reconsult( datei ).  = [-datei].
```

(a) Wort muß eine Nominativ-Form sein
(b) Wort muß eine Akkusativ-Form sein

Ist das der Fall, gibt PROLOG yes aus. Dieses Prädikat können
wir nun auf unsere Datenbank anwenden:

?- undef(sie).

yes
?- undef(ich).

no

Alternativ kann man auch eine Variable als Argument von undef
verwenden. In diesem Fall bekommt man alle Pronomen aufgelistet, für die das Prädikat undef gilt:

undef(Wort).

Wort = sie;
Wort = es;
Wort = sie;

no

Das Prädikat undef läßt sich wie folgt aufschlüsseln:

Name: undef
Argument: Wort
Bedingung: Wort muß das Merkmal nominativ und akkusativ tra-
gen.

Man kann ein solches Prädikat als eine Regel betrachten, die
PROLOG etwa folgendes mitteilt: "Ein Wort wird als undefi-
niert bezeichnet, wenn es das Merkmal nominativ und akkusativ
trägt." Man kann also das :-   mit wenn..dann 'übersetzen'.
Vergleichen wir dieses PROLOG-Prädikat mit der entsprechenden
LISP-Funktion:

```
(defun undef (wort)
   (cond ((and (equal (get-kasus wort) 'nominativ)
               (equal (get-kasus wort)'akkusativ))
             'yes)
        (t 'no)))
```

Dabei müßte natürlich die Datenbank in LISP über SETF entsprechend anders gestaltet und eine Funktion GET-KASUS definiert
werden. Folgende vordefinierte Primitiva lassen sich dabei in
etwa zwischen LISP und PROLOG vergleichen, wobei der Vergleich COND/:-, wie wir später sehen werden, nicht vollständig den Tatsachen entspricht:

```
          LISP              PROLOG

          DEFUN
          COND              :-
          AND               ,
          NIL               no
          T                 yes
```

Es fällt auf, daß es in PROLOG keine direkte Entsprechung für
das LISP-Primitiv DEFUN gibt, mit dem eigene Funktionen definiert werden können. Die bloße Eingabe eines Prädikatsnamens
nach den Richtlinien der PROLOG-Syntax genügt, um ein neues
Prädikat zu deklarieren. Auf dieser Basis können nun beliebige Prädikate definiert werden. Hier ein weiteres Beispiel:

imperativ_subjekt(Wort) :-
     pronomen(Wort,nominativ,pers_2,singular,Genus);
     pronomen(Wort,nominativ,pers_2,plural,Genus).

Mit imperativ subjekt könnte man die Datenbank nach möglichen
Subjekten für einen Imperativsatz durchsuchen. imperativ subjekt ist erfüllt, wenn ein Pronomen die Merkmale nominativ,pers 2, singular **oder** nominativ,pers 2, plural trägt.
Das **oder** in PROLOG wird durch das bereits bekannte Semikolon
ausgedrückt.

Je nach Art der Datenbank und der gewünschten Anfragen kann
man nun die verschiedensten Prädikate definieren. Das sollte
man natürlich im Editor tun, um eine permanente Sicherung der
definierten Prädikate zu erreichen.

Mit der Möglichkeit, eigene Prädikate zu definieren und diese
gegenseitig aufzurufen, bietet PROLOG dem Benutzer die gleiche Flexibilität wie die Programmiersprache LISP, die ja
eigene Funktionsdefinitionen und -aufrufe und gestattet.

5.4 Die Arbeitsweise von PROLOG

Bisher wurde besprochen **'was PROLOG tut'**. In vielen Fällen
ist es aber auch wichtig zu wissen, **'wie PROLOG intern arbeitet'**. D.h. neben dem deskriptiven Aspekt der Programmiersprache PROLOG kann das Wissen über die Arbeitsweise von PROLOG,
den **prozeduralen** Aspekt also, von Nutzen sein. Die Kenntnis
der internen Abläufe von PROLOG und deren Anwendung kann bestimmte Programmteile effektiver und damit schneller machen.

Nehmen wir als Beispiel unsere Datenbank PRONOMEN. Eine mögliche Anfrage an diese Datenbank könnte lauten:

?- pronomen(wir,nominativ,pers_1,plural,allgemein).

Die Aufgabe von PROLOG ist es, eine Struktur in der Datenbank
zu ermitteln, welche diese Anfrage erfüllt. Das System versucht dabei, eine Struktur zu finden, die sich mit der Struktur der Anfrage vereinigen (engl. unify) läßt. Dazu wird
zuächst einmal die Datenbank von oben nach unten (engl. depth
first = zuerst in die Tiefe) nach dem entsprechenden Prädikat

pronomen durchsucht. Ist dieses gefunden, werden die Argumente dieses Prädikates dahingehend überprüft, ob sie mit den Argumenten der Anfrage zur Deckung gebracht werden können. Es wird also nun von links nach rechts (engl. left-to-right) gesucht. Können die Argumente des gefundenen Prädikates mit denen der Anfrage zur Deckung gebracht werden, antwortet PROLOG mit yes, andernfalls wird die Suche fortgesetzt. Ist das Ende der Datenbank erreicht, lautet die Antwort no. Im Prinzip ist das Beantworten von Anfragen der Versuch, die Struktur der Anfrage mit einer entsprechenden Struktur in der Datenbank zur Deckung zu bringen. Man kann daher diesen Vorgang als **pattern matching** (engl. = zur Deckung Bringung von Mustern) bezeichnen.

Ist in der Anfrage nun eine Variable, z.B. Wort, enthalten, so wird völlig analog vorgegangen. Nach Finden des Prädikats überprüft PROLOG die Argumente der entsprechenden Struktur. Wenn alle Konstanten zur Deckung gebracht werden können und die Anzahl der Argumente der Anfrage mit der in der gefundenen Struktur übereinstimmt, wird die Variable auf den Wert der Konstanten in der entsprechenden Position gesetzt. Diesen Vorgang nennt man das **Instantiieren** von Variablen. Schematisch läßt sich das wie folgt darstellen:

Anfrage: pronomen(Wort,nominativ,pers_1,plural,allgemein).
Gefunden: pronomen(wir, nominativ,pers_1.plural,allgemein).
Variableninstantiierung: Wort = wir

Die Instantiierung wird dem Benutzer anschließend mitgeteilt. Vielfach ist der Benutzer mit der Ausgabe einer erfolgreichen Antwort zufrieden. Durch Eingabe eines Semikolons allerdings wird PROLOG aufgefordert, weiterzusuchen. Dabei wird zunächst die Variable deinstantiiert, also auf den Wert leer gesetzt, um nach einem neuen Wert zu suchen.[5] Diesen Vorgang nennt man **backtracking** (engl. zurückgehen). Das Backtracking enthält demnach mehrere Komponenten: Deinstantiierung von Variablen, neuer Versuch der Vereinigung der Struktur der Anfrage mit einer Struktur in der Datenbank nach den Prinzipien des pattern matching. Anschließend kann PROLOG den Suchvorgang weiter in die Tiefe fortsetzen.

---

[5] In Programmiersprachen wie BASIC oder LISP erreicht man diese Zurücksetzung durch CLEAR (BASIC) bzw. das explizite Setzen auf den Wert NIL in einer DO-Iteration oder durch SETQ in LISP.

Ein spezieller Mechanismus, der sogenannte **cut** (engl. cut = (ab)schneiden), dargestellt durch das Ausrufezeichen !, kann zur Steuerung der Auswertung von Prädikaten eingesetzt werden. cut bewirkt, daß noch nicht getestete Alternativen bei einem späteren Backtracking nicht mehr gefunden werden. Dadurch kann ein Programmablauf beschleunigt und der Arbeitsspeicher entlastet werden, da weniger Backtracking-Positionen aufgezeichnet werden müssen. Hier ein Beispiel:

```
wort( red,verb ).
wort( dank,verb ).
wort( geb, verb).
wort( rund,verb ).

wort( red,nomen ).
wort( dank,nomen ).
wort( rund,nomen ).

wort( rund,adj ).
```

In dieser kleinen Datenbank sind Wörter auf der Basis ihrer Stämme zusammen mit ihren Wortklassen abgespeichert. Bekanntermaßen können dabei einige Wörter mehreren Wortklassen zugeordnet werden. Diese Wörter können durch die folgenden Prädikate angezeigt werden:

```
np_mehrdeutig( Wort ) :-
    wort( Wort,nomen ),
    wort( Wort,adj ).

s_mehrdeutig( Wort ) :-
    wort( Wort,nomen ),
    wort( Wort,verb ).

gen_mehrdeutig( Wort ) :-
    np_mehrdeutig( Wort ),
    s_mehrdeutig( Wort ).
```

np mehrdeutig bezieht sich auf Wörter, die als verschiedene Wortklassen in einer Nominalphrase auftreten können, (z.B. Der runde Ball, eine Runde), s mehrdeutig trifft auf Wörter zu, die sowohl in einer NP als auch im Verb auftauchen können (z.B. die Rede, ich rede). gen mehrdeutig schließlich ist erfüllt, wenn ein Wort sowohl in einer NP in verschiedenen Wortklassen als auch im Verb auftreten kann (Beispiel: der runde Ball, die Runde, ich runde das Ganze ab). Übrigens ent-

hält gen mehrdeutig im Inhalt die beiden vorher definierten
Prädikate.

Schließlich könnte man noch ein Prädikat definieren, daß
einen Standardwert für Wörter, die das Prädikat
gen mehrdeutig erfüllen, ermittelt:

```
hole_default( Wort ):-
    gen_mehrdeutig( Wort ).
```

In der jetzigen Form allerdings ist hole default nicht sehr
sinnvoll, da alle Formen des mehrdeutigen Wortes ausgegeben
werden. Wir müssen also das Backtracking abbrechen, um den
ersten Wert für Wort aus der Datenbank abzurufen. Das geschieht mit cut (!):

```
hole_default( Wort ):-
    gen_mehrdeutig( Wort ), ! .
```

Nun wird lediglich ein Wert für Wort angezeigt. Danach antwortet PROLOG mit no, bewirkt durch cut, das die Suche ab-
bricht. cut ist also eine nützliche Hilfe zur Einschränkung
von Lösungsalternativen. Durch den Einsatz von cut können
bestimmte Programmteile in ihrem Ablauf erheblich
beschleunigt werden. Hier ein weiteres Beispiel, das die
Optimierung der Programmeffektivität veranschaulicht. Es besteht zunächst aus einer Datenbank, die Wörtern einen Standardwert zuordnet, der sich auf die Möglichkeiten des Satzan-
fanges und der Satzweiterführung bezieht:

```
w_wort( wer,subjekt_frage ).
w_wort( wen,objekt_frage ).
w_wort( warum,kausal_frage ).

np_wort( der,definit_np ).
np_wort( ein,indefinit_np ).

pp_start( in,lokativ ).
pp_start( trotz,kausal ).

s_koordination( und,additiv ).
s_koordination( aber,adversativ ).
```

Beschäftigen wir uns zunächst mit möglichen Satzanfangsmustern. Um den jeweilig vorliegenden Satztyp auf der Basis eines ersten Wortes ermitteln zu können, definieren wir das
Prädikat satzanfang. Im Gegensatz zu den bisher definierten
Prädikaten besteht satzanfang aus drei Regeln. Diese werden
nacheinander durchgetestet:

```
satzanfang( WORT,SATZTYP ):-
   w_wort( WORT, SATZTYP ),
   !.

satzanfang( WORT,SATZTYP ):-
   np_wort( WORT,SATZTYP ),
   !.

satzanfang( WORT,SATZTYP ):-
   pp_start( WORT,SATZTYP ).
```

Ein solches Mehrfachprädikat kann man daher mit einer LISP-Funktion vergleichen, die mehrere COND-Klauseln enthält. Oben hatten wir einen Vergleich von LISP COND und PROLOG :- angedeutet. Es dürfte nun klar sein, daß ein PROLOG-Prädikat mit mehreren Regel eher dem LISP COND entspricht. Als Beispiel dafür sei das vereinfachte LISP-Äquivalent für satzanfang angeführt, das für jede PROLOG Regel eine COND-Klausel enthält:

```
(defun satzanfang (wort)
   (cond ((member wort frage-wort)
          'frage-satz)
         ((member wort np-wort)
          'np-start)
         ((member wort pp-start)
          'pp-start)))
```

Schauen wir uns die drei Regeln von satzanfang näher an:

Regel 1: erfüllt das Eingabeargument WORT von satzanfang eine Struktur mit dem Namen w_wort, dann gib den SATZTYP aus, anschließend cut.

Regel 2: erfüllt das Eingabeargument WORT von satzanfang eine Struktur mit dem Namen np_wort, dann gib den SATZTYP aus, anschließend cut.

Regel 3: erfüllt das Eingabeargument WORT von satzanfang eine Struktur mit dem Namen pp_start, dann gib den SATZTYP aus.

cut zwingt PROLOG also jedes weitere Backtracking zu unterbinden. Ohne cut würde PROLOG auch nach erfolgreicher Beantwortung einer Anfrage nach z.B. einem Fragesatz weiter in der Datenbank suchen. Das heißt die Variable Wort würde deinstantiiert und anschließend auf neue Instantiierungsmöglichkeiten hin geprüft werden. Aus Gründen der Programmeffizienz allerdings wollen wir das vermeiden. cut hilft dabei. cut ist somit eine nützliche Anweisung an PROLOG, die man in etwa so übersetzen kann: "Wenn Du ein bestimmtes Prädikat erfüllt hast, dann hör auf, weiterzusuchen, weil ich keine weiteren Antworten wünsche!"

Die interne Arbeitsweise von PROLOG kann man übrigens direkt sichtbar machen. Nach Eingabe des vordefinierten Prädikats **trace** (engl. = Spuren anzeigen, verfolgen) wird PROLOG

aufgefordert, alle internen Verarbeitungsschritte anzuzeigen.
notrace schaltet den Anzeigemodus wieder aus.

Eine weitere Möglichkeit, eine gewisse Kontrolle über den Ablauf eines PROLOG Programms auszuüben, läßt sich durch die
Kombination von <u>cut</u> mit **fail** (engl. = <u>versagen</u>) erreichen.
Beides zusammen entspricht dem LISP NOT. Wie <u>cut</u> hat <u>fail</u>
keine Argumente. Das bedeutet, daß die Erfüllung von <u>fail</u>
nicht von der Instantiierung von Variablen abhängt. Wenn ein
Prädikat auf <u>fail</u> trifft, wird PROLOG zu einem backtracking
gezwungen, auch wenn ein Muster bereits erfolgreich zur Dek-
kung gebracht werden konnte. Verdeutlichen wir dies an einem
Beispiel. Wie bereits mehrfach erwähnt, sind eine Reihe von
Wörtern mehrdeutig bezüglich des durch sie einleitbaren
Satzes. So können z.B. die meisten <u>w</u>-Wörter sowohl eine Frage
("Wer sah Paul?") wie auch einen Nebensatz ("Wer Paul sah,
ist nicht klar.") einleiten. Diese Möglichkeit können wir
zunächst durch einige Fakten in die Datenbank aufnehmen:

```
w_wort( wer,nebensatz ).
w_wort( wen,nebensatz ).
w_wort( warum,nebensatz ):
w_wort( waehrend,nebensatz ).
```

Außer <u>während</u> können nun alle <u>w</u>-Wörter unserer Datenbank am
Anfang eines Hauptsatzes stehen. Um nun eine Anfrage nach dem
Satzanfang zu ermöglichen, wäre es wünschenswert, bei mehr-
deutigen Wörtern, wie z.B. <u>wer</u>, <u>wen</u> etc. als Standardwert den
Wert auszugeben, der auf den Hauptsatz zutrifft. Dies könnte
man durch eine weitere Regel in <u>satzanfang</u> erreichen. Diese
Regel sollte zweckmäßigerweise zuerst abgearbeitet werden:

```
satzanfang( WORT, SATZTYP ):-
    w_wort( WORT,nebensatz ),fail.
```

Diese neue Regel 1 von <u>satzanfang</u> zwingt PROLOG auch bei erfolgreicher Instantiiering der Variablen SATZTYP zu einem
Backtracking. Sie schließt damit die Instantiierung SATZTYP =
<u>nebensatz</u> für alle mehrdeutigen <u>w</u>-Wörter aus.

```
?- satzanfang( wer, Typ ).

Typ = subjekt_frage

?- satzanfang( waehrend, Typ ).

Typ = nebensatz
```

Die beiden vordefinierten PROLOG-Prädikate <u>cut</u> und <u>fail</u> sind
also Möglichkeiten, auf den Ablauf eines PROLOG Programms
einzuwirken. Es handelt sich daher im Grunde genommen um prozedurale Aspekte der Programmiersprache PROLOG.

5.5 Listenverarbeitung in PROLOG

Der prozedurale Anteil von PROLOG läßt sich auch anhand der
Verarbeitung von Listen darstellen.

Programmiersprachen, die primär Symbole manipulieren, verwenden vielfach die Liste als wichtige Datenstruktur. Während in
LISP die Liste neben Atomen die fundamentale Datenstruktur
darstellt, ist die Liste in PROLOG lediglich ein Datentyp unter vielen. In PROLOG werden Listen vorwiegend verwendet, um
Daten gleichen Typs aufzulisten und abzurufen, wenn sie benötigt werden.

Listen werden in eckigen Klammern dargestellt. Die Elemente
einer Liste werden durch Kommas voneinander getrennt. Hier
einige Beispiele:

```
[a,b,c]
[a_7,[f6,[g_5,f_3],g_1]]
[]
```

Wie in LISP können Listen selbst auch wieder Listen enthalten, ebenso gibt es eine leere Liste, die durch [] dargestellt wird. Definieren wir uns doch einmal eine kleine Liste:

```
?- asserta( pronomen( [ich,du,er,sie,es] )).
```

yes

Nun können wir auf die Elemente der Liste <u>pronomen</u> zugreifen.
Das kann auf einfache Art und Weise wie folgt geschehen:

```
?- pronomen( [X,_,Y,_,Z] ).
```

```
X = ich
Y = er
Z = es;
```

no

Der underscore _ steht dabei für diejenigen Elemente in der
Liste, die ignoriert werden sollen. Mit dieser Methode des
Zugriffs auf Listenelemente kommt man allerdings nicht sehr
weit, muß man doch die genaue Position des jeweilig gewünschten Listenelementes kennen.

Es wäre daher wünschenswert, wenn wir wie in LISP Listen-Selektoren wie etwa CAR und CDR zur Verfügung hätten. Diese
Prädikate sieht PROLOG zwar nicht vor, dennoch gibt es Wege,
auf die Elemente einer Liste zugreifen zu können. Dazu teilt
PROLOG eine Liste in zwei Teile auf:

- **Head** (engl. <u>Kopf</u>)   = das erste Element einer Liste
- **Tail** (engl. <u>Schwanz</u>) = der Rest einer Liste ohne Head

Folgende Symbolik wird dazu verwendet:

[Head ¦ Tail]

Das Zeichen ¦ fungiert also als Trennzeichen zwischen Head und Tail einer Liste. Nun können wir also Head und Tail einer Liste abrufen:

?- pronomen([H ¦ T]).

H = ich
T = [du,er,sie,es]

no

PROLOG benötigt im Gegensatz zu LISP also keine speziellen Listen-Selektoren. Sowohl Listen-Selektor als auch Listen-Konstruktor sind implizit in der PROLOG Listennotation enthalten. Man könnte diese allerdings ohne Probleme definieren.

```
car( Erst_Elem,[Erst_Elem¦_] ).
cdr( Rest_List,[_¦Rest_List] ).
```

Mit den in Anlehnung an LISP definierten Prädikaten <u>car</u> und <u>cdr</u> bekommt man also den gewünschten Teil einer Liste:

?- car(CAR,[ich,du,er,sie,es]).

CAR = ich

?- cdr(CDR,[ich,du,er,sie,es]).

CDR = [du,er,sie,es]

Ebenso könnte man auf das letzte Element einer Liste zugreifen wollen. Folgendes Prädikat wäre dabei zu definieren:

```
last( Element,[Element] ).
```

Dieses Prädikat ist erfüllt, wenn eine Liste genau aus einem Element besteht. Ist das nicht der Fall, muß dem Prädikat eine zweite Regel hinzugefügt werden, das die Liste solange verkürzt, bis das letzte Element erreicht ist. Es handelt sich also um ein rekursives Prädikat.

```
last( Element,[_¦Tail] ):-
    last( Element,Tail ).
```

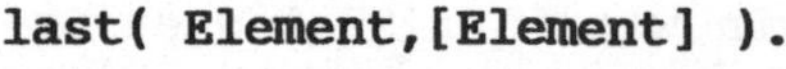
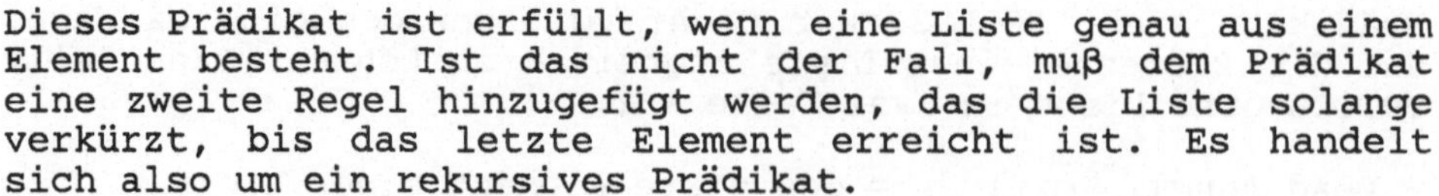

Wie bereits erwähnt, sind rekursive PROLOG-Prädikate den rekursiven LISP-Funktionen sehr ähnlich. Sie enthalten im Prädikatsinhalt ihren eigenen Prädikatsnamen mit veränderten Argumenten.

Schauen wir uns das gesamte Prädikat einmal genauer an:

```
last( Element,[Element] ).
last( Element,[_|Tail] ):-
    last( Element,Tail ).
```

Von folgender Eingabe wird ausgegangen:

```
last( LAST,[ich,du,er]).
```

Regel 1 von last ist nicht erfüllt, da es sich um eine Liste
handelt, die mehr als ein Element enthält. Wir verkürzen also
die Liste mit der 2. Regel von last auf ihren eigenen Rest:

```
last( LAST,[_|du,er] ) :-
    last ( LAST, [du,er] ).
```

Nun ruft sich das Prädikat wieder selbst auf, allerdings mit
der verkürzten Liste:

```
last( LAST,[du,er] ).
```

Regel 1 von last trifft wiederum nicht zu, da ja unsere Liste
noch nicht aus einem Element besteht. Also wird Regel 2 wieder angewandt:

```
last( LAST,[_|[er]] ) :-
    last( LAST, [er] ).
```

Erneut ruft sich das Prädikat mit einer verkürzten Liste auf
und testet die erste Regel:

```
last( LAST,[er] ).
```

Nun allerdings ist die Regel 1 von last erfüllt, da unsere
Liste ja nur noch aus einem Element besteht, dem letzten Element. PROLOG gibt aus:

```
LAST = er
```

Damit ist allerdings das Prädikat last noch nicht vollständig
bearbeitet. Regel 2 wird nämlich in jedem Fall aufgerufen und
erzeugt den erneuten Rest der Liste, also [], die leere Liste. Da diese kein Element mehr enthält, wird die Rekursion
anschließend abgebrochen. Will man diese zusätzliche Arbeit
vermeiden, so kann man cut einsetzen:

```
last( Element,[Element] ) :-
   !.

last( Element,[_,Tail] ):-
   last( Element,Tail ).
```

Nun wird das Prädikat beendet, sobald die erste Regel erfüllt
ist. Die entsprechende LISP-Funktion sieht so aus:

```
(defun last (liste)
   (cond ((= (length liste) 1))
           (car liste))
         ((null liste) 'no)
         (t (last (cdr liste)))))
```

Auf diese Art und Weise, also durch Aufteilung einer Liste in
Head und Tail lassen sich nun eine Reihe von Prädikaten
definieren, die auf Listenelemente zugreifen können. So ist
das Listenprädikat member häufig vonnutzen, da es die Mitgliedschaft eines Elementes in einer Liste überprüft:

```
member( Element,[Element|_] ).
member( Element,[_|Tail] ):-
   member( Element,Tail ).
```

Ähnlich wie last ist member ein rekursives Listenprädikat. In
der ersten Regel wird geprüft, ob das in Frage kommende Element Head einer Liste ist. Ist das nicht der Fall tritt Regel
2 in Aktion und verkürzt die Liste auf ihren eigenen Rest.
Folgende LISP Funktion wäre die Entsprechung von member:

```
(defun member (element liste)
   (cond ((equal element (car liste))
           'yes)
         ((null liste) 'no)
         (t (member element (cdr liste)))))
```

Folgende Anfrage wäre nun möglich:

```
?- member( das,[der,die,das] ).
yes
```

Auch **append** kann häufig sehr nützlich sein, fügt es doch zwei
Listen zu einer neuen Gesamtliste zusammen. Daher hat es drei
Argumente, die beiden Eingabelisten und die neue Ausgabeli-
ste. Es läßt sich wie folgt definieren:

```
append( [],Liste,Liste ).
append( [Head|Liste1],Liste2,[Head|Liste3] ):-
   append( Liste1,Liste2,Liste3 ).
```

Die erste Regel des komplexen Prädikats append gilt nur für
den Fall, daß die erste Eingabeliste leer ist. Eine Verknüpfung einer beliebigen Liste X mit der leeren Liste hat natürlich die Liste X zum Resultat:

```
[] + [a,b,c] --> [a,b,c]
```

Die zweite Regel verkürzt solange die erste Liste, bis Regel
1 von <u>append</u> anwendbar ist. Anschließend wird die zweite Liste zum Tail der dritten Liste. Schauen wir uns den internen
Ablauf im einzelnen an:

?- append([],[1,2],X).

X = [1,2]

Bei dieser Eingabe ist Regel 1 von <u>append</u> direkt erfüllt, da
die erste Liste Leer ist. Daher wird X auf den Wert [1,2] instantiiert.

?- append([1,2],[3,4],X).

X = [1,2,3,4]

Im einzelnen werden folgende interne Verarbeitungsschritte
durchgeführt:

Regel 1: nicht erfüllt, da die erste Liste nicht leer ist.
Regel 2: **append([Head¦Liste1],Liste2,[Head¦Liste3])**
        Dabei werden die Variablen wie folgt instantiiert:
        append([Head¦Liste1],Liste2,[Head¦Liste3])

          (1 ¦ [2] , [3,4],   X   )

Nun erfolgt durch den Inhalt von Regel 2 ein erneuter Aufruf
von <u>append</u> mit den neuen Variablen:

    append(Liste1,Liste2,Liste3)

also in unserem Beispiel:

    append([2],[3,4],X).

Wiederum wird zunächst Regel 1 von <u>append</u> getestet, die aber
nicht erfolgreich ist, da ja die erste Liste immer noch nicht
leer ist. Daher bleibt auch die Variable X uninstantiiert.
Erneut wird nun Regel 2 aufgerufen:

Regel 2: **append([Head¦Liste1],Liste2,[Head¦Liste3])**
        Dabei werden die Variablen nun neu instantiiert:
        append([Head¦Liste1],Liste2,[Head¦Liste3])

          (2 ¦ [ ]   , [3,4],   X   )

Erneut ruft sich <u>append</u> mit diesen neuen Werten selbst rekursiv auf:

    append([],[3,4,],X).

Nun allerdings ist Regel 1 erfüllt und <u>append</u> erfolgreich
durchgeführt worden. Damit wird X zunächst auf den Wert [3,4]
gesetzt. Ehe allerdings die erfolgreiche Bearbeitung gemeldet
werden kann, müssen die vorher angesammelten Werte für die
Variable <u>Head</u> noch abgerufen werden. Das Head der ersten Li-

ste war ja immer auch Head der dritten Liste. Wir erinnern
uns: Beim ersten Durchlauf von append war Head = 1, beim
zweiten Durchlauf war Head = 2. Diese beiden Werte werden nun
noch in Liste3 hineinkonstruiert und wir erhalten:

X = [1,2,3,4].

Ebenso wie in LISP werden also zwei Listen so zusammengefügt,
daß eine Liste ständig verkürzt wird und das erste Element
dieser Liste der anderen hinzugefügt wird. Der ganze Vorgang
wird abgebrochen, wenn die erste Liste leer ist:

```
(defun append (liste1 liste2)
     (cond ((null liste1) liste2)
           (t (cons (car liste1) liste2)
              (append (cdr liste1) liste2)))))
```

(Die Resultatsliste Liste2 erscheint allerdings in umgedreh-
ter Reihenfolge und müßte noch entsprechend behandelt werden).

Übrigens ist append in PROLOG vordefiniert. Die obige sehr
ausführliche Diskussion diente daher nur dem Verstehen der
Listenverarbeitung durch append von PROLOG. Später werden wir
noch eine weitere Möglichkeit des Ausnutzens von append sehen, die auf die gerade diskutierten Möglichkeiten zurück-
greift. Wiederum wird empfohlen durch Einschalten des trace-
Modus und Selbstdefinieren von append die interne Abarbeitung
sichtbar zu machen.

Der Zugriff auf Listen ist in PROLOG also genauso möglich wie
in LISP. Über die Unterscheidung der Listenelemente in Head
und Tail sowie die Möglichkeit der Darstellung leerer Listen
können in PROLOG Listenelemente manipuliert werden.

5.6 Datenein- und Datenausgabe

Wie bereits bekannt ist eine PROLOG-Datenbank eine Ansammlung
von Fakten und Regeln. Anfragen an diese Datenbanken werden,
soweit nicht anderweitig vorgesehen, interaktiv durchgeführt.
Eine Reihe von vordefinierten Prädikaten allerdings gestatten
es, die Datenein- und Datenausgabe speziell zu regeln. So ist
es möglich, wie in LISP ganze Dateien, Ketten (strings), Wörter sowie einzelne Symbole ein- bzw. auszugeben. Dazu bedient
man sich in PROLOG folgender Prädikate:

Dateneingabe:

consult/reconsult(<datei>). --> liest eine Datei ein.
read(<Argument>).   --> liest Daten ein.
get(<Variable>).   --> liest den ASCII-Wert eines
                                     Zeichens.

Eine besondere Möglichkeit, einen Zeilenvorschub zu erreichen, bietet das Prädikat **nl** (engl. **new** line = neue Zeile).
Gleiches könnte man natürlich auch mit put(10) veranlassen
(siehe hierzu auch Anhang A).

<u>Datenausgabe:</u>

write(<Argument>).   --> gibt Daten aus.
put(<ASCII-Wert>).   --> druckt ein Zeichen auf der
                                      Basis seines ASCII-Wertes.

dos(cls).   --> säubert den Bildschirm

Bezüglich der Argumente von <u>read</u> bzw. <u>write</u> (engl. <u>schreiben</u>)
ist folgende Unterscheidung von Wichtigkeit:

<u>read</u> hat als Argument eine Variable, die auf den Wert der je-
weiligen Benutzereingabe gesetzt wird. Eingabe kann dabei
sein:

- eine Konstante (Atom oder Liste)
- eine Kette

Hier einige Beispiele:

?- read(X).
hallo.

X = hallo

?- read(X).
[ich,komme].

X = [ich,komme]

?- read(X).
'ich komme'.

X - 'ich komme'.

?- read(X).
"ich komme".

X = [105,99,104,32,107,111,109,109,101]

Wichtig ist, daß bei Eingabe einer Kette (dargestellt durch "
..") intern die jeweiligen ASCII-Werte generiert und als Liste ausgegeben werden.

Die Datenausgabe mit <u>write</u> verläuft ähnlich, mit dem Unterschied, daß das Argument von <u>write</u> nicht eine Variable sondern eine Konstante ist. Hier wieder einige Beispiele:

?- write(hallo).
hallo

?- write('ich komme').
ich komme

?- write("ich komme").
[105,99,104,32,107,111,109,109,101]

Datenein- und Datenausgabe lassen sich gut an der in Kapitel
4.6.3 dargestellten Übungsaufgabe VIELFRASS illustrieren.[6]
In PROLOG sieht das Programm wie folgt aus:

```
vielfrass :-
   write( 'Eine Eingabe bitte: '),nl,
   read( EINGABE ),
   check( EINGABE).

check( EINGABE ) :-
   EINGABE = kekse, nl,
   write( 'mampf mampf'),
   !.

check( EINGABE ) :-
   write( 'Mag kein '),
   write( EINGABE ),nl,
   vielfrass.
```

Folgende Schritte werden von diesem kleinen Programm durchgeführt:

Zunächst zeigt vielfrass auf dem Bildschirm an, daß eine Eingabe gewünscht wird, anschließend wird eine Leerzeile gedruckt. Danach wird die Benutzereingabe auf den Wert EINGABE
gesetzt. Mit diesem Wert wird das Prädikat check aufgerufen.
Dieses überprüft in seiner ersten Regel, ob es sich bei der
Eingabe um das Wort 'Kekse' handelt (dargestellt durch EIN-
GABE = kekse) und gibt, falls dies erfüllt ist, eine entsprechend positive Ausgabe auf den Bildschirm. Kann die erste
Regel nicht erfüllt werden, wird Regel 2 von check aufgerufen. Diese sieht einen negativen Ausdruck vor und ruft erneut
vielfrass auf. Über diese Prädikate lassen sich nun weitere
Ein- und Ausgaben definieren. Zu erwähnen sei in diesem Zusammenhang noch das Prädikat **tab(<zahl>)**, das Leerstellen
ausdrucken kann. Mit **tab(5)** z.B. kann man 5 Leerstellen auf
den Bildschirm geben.

Mit den bisher gezeigten Möglichkeiten der Listenverarbeitung
sowie den gerade dargestellten Datenein- und Datenausgabeprä-
dikaten kann man nun in eleganter Form Möglichkeiten schaffen, die manchmal recht umständliche Datenein- bzw. -ausgabe
in PROLOG zu erleichtern. So könnte man z.B. eine Liste in
eine völlig normale Kette umwandeln. Folgendes Prädikat ließe
sich dazu definieren:

```
wandle_um( [ ] ):- write( '.' ),nl.
wandle_um( [HEAD|TAIL] ):-
   write( HEAD ),tab( 1 ),wandle_um( TAIL ).
```

Die erste Regel von wandle um überprüft, ob die Eingabeliste
leer ist. Ist das der Fall wird ein Punkt ausgedruckt und ein
Zeilenvorschub veranlaßt. In der zweiten Regel wird die Eingabeliste in Head und Tail aufgespalten. Dabei wird jeweils

---

[6] Vergleiche hierzu die Lösung auf Seite 158.

das Head ausgedruckt, eine Leerstelle angefügt und die zweite
Regel mit ihrem eigenen Tail erneut aufgerufen. Man könnte
sich dieses Prädikat in Zusammenhang mit Computerausgaben
vorstellen:

```
?- wandle_um( [der, mann, sah, die, frau ] ).
der mann sah die frau .
```

Ebenso könnte man eine Kette, die ja als eine Aneinanderrei-
hung einzelner Zeichen zu verstehen ist, als Einzelwörter
ausdrucken lassen:

```
drucke_kette( [ ] ).
drucke_kette( [HEAD|TAIL] ):-
    put( HEAD ),
    drucke_kette( TAIL ).
```

```
?- drucke_kette("Der Mann sah die Frau.").
Der Mann sah die Frau.
```

Das Prädikat <u>drucke kette</u> entspricht in etwa dem muLISP Primitiv UNPACK, das ja eine Kette Zeichen für Zeichen in eine
Liste hineinkonstruiert. Abbruchbedingung für <u>drucke kette</u>
ist wiederum die leere Liste. Solange diese Bedingung nicht
erfüllt ist, bearbeitet die zweite Regel von <u>drucke kette</u>,
die Eingabe. Dabei wird die Eingabe, die als Kette ja intern
in Form einer Liste mit den ASCII-Werten für die Einzelzei-
chen dargestellt wird, Stück für Stück verkürzt. Das jeweilige Head der Liste wird mit <u>put</u> in ein Zeichen übertragen.
Anschließend erfolgt ein erneuter Aufruf des Prädikats
<u>drucke kette</u> mit dem Rest der Eingabeliste. So können nach-
einander die jeweiligen ASCII-Werte als Zeichen auf den Bildschirm gegeben werden:

```
drucke_kette( "ich komme").
Interne Darstellung: [105|99,104,32,107,111,109,109,101]
Ausgabe:              i
```

```
drucke_kette( "ch komme" ).
Interne Darstellung: [99|104,32,107,111,109,109,101]
Ausgabe:              c
```

usw.

Die zweite Regel von <u>drucke kette</u> wird solange ausgeführt,
bis die Eingabeliste leer ist und damit Regel 1 von
<u>drucke kette</u> wirksam wird.

Man könnte nun das Prädikat <u>drucke kette</u> in ein weiteres Prädikat einbetten, welches Benutzer und PROLOG in eine Art An-
fangsdialog treten läßt:

```
anfang :-
 dos( cls ),
 drucke_kette( "Bitte eine Eingabe:" ),nl,
 read( Eingabe ),nl,
 drucke_kette( Eingabe ).
```

Das Prädikat <u>anfang</u>, das kein Argument hat, verlangt vom Benutzer eine Eingabe in Form einer Kette und zeigt die Eingabe
auf dem Bildschirm an. Besser wäre es allerdings noch, wenn
die Benutzereingabe völlig normal, also in Form eines Satzes,
der mit einem Interpunktionszeichen abgeschlossen wird, erfolgen könnte. Dieser Eingabesatz sollte dann zur weiteren
Verarbeitung in eine Liste überführt werden, so daß ein Parsing-Algorithmus auf die einzelnen Listenelemente zugreifen
könnte. Entwickeln wir also eine solche Eingabefunktion:

```
eingabe:-
    dos( cls ),
    drucke_kette( "Bitte einen Satz: "),nl,
    mach_liste( Woerter ),
    write('Die Eingabe als Liste ist: '),
    write( Woerter ),
    nl.
```

Das Prädikat <u>eingabe</u> bittet den Benutzer um eine Eingabe und
ruft anschließend das Prädikat <u>mach liste</u> auf. Dieses Prädikat ist ähnlich aufgebaut wie die LISP-Funktion <u>MACH-LISTE</u>,
die in 4.11.2. als Eingangsfunktion die Benutzereingabe in
eine Liste umwandelte. Die Grundidee ist folgende: Von jedem
Zeichen, das der Benutzer eingibt, wird der ASCII-Code (siehe
Anhang A) ermittelt. Trifft PROLOG auf die ASCII-Werte 32
(eine Leerstelle) oder 46 (einen Punkt) liegt eine Trenn-
stelle zwischen zwei Wörtern bzw. das Satzende vor. Ist darüberhinaus die Eingabe abgearbeitet, also leer und wurde zusätzlich die Eingabetaste (ASCII-Wert 10) betätigt, dann ist
die Eingabe erfolgreich. Schauen wir uns die Komponenten von
<u>mach liste</u> an:

```
mach_liste( Woerter ):-
    get( Buchstabe ),
    kleinschreibung( Buchstabe, Kleiner_buchstabe),
    ermittle_woerter( Kleiner_buchstabe, Woerter ).
```

Zunächst wird in <u>mach liste</u> über das Prädikat <u>get</u> der jeweilige ASCII-Wert des ersten eingegebenen Zeichens ermittelt.
Dieser wird dann an das Prädikat <u>kleinschreibung</u> weitergereicht:

```
kleinschreibung( Gross,Klein ):-
    Gross>64,
    Gross<91,
    Klein is Gross+32.
kleinschreibung( Klein,Klein ).
```

Dieses Prädikat, das aus zwei Regeln besteht, enthält einige
interessante Neuheiten. Zweck dieses Prädikates ist es, den
ersten Buchstaben des ersten Eingabewortes, wenn nötig in

einen Kleinbuchstaben umzuwandeln. Dazu wird zunächst die
oben erwähnte Variable <u>Buchstabe</u>, also der vorher ermittelte
ASCII-Wert, als neue Variable <u>Gross</u> übernommen. Diese wird
auf ihren Wert hin überprüft. Liegt der ermittelte ASCII-Wert
zwischen 64 und 91, so handelt es sich um einen Großbuchstaben. Da Großbuchstaben für Variablen reserviert sind, muß
eine Umwandlung in den jeweiligen Kleinbuchstaben erfolgen.
Das erreicht man, indem man zu dem ermittelten Wert 32 addiert:

<u>Beispiel</u>: ASCII-Wert 65 = A
          ASCII-Wert 97 = a

Das Prädikat <u>Klein is Gross+32</u>, eine arithmetische Operation,
die hier nicht weiter erklärt ist, nimmt diese Umwandlung
vor.

Übrigens erfolgt die Umwandlung nur für Großbuchstaben. Ist
die Eingabe von vorneherein in Kleinschreibung vorgenommen,
kommt die zweite Regel von <u>kleinschreibung</u> zur Anwendung. Mit
den neuen ASCII-Werten kann nun das Prädikat <u>kleinschreibung</u>
verlassen werden. Die ermittelten Werte werden an das
Prädikat <u>ermittle woerter</u> übergeben, das wie folgt aussieht:

```
ermittle_woerter( 10,[] ).
ermittle_woerter( Buchstabe,[Wort|Rest] ):-
    ein_wort( Buchstabe,ASCII_Wert ),
    name( Wort,ASCII_Wert ),
    get0( Buchstabe_naechstes_Wort ),
    ermittle_woerter( Buchstabe_naechstes_Wort,Rest ).
```

Die erste Regel von <u>ermittle woerter</u> überprüft, ob der ASCII-
Wert des letzten Zeichens 10 ist (Eingabetaste) und die Eingabe leer ist. Ist das nicht der Fall, wird der Variablenwert
von <u>Klein</u> auf die Variable <u>Buchstabe</u> instantiiert und <u>Woerter</u>
der Liste <u>[Buchstabe|Rest]</u> zugeordnet. Im Inhalt der zweiten
Regel von <u>ermittle woerter</u> wird nun das Prädikat <u>ein wort</u>
aufgerufen:

```
ein_wort( 32,[] ).
ein_wort( 46,[] ).
ein_wort( Buchstabe,[Buchstabe|Rest]):-
        get0( Naechster_Buchstabe ),
        ein_wort( Naechster_Buchstabe,Rest ).
```

Die ersten beiden Regeln von <u>ein wort</u> gelten nur für die
Fälle einer Leerstelle (ASCII-Wert 32) oder eines Punktes
(ASCII-Wert 46) als Eingabe. Die dritte Regel ermittelt
zunächst den Wert des Folgezeichens (<u>get0</u> tut dies) und arbeitet dann mit diesem Wert weiter. Dies wird solange getan,
bis eine Leerstelle oder ein Punkt erreicht ist.

Nun kann das Prädikat <u>name</u> in <u>ermittle woerter</u> abgearbeitet
werden. <u>name</u> ist in PROLOG vordefiniert und ermittelt die
Zeichenfolge für eine Liste von Zahlenwerten:

```
?- name( X,[116,104,105,115] ).
```

X = this

yes

Mit name werden die bis zur Leerstelle oder zu einem Punkt
angehäuften ASCII-Werte, die ja als Liste auf die Variable
ASCII_Wert instantiiert wurden, in eine Zeichenkette überführt. Anschließend wird mit get0 der ASCII-Wert des nächsten
Zeichens ermittelt und das Prädikat ermittle woerter rekursiv
wieder aufgerufen. Über ein wort werden wieder die folgenden
Zeichen ermittelt, bis die Regel ermittle woerter(10,[]).
zutrifft, also die Eingabetaste gedrückt wurde. Damit kann
ermittle woerter verlassen werden, wobei die Variable Woerter
nunmehr die angesammelten Eingabewörter überführt in eine Liste enthält. Diese wird schließlich durch das Prädikat write
in eingabe ausgedruckt. Hier nochmals das gesamte Programm in
komprimierter Form:

```
eingabe:-
   dos( cls ),
   drucke_kette( "Bitte einen Satz: "),nl,
   mach_liste( Woerter ),
   write('Die Eingabe als Liste ist: '),
   write( Woerter ),
   nl.

mach_liste( Woerter ):-
   get( Buchstabe ),
   kleinschreibung( Buchstabe, Kleiner_buchstabe ),
   ermittle_woerter( Kleiner_buchstabe, Woerter ).

kleinschreibung( Gross,Klein ):-
   Gross>64,
   Gross<91,
   Klein is Gross+32.
kleinschreibung( Klein,Klein ).

ermittle_woerter( 10,[] ).
ermittle_woerter( Buchstabe,[Wort|Rest] ):-
   ein_wort( Buchstabe,ASCII_Wert ),
   name( Wort,ASCII_Wert ),
   get0( Naechster_Buchstabe ),
   ermittle_woerter( Naechster_Buchstabe,Rest ).

ein_wort( 32,[] ).
ein_wort( 46,[] ).
ein_wort( Buchstabe,[Buchstabe|Rest] ):-
      get0( Naechster_Buchstabe ),
      ein_wort( Naechster_Buchstabe,Rest ).
```

Um die Funktionsweise der einzelnen Komponenten dieses kleinen Programms genauer zu ergründen, wird empfohlen, den
Programmablauf einmal durch vorherige Eingabe des Prädikats
trace zu verfolgen.

Anhand der gerade gezeigten Programmierung eines Programm-
teils läßt sich sehr schön der Aufbau eines PROLOG Programms

darstellen. Wie LISP so ist auch PROLOG durch die 'modulare',
d.h. durch die in Komponenten aufgeteilte Programmstruktur
gekennzeichnet. Das oben dargestellte Programm dient demnach
als Benutzereingabe-Modul und ist damit äquivalent mit den
Funktionen START und MACH-LISTE des in 4.11.2. diskutierten
Parsers. Wir könnten nun anfangen, ein weiteres Modul, nämlich den eigentlichen Parser, zu definieren.

5.7 Das Erstellen umfangreicherer Programme

In den vergangenen Abschnitten haben wir die wichtigsten
Grundlagen der Programmiersprache PROLOG kennengelernt. Folgende Möglichkeiten wurden dargestellt:

- das Definieren von PROLOG-Prädikaten mit
  - einer oder mehreren Regeln
  - mit rekursivem Aufruf
- die Verarbeitung von Listen
- die Ein- und Ausgabe von Daten der verschiedensten Art

Mit diesen Techniken ist im Grunde genommen alles über PROLOG
gesagt. Zwar gibt es noch eine Reihe von vordefinierten PRO-
LOG-Prädikaten, diese vorzustellen, ist allerdings nicht sehr
sinnvoll, kann man ihre Argumentstruktur und ihre Anwendung
doch problemlos aus den jeweiligen Handbüchern entnehmen.

Im folgenden nun soll gezeigt werden, wie aus einer Reihe von
Prädikaten ein komplexeres PROLOG-Programm entsteht. Bevor
man allerdings ein Programm erstellt, sind einige grundlegende Vorgaben zu beachten:

(a) Programmablaufschema

PROLOG erlaubt wie LISP einen Höchstgrad an Flexibilität
durch die Möglichkeit, Prädikate selbst zu definieren. Daher
ist die Gefahr groß, daß man schnell die Übersicht über das
eigene Programm verliert. Man sollte sich also bereits vor
der Programmierung Gedanken über den gewünschten Programmablauf machen.

(b) Programmdokumentation

Um die Lesbarkeit eines Programms auch für Programmfremde zu
ermöglichen, sollten die Einzelkomponenten eines Programms im
Programm selbst ausreichend kommentiert werden. Dazu sieht
PROLOG folgende Zeichenkombination vor:

/* Hier steht der Kommentar */

Die zwischen /* */ stehenden Zeichen werden von PROLOG nicht
ausgewertet. Damit entspricht die Zeichenkombination /* */
dem Semikolon in LISP oder dem Apostroph in BASIC.

(c) Modularisierung

In der Regel besteht ein Programm aus einer Vielzahl von Prädikaten, die jeweils ganz bestimmte Aufgaben durchzuführen

haben. Je nach Art der Aufgabe lassen sich die Prädikate in
Gruppen zusammenfassen. Eine Gruppe von Prädikaten, die zusammen eine bestimmte Aufgabe zu erledigen haben, nennt man
auch ein **Programm-Modul**. Je nach Art des Programms kann man
ganz bestimmte Module programmieren. In unserem LISP-Syntax-
Parser hatten wir z.B. ein Dateneingabe-Modul, ein Lexikon,
ein Parser-Modul und ein Datenausgabe-Modul. Im vergangenen
Abschnitt hatten wir ein Programm entwickelt, das gewöhnliche
Eingaben in Listen umwandelt. Dieses Programm kann als Dateneingabe-Modul in ein weiterführendes Programm integriert werden.

Da man komplexere Programme in der Regel in einem Editor erstellt, empfiehlt es sich, die jeweils benötigten Programm-
Module auf bestimmte Dateien aufzuteilen.

Um sowohl den deklarativen als auch den prozeduralen Charakter von PROLOG veranschaulichen zu können, sollen im folgenden zwei unterschiedliche Parser-Programme in PROLOG programmiert werden. Für beide Programme können wir Teile des in
5.6. vorgestellten Eingabe-Moduls verwenden:

```
/* benutzerfreundlicher Programmanfang */

start :-
  dos( cls ),
  write( 'Bitte eine Eingabe ? '),nl,
  mach_liste( Eingabe ),
  check( Eingabe ).
```

Dieses Prädikat verlangt vom Benutzer eine Eingabe in völlig
normaler Form und übergibt diese Eingabe in Form einer Liste
an ein zu definierendes Prädikat <u>check</u>, das diese Liste verarbeitet. Zum Zwecke der Überführung der Eingabe in eine Liste greifen wir auf das in 5.6. definierte Prädikat
<u>mach liste</u> zurück. Bezüglich des Aufbaus des Prädikats <u>check</u>
haben wir mehrere Möglichkeiten. Zum einen könnten wir ein
prozedurales Programm entwickeln, das über den erzeugten Listen operiert und die jeweiligen Heads morphologisch und syntaktisch analysiert. Zum anderen könnten wir deklarativ vorgehen und dem System ein Grammatikregelsystem definieren, das
mit der Eingabe zur Deckung gebracht werden muß. In beiden
Fällen können wir von dem oben entwickelten Eingabemodul Gebrauch machen. Wenden wir uns zunächst dem rein deklarativen
Programm zu.

5.7.1 Definite Clause Grammars

Im Rahmen der allgemeinen PROLOG Programmierung ist es sehr
leicht möglich, ein Syntaxregelsystem aufzubauen, auf dessen
Basis PROLOG Eingabesätze verarbeitet. Regeln dieser Art
könnten wie folgt aussehen:

```
SATZ            --> NOMINALPHRASE VERBALPHRASE  (S  --> NP VP)
NOMINALPHRASE --> DETERMINER NOMEN              (NP --> DET N)
VERBALPHRASE  --> VERB NOMINALPHRASE            (VP --> V NP)
VERBALPHRASE  --> VERB                          (VP --> V)
```

Bei diesen Regeln handelt es sich um sogenannte kontext-freie
syntaktische Regeln, die einen Eingabesatz auf das Vorhandensein der Bestandteile (Konstituenten) der Regeln überprüfen.
Bei der Verarbeitung eines Eingabesatzes werden diese Regeln
von 'oben nach unten' (engl. top-down) zur Anwendung und mit
den Eingabewörtern zur Deckung gebracht. Es wird also nicht
zuerst auf die einzelnen Wörter eines Eingabesatzes zugegrif-
fen, sondern es werden Regeln solange in Teilregeln zerlegt,
bis sie auf Wortebene angelangt sind. Erst dann erfolgt eine
lexikalische Überprüfung. Daher kommt zu diesen Regeln noch
ein Lexikon, das wie folgt aussehen könnte:

```
DETERMINER --> der              (DET --> der)
DETERMINER --> die              (DET --> die)
NOMEN      --> mann             (N   --> mann)
NOMEN      --> frau             (N   --> frau)
VERB       --> sieht            (V   --> sieht)
```

Unser Programm soll nun in der Lage sein, Sätze, welche die
Regeln erfüllen und Wörter enthalten, die im Lexikon stehen,
zu verarbeiten. Dazu könnte man schlicht die oben formulierten Regeln als Prädikate ausformulieren:

```
/* Syntaktische Regeln */

s( X ):-
  append( Y,Z,X ),np( Y ),vp( Z ).
np( X ):-
  append( Y,Z,X ),det( Y ),n( Z ).
vp( X ):-
  append( Y,Z,X),v( Y ),np( Z ).
vp( X ):-
  v( X ).

/* Lexikalische Regeln */

det( [der] ).
det( [die] ).
n( [mann] ).
n( [frau] ).
v( [sieht] ).
```

Diese Regeln basieren auf dem Prinzip des Abbaus der Eingabeliste X in zwei Teillisten Y und Z. Diese werden als Werte
von zunächst np und vp generiert. Nehmen wir folgende Eingabe
an:

```
?- s( [der,mann,sieht] ).
```

Im Prädikatsinhalt erhalten wir nun zunächst:

```
s( [der,mann,sieht] ):-
    append( Y,Z,[der,mann,sieht]),....
```

append arbeitet dabei in einer Weise, die wir bisher noch
nicht besprochen haben. Es bietet nämlich auch die Möglichkeit, zwei Variablen und eine Liste einzugeben und durch
Backtracking die Atome dieser Liste zwischen den Variablen
hin und her zu 'schaufeln'. Schauen wir uns dazu nochmals das
vordefinierte Prädikat _append_ an:

append([],Liste,Liste).
append([Head|Liste1],Liste2,[Head|Liste3]):-
    append(Liste1,Liste2,Liste3).

Betrachten wir dazu folgende einfache Eingabe:

append(Y,Z,[1,2]).

Als Ausgabe erhalten wir:

Y = []
Z = [1,2]

Da Y nicht instantiiert und damit leer ist, ist die erste Regel von _append_ erfüllt. Z kann damit auf den Wert [1,2] gesetzt werden. Durch Eingabe eines Semikolons allerdings können wir ein Backtracking versuchen. Regel 2 von _append_ wird
also mit den bereits instantiierten Variablen aufgerufen:

append([],[1,2],[1,2])

Dabei findet folgende Variableninstantiierung statt:

append([Head|Liste1],Liste2,[Head|Liste3])
append([],   [1,2], 1,   [2]   )

Anschließend ruft sich _append_ mit diesen Variablen erneut
auf:

append([],[1,2],[2])

Wiederum ist Regel 1 von _append_ erfüllt, es kann also eine
erneute Variableninstantiierung stattfinden. Dabei wird Z auf
den Wert [2] gesetzt und Y erhält den Wert [1], der ja als
Head der dritten Liste intern festgehalten wurde. Ausgabe ist
also:

Y = [1]
Z = [2]

Wiederum können wir ein Backtracking veranlassen. Der Vorgang
wiederholt sich und wir erhalten als Ausgabe:

Y = [1,2]
Z = []

Ein erneutes Backtracking ist nun allerdings nicht mehr möglich, da alle Variableninstantiierungen getestet wurden.

Diesen Effekt von <u>append</u> können wir uns in unseren syntaktischen Regeln zunutze machen.

Bei unserer Eingabe [der,mann,sieht] generiert <u>append</u> zunächst:

Y = []
Z = [der,mann,sieht]

Nun wird die nächste Klausel von <u>s</u> aufgerufen und dahingehend
geprüft, ob der Wert für X mit dem Prädikat <u>np</u> zur Deckung
gebracht werden kann. Das ist nicht der Fall. Also versucht
das Prädikat <u>append</u> in <u>s</u> eine zweite Möglichkeit der Variableninstantiierung:

Y = [der]
Z = [mann,sieht]

Da auch hier <u>np</u> nicht erfüllt ist, wird erneut durch <u>append</u>
umgeschichtet:

Y = [der,mann]
Z = [sieht]

Mit diesen Variablen kann das Prädikat <u>np</u> nun zur Deckung gebracht werden. Wir erhalten also folgenden Prädikatsaufruf:

np([der,mann])

Erneut tritt <u>append</u> in Aktion. Als erste Möglichkeit wird

Y = []
Z = [der,mann]

generiert. <u>np</u> enthält im Prädikatsinhalt die Klausel det(Y),
die als nächstes getestet wird. Ohne Erfolg allerdings. Also
schichtet <u>append</u> innerhalb des Prädikats <u>np</u> erneut um:

Y = [der]
Z = [mann]

Diese Vorgänge wiederholen sich solange, bis alle Möglichkeiten versucht wurden.

Der Vorgang des Parsens läßt sich mit diesen Definite Clause
Grammars dahingehend beschreiben, daß PROLOG testet, ob ein
Eingabesatz aufgrund der syntaktischen und lexikalischen Regeln möglich ist oder nicht. PROLOG bestätigt mit yes oder
no. Ein entscheidender Nachteil der oben vorgestellten syntaktischen Regeln ist, daß durch den Umbau der Eingabeliste X
in Teillisten eine große Menge erfolgloser Versuche unternommen werden muß, um zu einem Ergebnis zu gelangen. Das kann
man ändern, indem man die Prädikate etwas spezifischer im
Hinblick auf die Zusammensetzung von S,NP und VP formuliert.
Teilen wir PROLOG doch mit, daß z.B. am Anfang einer NP ein
Determiner stehen soll und der Rest der NP aus einem Nomen

besteht. Umgesetzt in ein Regelsystem sieht das wie folgt
aus:

```
s( Anfang,Rest ) :-   np( Anfang,Rest1 ),vp( Rest1,Rest ).
np( Anfang,Rest ):-  det( Anfang,Rest1),nomen( Rest1,Rest ).
vp( Anfang,Rest ):- verb( Anfang,Rest1 ),np( Rest1,Rest ).
vp( Anfang,Rest ):- verb( Anfang,Rest ).
```

Dazu wieder ein fragmentarisches Lexikon:

```
det( [der|Rest],Rest ).
det( [die|Rest],Rest ).

nomen( [mann|Rest],Rest ).
nomen( [frau|Rest],Rest ).

verb( [sieht|Rest],Rest ).
```

Dieses Programm läuft wesentlich effektiver als das vorige.
Es ist erfolgreich, wenn bestätigt wurde, daß der jeweilige
Eingabesatz in der Grammatik enthalten und kein Element unbearbeitet ist. Daher sieht eine mögliche Eingabe wie folgt
aus:

```
s( [der,mann,sieht],[] ).
```

Im einzelnen werden folgende Teilschritte durchgeführt:

Zunächst wird das Prädikat np aufgerufen:

```
np( [der,mann,sieht],Rest1 )
```

Von np wird det mit den gleichen Variablen aufgerufen. det
schneidet das Head ab und überprüft es auf Mitgliedschaft im
Lexikon:

```
det( der|[mann,sieht],[mann,sieht] ).
```

Da det erfolgreich abgearbeitet wurde, kann nun die zweite
Klausel von np aufgerufen werden:

```
nomen( [mann,sieht],Rest ).
```

Wieder erfolgt der lexikalische Test:

```
nomen( mann|[sieht],[sieht] ).
```

Da np nun vollständig abgearbeitet ist, kann nun noch die
verbleibende Klausel von s, nämlich vp aufgerufen werden.

```
vp( [sieht],[] ).
```

In vp trifft die zweite Regel zu, die ihrerseits nur einen
lexikalischen Test vornimmt. Da dieser Test erfolgreich ist,
sind sowohl vp, np als auch s vollständig abgearbeitet worden
und das Anfangsziel unserer ist Eingabe erfüllt. PROLOG antwortet mit 'yes'.

Deklarative Parsing-Programme dieser Art sind aus verschiedenen Gründen unbefriedigend. Zum einen ist die Art der Re-
gelformulierung sehr umständlich, zum anderen ist die Antwort
von PROLOG auf eine Eingabe lediglich yes oder no, also eine
Ablehnung oder Zustimmung zu einer Eingabe als legitimer Satz
auf der Basis der formulierten Grammatik. Anhand einer interaktiven Regeleingabe sollen im folgenden exemplarisch einige interessante Möglichkeiten von PROLOG gezeigt werden:

/* Programm interaktive Regeleingabe */

Zu Beginn des Programms wird ein Operator deklariert, der als
Infixoperator zwischen zwei Ausdrücken stehen kann. Das Prä-
dikat op gestattet die Operatordefinition nach folgendem
Schema:

op(<Priorität>,<Operatorart>,<Operatorname>).

Bei den Prioritätswerten (IFPROLOG = 1 bis 1399) handelt es
sich um Werte, die beim Vorhandensein zweier Operatoren eine
Präzedenz der Verarbeitung herbeiführen. Mit Operatorart ist
die Position bezüglich der Operanden gemeint, also Präfix
(dargestellt durch fx), Suffix (xf) oder Infix (xfy). Der
Operatorname schließlich ist ein Atom, das zwischen den
Operanden steht. Folgender Operator soll für die interaktive
Eingabe der Syntaxregeln verwendet werden:

op(1200,xfy,'-->').

Das Programm besteht nun aus einer Reihe von Modulen, die
sich im Verlauf aufrufen. Gestartet wird es mit dem Prädikat
start, das den Bildschirm säubert und eine Reihe von Anweisungen an den Benutzer auf den Bildschirm gibt.

/* Interaktives Eingabemodul */

```
start:-
      dos( cls ),
      write( 'Sie haben folgende Auswahl: '),
      nl,
      write( 'Syntaktische Regel eingeben.'),nl,
      write( 'Syntaktische Regeln auflisten.'),nl,
      write( 'Sie koennen Saetze verarbeiten.'),nl,
      write( 'Sie koennen aufhoeren (stop).'),nl,
      write( 'Was wollen Sie tun ?'),nl,
      mach_liste( Eingabe ),check( Eingabe ).
```

Dabei wird auf das Prädikat mach_liste zurückgegriffen, das
wir im vorigen Abschnitt definiert hatten. mach_liste überführt die völlig normale Eingabe in eine Liste. Die verschiedenen Regeln von check schließlich entscheiden was mit der
Eingabe zu tun ist. Das geschieht über den Test der Mitgliedschaft, der dem Benutzer sogar eine gewisse analytische
Fähigkeit des Programms vorgaukelt:

```prolog
check(Eingabe):-
    member( regel,Eingabe ),
    dos( cls ),
    write( 'Regeleingabe wie folgt: s --> np,vp '),nl,
    ein,!.

check(Eingabe):-
    member( auflisten,Eingabe),
    listing( regel ), write( 'start fuer neuen Aufruf.').

check(Eingabe):-
    member( saetze,Eingabe ),
    satz-eingabe,!.               /* siehe Parser Modul */

check(Eingabe):-
    member( stop,Eingabe ),
    !.

check(Eingabe):-
    write( 'Ich kenne diese Eingabe nicht'),
    start.
```

Zum Zwecke der interaktiven Regeleingabe wird anschließend
das Prädikat _ein_ aufgerufen, das vom Benutzer eine Regel verlangt und diese an das Prädikat _interpreter_ weiterreicht.
Eine Regel könnte etwa sein:

```prolog
                    s --> np,vp.
                    det -->[der].
```

```prolog
ein :-
    read(Term),interpreter(Term).

interpreter(stop):- start.
interpreter( P1 --> P2):-
    uebersetze((P1-->P2),(G1:-G2)).
interpreter(_):-
    !,write( 'falsche Eingabe'),nl,fail.
```

interpreter besteht aus drei Regeln, wobei zwei dieser Regeln
einen Abbruch der Eingabe vorsehen, und die dritte den eigentlichen Übersetzungsvorgang einleitet. Diese übergibt die
Variable _Term_ in Form einer linken Seite (P1) und einer rechten Seite (P2) an _uebersetze_:

```prolog
/* Regel Uebersetzungsmodul */

uebersetze((P1-->P2),(G1:-G2)):-
    linke_seite_regel(P1,S0,S,G1),
    rechte_seite_regel(P2,S0,S,G2),
    nl,
    assertz( (G1:- G2) ),
    assertz( regel( (P1 --> P2) )),
    write( 'Regel uebersetzt'),nl,
    write( 'Nächste Regel oder stop'),
    nl,ein.
```

<u>uebersetze</u> ruft zunächst das Prädikat <u>linke seite regel</u> auf,
das den links vom Operator --> stehenden Ausdruck in eine
PROLOG-Regel überführt. Ausgehend von der Eingabe s --> np,
vp. findet dabei Folgende Variableninstantiierung statt:

```
P0 = s.

linke_seite_regel(P0,S0,S,G) :-
      nonvar(P0),
      umformung(P0,S0,S,G).
```

<u>nonvar</u> testet dabei, ob es sich bei P0 auch um eine instanti-
ierte Variable handelt. Da das der Fall ist, kann das Prädikat <u>umformung</u> aufgerufen werden:

```
umformung(P,S0,S,G):-
      atom(P),
      G=..[P,S0,S].
```

P0 wird dabei in P überführt und dahingehend getestet, ob es
ein Atom ist. Da P ja den Wert s erhält, st auch das der
Fall, daher kann die nächste Klausel in Aktion treten. Diese
besteht aus den bekannten Variablen und dem vordefinierten
Operator =.. (genannt 'univ'). Dieser wird eingesetzt, wenn
es gilt, die Argumente einer Struktur zu erhalten oder eine
Struktur auf der Basis einer Reihe von Argumenten zu erzeugen. Aus einer Liste kann man z.B. sehr schön eine Struktur
erzeugen:

```
X =.. [a,b,c]   ergibt:   X = a( b,c ).
```

Das machen wir uns zunutze: Wir können also (s,S0,S,G) in
eine neue Struktur überführen:

```
G =..[s,S0,S]   ergibt   G = s( S0,S ).
```

Damit haben wir die linke Seite der Regel in PROLOG übersetzt
und können die zweite Klausel in <u>uebersetze</u> aufrufen.

Folgende Variableninstantiierung findet dabei statt:

```
P1 = np
P2 = vp

rechte_seite_regel((P1,P2),S0,S,G):- !,
      rechte_seite_regel(P1,S0,S1,G1),
      rechte_seite_regel(P2,S1,S,G2),
      verknuepfe(G1,G2,G).

rechte_seite_regel(P,S0,S,G):-
      ist_liste(P),!,
      append(P,S,S0).

rechte_seite_regel(P,S0,S,G):-
      umformung(P,S0,S,G).
```

Durch den <u>cut</u> wird sofort die nächste Regel von <u>rechte sei-</u>
<u>te regel</u> aufgerufen, und zwar mit neuen Variablenwerten. Da-
bei wird zunächst getestet,ob P eine Liste ist. Das geschieht
über <u>ist liste</u>, das testet, ob sich eine Eingabe in Head und
Tail aufspalten läßt oder nicht.

```
ist_liste([]):-!.
ist_liste([_|_]).
```

In unserem Fall ist P natürlich keine Liste, daher tritt erneut ein <u>cut</u> in Aktion und die dritte Regel von <u>rechte sei-</u>
<u>te regel</u> wird mit den bereits bekannten Variablen aufgerufen.
Übrigens ist die zweite Regel von <u>ist liste</u> für lexikalische
Regeln der Form <u>det --> [der]</u> gedacht. Tritt sie ein, wird
nämlich über <u>append</u> in <u>rechte seite regel</u> die Eingabe in Head
und Tail aufgespalten. Bei unserer syntaktischen Regel allerdings kann nun wieder die Umformung geschehen:

G1 =..[np,S0,S1]   ergibt   G1 = np(S0,S1).

Im Anschluß daran wird die dritte Klausel der ersten Regel
von <u>rechte seite regel</u> aufgerufen. P2 ist dabei vp. Wiederum
wird getestet, ob eine Liste vorliegt, anschließend umge-
formt:

G2 =..[vp,S1,S]   ergibt   G2 = vp(S1,S).

Nun haben wir beide Regelseiten in PROLOG-Form überführt. Sie
müssen lediglich noch zu einem Prädikat zusammengeführt werden. Das geschieht mit <u>verknüpfe</u>:

```
verknuepfe(true,G,G):-!.
verknuepfe(G,true,G):-!.
verknuepfe(G1,G2,(G1,G2)).
```

Mit unseren Variablen sieht das wie folgt aus:

```
verknuepfe( np( S0,S1 ),vp( S1,S ),( np( S0,S1 ),vp( S1,S )))
```

Nun haben wir unsere Regel vollständig übersetzt und können
sie über <u>assert</u> als Klausel von <u>uebersetze</u> unserer Datenbank
hinzufügen. Anschließend meldet sich das Benutzereingabe-Modul erneut.

/* Parser Modul */

Mit diesem Programm lassen sich nun interaktiv sowohl syntaktische als auch lexikalische Regeln eingeben. Zusammen mit
einem Parser-Modul lassen sich nun Sätze verarbeiten, indem
man im Menü, das durch <u>start</u> aufgerufen wird 'saetze' eingibt, die entsprechende Regel von <u>check</u> ruft dann das Prädikat <u>satz eingabe</u> auf, und wir können einen Satz eingeben:

```
satz_eingabe:-
  dos( cls ),
  write( 'Bitte eine Eingabe'),nl,
  mach_liste( Woerter ),
  write( Woerter ),
  parse( Woerter ).
```

satz_eingabe macht wiederum eine Liste aus den Eingabewörtern
und verarbeitet diese dann in gewohnter Manier.

```
parse( Woerter ):-
  s( Woerter,[] ),nl,
  write( 'Alles verarbeitet.').
```

Ist der Eingabesatz mit den eingegebenen Regeln vereinbar
antwortet PROLOG mit 'Alle Woerter verarbeitet', andernfalls
wird no ausgegeben.

Naturgemäß möchte man auch eine vielsagendere Ausgabe als
yes/no haben. Es wird daher empfohlen, eine Art Ausgabe-Modul
zu programmieren, das ebenso auf interaktive Art und Weise
eingegeben werden kann.

5.7.2 Prozedurale Aspekte der PROLOG-Programmierung

Vielfach wird behauptet, PROLOG sei eine rein deklarative
Programmiersprache. Daß dies nicht stimmt, ist bereits in den
vorangegangenen Abschnitten mehrfach erwähnt worden. Der folgende kurze Abschnitt soll anhand eines Parsing-Programmes
zeigen, wie man prozedural auf Eingabelisten zugreift und
die darin enthaltenen Wörter mit einem Lexikon vergleicht.

Als Eingabemodul können wir dabei wiederum unser Prädikat
start in leicht modifizierter Form verwenden:

```
/* Start- und Eingabeprädikat */

start :-
  dos( cls ),
  write( 'Bitte eine Eingabe ?'),nl,
  mach_liste( Eingabe ),
  write( 'Eingabe: '),write( Eingabe ),nl,
  parse_np( Eingabe ).
```

Wiederum bittet start um eine Eingabe und wandelt diese über
unser bekanntes Prädikat mach_liste in eine Liste um. Mit der
Liste wird nach Ausdrucken der Eingabe das Parser-Eingangs-
Prädikat parse_np aufgerufen. Dieses greift auf die Listenelemente zu. Über den Vergleich mit einer Datenbank sowie
unter Anwendung eines Ausgabeprädikats kann parse_np dann die
eigentliche Verarbeitung vornehmen.

```
/* Ausgabeprädikat sowie exemplarische Datenbank */

change( [H|T] ):-
      write( H ),tab(1),put(61),tab(1),write(T).
```

```
det( der,[def,mask,nom] ).
det( die,[def,fem,nom] ).
det( das,[def,neutr,nom] ).
det( dem,[def,neutr,dat] ).

adj( gute,[schwach] ).          /* Adjektive schwach flektiert */
adj( grosse,[schwach] ).
adj( grossen,[schwach] ).

adj( guter,[stark] ).           /* Adjektive stark flektiert */
adj( gutes,[stark] ).
adj( gute,[stark] ).

nomen( mann,[mask,nom,count] ).
nomen( frau,[fem,nom,count] ).
nomen( kind,[neutr,nom,count] ).
nomen( bier,[neutr,nom,non_count] ).

verb( kam,[imperfekt] ).
verb( ging,[imperfekt] ).

prep( in,[lokativ] ).
prep( hinter,[lokativ] ).
```

Die hier exemplarisch dargestellte Datenbank enthält eine
Reihe von Wörtern zusammen mit ihren Merkmalen, auf die der
eigentliche Parser anschließend zugreift.

```
/* Parser-Prädikate */

parse_np( [H¦T] ):-
  verb( H,[imperfekt] ),nl,
  change( ['Zu parsen',H] ),nl,
  write(  'Ende der NP.').
parse_np( [H¦T] ):-
  det( H,X ),
  change( ['Determiner',H] ),nl,
  parse_adj_oder_nomen( T ).
parse_np( [H¦T] ):-
  adj( H,[stark] ),
  change( ['Determiner',H] ),nl,
  parse_adj_oder_nomen( T ).
parse_np( [H¦T] ):-
  nomen( H,[X,Y,non_count ] ),
  change( ['Nomen (ohne det)',H] ),nl,
  parse_np( T ).
parse_np( [H¦T] ):-
  prep( H,X ),
  change( ['PP in NP prep ',H] ),nl,
  parse_np( T ).
```

Der Einfachheit halber ist mit parse_np ein relativ komplexes
Prädikat eingeführt worden, das folgende Tests durchführt:

```
Regel 1: 1. Wort = Verb?              --> Ende der NP.
Regel 2: 1. Wort = Det?               --> Determiner.
Regel 3: 1. Wort = starkes Adjektiv?  --> Adjektiv als Det.
```

```
Regel 4: 1. Wort = Non-Count Nomen?    --> Nomen Start.
Regel 5: 1. Wort = Präposition?        --> PP-Start.
```

Je nach Erfüllung einer dieser Regeln wird entweder rekursiv
<u>parse np</u> aufgerufen oder eines der folgenden Prädikate
aktiviert:

```
parse_adj_oder_nomen( [H|T] ):-
  adj( H,[schwach] ),
  change( ['Adjektiv ',H] ),nl,
  parse_adj_oder_nomen( T ).
parse_adj_oder_nomen( [H|T] ):-
  parse_nomen( [H|T] ).

parse_nomen( [H|T] ):-
  change(['Nomen ',H] ),nl,
  parse_np( T ).
```

Die verschiedenen Parsing-Wege werden also durch die Regeln
eines Prädikats dargestellt. Dabei wird in den jeweiligen
Prädikatsinhalten ein pattern-matching mit den jeweils
möglichen Einträgen in der Datenbank versucht. Ist dies
erfolgreich, wird im Anschluß daran über <u>change</u> das geparste
Wort jeweils mit seiner Wortklasse auf den Bildschirm
gegeben.

Ein Parsing-Programm dieser Art ähnelt sehr stark den in Kapitel 4 dargestellten LISP-Parsern. Es hat prozedurale
Aspekte, da dem PROLOG-Interpreter eine Anweisung gegeben
wird, welche Verarbeitungsschritte er durchzuführen hat. Es
wird sowohl mit Adjektiv-Iteration als auch mit Präpositio-
nalphrasenrekursion fertig, akzeptiert allerdings auch eine
Reihe von illegalen Eingaben. Diese und ähnliche Unzulänglichkeiten lassen sich allerdings durch zusätzliche Prädikate
und Regeln abstellen.

Im Gegensatz zu den Definite Clause Grammars handelt es sich
bei diesen Parsern nicht um 'Regel-getriebene' (Top-Town)
Parser, sondern um 'Daten-getriebene' (bottom-up) Parser. Die
Verarbeitung findet nicht auf der Basis vorgegebener Regeln
statt, sondern Wort für Wort wird getestet, ob ein Eingabewort mit einem Parsing-Weg zur Deckung gebracht werden kann.
Erst am Ende gewisser zusammenhängender Satzteile, z.B. einer
NP, werden die Teilkomponenten zu größeren Einheiten zusammengesetzt. So ist z.B. erst bei Zutreffen der ersten Regel
von <u>parse np</u>, d.h. beim Vorhandensein eines Verbs bekannt,
daß das Ende einer NP erreicht ist. Eine sehr gute Übung ist
in diesem Zusammenhang wieder der Aufruf des Tracing-Modus,
der sehr schön die getesteten und tatsächlich genommenen
Parsing-Wege zeigt. Man sollte einmal den Ablauf eines Top-
Down Parsers mit dem eines Bottom-Up Parsers über das Tracing
vergleichen. Durch eine Kombination beider Parsing-Modelle
ließe sich eine Effizienzsteigerung erreichen.

5.8 Weitere Hinweise [7]

Wie jede andere höhere Programmiersprache generiert auch PRO-
LOG eine Reihe von Nachrichten, die den Benutzer auf die
Unkorrektheit bestimmter Eingaben aufmerksam machen. Dabei
ist die wohl häufigste Meldung:

E X C E P T I O N : <pred> , undefined_predicate

no

Diese Meldung zeigt an, daß ein Prädikat, das entweder noch
gar nicht definiert wurde oder Fehler enthält, aufgerufen
wurde.

Eine weitere Meldung bezieht sich auf fehlerhafte Eingaben.
Bei PROLOG kann es leicht passieren, daß ein Komma vergessen
oder ein Punkt zuviel gesetzt wird. PROLOG zeigt dies durch
folgende Meldung an:

?- dos,.

***** syntax error: operator expected**
**   !**
dos,.

Die Ausführung einer Eingabe wird also genau an der Stelle
unterbrochen, wo der Syntaxfehler auftritt. Das erleichtert
bei komplexeren Eingaben die Fehlersuche.

Sollte man trotz der verschiedenen Nachrichten Schwierigkeiten bei der Fehlersuche in einem PROLOG-Programm haben, so
wird empfohlen, das vordefinierte Prädikat <u>trace</u> einzusetzen.
Wie bereits mehrfach erwähnt ist das 'tracing' eines
Programmablaufes nicht nur hilfreich bei der Fehlersuche,
sondern es ist eine nützliche Maßnahme zum Verstehen des prozeduralen Aspektes von PROLOG.

Ausgehend von der Kenntnis der wesentlichen Aspekte der Programmiersprache LISP ist in die Grundstruktur von PROLOG eingeführt worden. Es dürfte dabei deutlich geworden sein, daß
mit PROLOG ein Programmierinstrument geschaffen worden ist,
das an Flexibilität der Programmiersprache LISP in nichts
nachsteht.

Welche der beiden Programmiersprachen man bevorzugt, ist sicherlich auch eine Frage des persönlichen Geschmacks. Dennoch
gibt es eine Reihe von Argumenten, welche die Wahl zwischen
LISP und PROLOG beeinflussen. Darüber mehr im nächsten Kapitel.

---

[7] Im PROLOG-Kapitel wurden keine Übungsaufgaben gestellt. Der
    interessierte Leser sollte einmal versuchen, die Aufgaben
    des LISP-Kapitels in PROLOG umzuprogrammieren.

5.9 Literaturhinweise zu Kapitel 5

Bratko, I. 1986. PROLOG - Programming for Artificial Intelligence. Amsterdam: Addison-Wesley.

Clark, K.L. & McGabe, F.G. 1984. micro-PROLOG: Programming in PROLOG. New Jersey: Prentice-Hall.

Clocksin, W.F. & Mellish, C.S. 1984. Programming in PROLOG. Berlin: Springer.

Ford, N. 1987. How machines think. Chichester: Wiley & Sons.

Garavaglia, S. 1987. PROLOG. New York: Harper & Row.

McCord, M. 1986. Natural Language Processing and PROLOG. IBM T.J. Watson Research Center, PO Box 218, New York: Yorktwon Heigths.

Rogers, L.B. 1986. A Prolog Primer. Amsterdam: Addison-Wesley.

Sterling, L. & Shapiro, E. 1986. The Art of PROLOG. Massachusetts: MIT Press.

Warren, D. & Perreira, F. 1080. Definite Clause Grammars for Language Analysis. Artificial Intelligence 13. 1980.

Warren, D., Perreira, L.M. & Perreira, F. 1977. PROLOG - the Language and its Implementation Compared with LISP. Proceedings of the ACM (Symposium on Artificial Intelligence and Programming Languages -SIGART/SIGPLAN), Rochester, New York: S. 109-115.

IF/PROLOG User's Manual, Version 2.0. Interface Computer GmbH.

6 Zusammenfassung

- LISP oder PROLOG?
- LISP in LISP
- PROLOG in LISP
- Die Problematik natürlichsprachlicher Verarbeitung auf dem Mikrocomputer
- Abschlußbemerkung

(DEFUN SIEG ())
assert (sieg).

6 Zusammenfassung

Ausgehend von einer allgemeinen Übersicht über die Entwicklung der KI, der Darstellung von Daten und der Bedienung eines Mikrocomputers wurde anhand linguistischer Fragestellungen ausführlich in die Programmiersprache LISP und anschließend in PROLOG eingeführt. Dabei wurden auf der einen Seite die jeweils relevanten Programmiertechniken dargestellt, auf der anderen Seite wurden Teilaspekte der Verarbeitung natürlichsprachlicher Information behandelt. Dabei wurde deutlich, welch gewaltige Komplexität eine natürliche Sprache auszeichnet. Es wurde aber auch deutlich, daß die Programmiersprachen LISP und PROLOG geeignete Hilfsmittel dafür sind, natürlichsprachliche Phänomene für den Computer darzustellen. Dabei taucht naturgemäß die Frage auf, welche der beiden Programmiersprachen vorzuziehen ist.

6.1 LISP oder PROLOG ?

In den vergangenen Kapiteln dürfte klar geworden sein, daß sowohl LISP als auch PROLOG ein Höchstmaß an Flexibilität bieten. Beide Programmiersprachen sind als 'symbolverarbeitende' und damit nicht primär arithmetisch ausgerichtete Programmiersprachen für Probleme der dargestellten Art hervorragend geeignet. Dennoch gibt es Unterschiede:

(a) prozedural/deklarativ

   Der wichtigste Unterschied zwischen LISP und PROLOG liegt in der Grundstruktur der beiden Programmiersprachen. LISP ist eine prozedurale Sprache, d.h. ein LISP-Programm enthält Anweisungen, wie und in welchen Teilschritten ein Problem gelöst werden soll. PROLOG ist eine deklarative Sprache, bei der die Mitteilung von Fakten an den Interpreter ausreicht. Der Interpreter selbst enthält bereits die Schritte, welche zur Lösung des Problems benötigt werden. Dieser Unterschied läßt sich am besten anhand des Zugriffs auf Daten in einer Datenbank darstellen.

   PROLOG

   ?- asserta(wort(mann,nomen,mask)).

   ?- wort(mann,Wortklasse,Genus).
   Wortklasse = nomen
   Genus   = mask

   LISP

   $ (setq wort '(mann nomen mask))

```
$ (defun get-merkmale (wort)
     (cond ((equal wort 'mann)
             (cdr wort))
            (t 'no)))
(GET-MERKMALE)

$ (get-merkmale 'mann)
(NOMEN MASK)
```

In PROLOG reicht die Darstellung des Faktums aus, um mit
Hilfe von Variablen auf Teile des Faktums zuzugreifen.
Der Ablauf dieses Zugriffs bleibt dabei verborgen. Um in
LISP auf Daten, die z.B. in einer Liste enthalten sind,
zuzugreifen, muß eine entsprechende Zugriffsfunktion
erst definiert werden. Diese enthält die Teilschritte,
die der Interpreter durchführen muß. Allerdings sollte
nicht vergessen werden, daß auch PROLOG Möglichkeiten
bietet, prozedurale Aspekte darzustellen. Das trifft
insbesondere auf die Listenverarbeitung in PROLOG zu.

(b) unterschiedliche Syntax

Wie jede höhere Programmiersprache haben auch LISP und
PROLOG spezielle syntaktische Eigenheiten, die vom Programmierer strikt eingehalten werden müssen.

Beide Sprachen zeichnen sich durch Klammerausdrücke aus.
Dabei ist die Position des Operators (LISP = innerhalb,
PROLOG = außerhalb des Klammerausdrucks) zwar unterschiedlich aber für den Programmierer relativ unproblematisch.

Gravierender ist das Maß an Einbettung (engl. nesting),
das LISP gestattet. Durch ineinander tief verschachtelte
Listen können in LISP Funktionen entwickelt werden, die
bestimmte Probleme lösen sollen. Das hohe Maß an Listen-
einbettung reduziert allerdings häufig die Lesbarkeit
eines LISP-Programms.

Ein PROLOG-Programm auf der anderen Seite liest sich in
vielen Fällen fast wie ein natürlichsprachlicher Satz.
Ein Faktum wie etwa:

nomen(mann,mask).

kann ohne große Schwierigkeiten auch von 'PROLOGfremden'
gelesen werden. Auch PROLOG-Prädikate sind relativ
leicht durchschaubar, sofern man mit den darin enthaltenen Klauseln vertraut ist und die Zeichensymbolik von
PROLOG kennt.

Mit der Klammerung hat man in PROLOG zwar keine
Schwierigkeiten, dafür sind die vielen Interpunktionszeichen doch häufig störend. Besonders umständlich ist
in diesem Zusammenhang die Darstellung von Listen. Er-
stens wird die Listendarstellung dadurch erschwert, daß
die einleitenden eckigen Klammern auf vielen Tastaturen

nur über Sondertasten zu definieren sind, zum anderen
vergißt man leicht ein Komma bei der Eingabe der
Listenelemente. Auch das Trennsymbol für Head und Tail
ist auf einer deutschen Tastatur nur über Sondercodes
programmierbar.

Ein weiterer Unterschied bezieht sich auf die Darstellung von Variablen und Konstanten. Während in LISP
nicht-numerische Konstanten gequotet werden, stellt man
sie in PROLOG als kleingeschriebene Ausdrücke dar. Variablen werden dagegen in LISP nicht gequotet und in PRO-
LOG durch einen großgeschriebenen ersten Buchstaben signalisiert.

Alle Syntaxunterschiede zwischen LISP und PROLOG lassen
sich daher im Grunde genommen auf eine gewisse Ästhetik
bei der Datendarstellung reduzieren. Mancher fühlt sich
durch die verschachtelte LISP-Klammerung gestört, andere
können sich mit den zahlreichen Interpunktionszeichen
von PROLOG nur wenig anfreunden. Die Lesbarkeit eines
Programmes ist von sekundärer Bedeutung, geht es doch
darum, daß primär der Programmierer selbst ein LISP-
oder PROLOG-Programm lesen kann und nicht ein in den
Programmiersprachen der KI Unerfahrener.

Die folgende Tabelle illustriert nochmals die wichtigsten Unterschiede zwischen LISP und PROLOG:

	LISP	PROLOG
Listen	( )	([,]).
Operatoren	(OP)	op( ).
Konstanten	'konstante	konstante
Variablen	variable	VARIABLE

Fig. 27: Syntaktische Unterschiede zwischen LISP und
         PROLOG

(c) Fehlersuche/Debugging

Durch die unterschiedliche Syntax gestaltet sich auch
die Suche nach Programmfehlern unterschiedlich. Bei beiden Programmiersprachen sind es die 'kleinen' Zeichen,
die das Programmieren und damit häufig auch die Fehlersuche zum Problem werden lassen.

Während LISP-Programmierer oft mühevoll ein Programm
nach dem Fehlen einer Klammer durchsuchen müssen, hapert
so manches PROLOG-Programm an einem falschen Interpunktionszeichen. Zwar bieten in beiden Programmiersprachen
die jeweiligen Editoren Debugging-Hilfen, vielfach allerdings übersieht man Fehler der geschilderten Art.

(d) Einsatzgebiete

Sowohl LISP als auch PROLOG sind als Programmiersprachen der KI geeignete Hilfsmittel zur Verarbeitung nicht-numerischer Information. Zur Verarbeitung natürlichsprachlicher Phänomene sind beide Sprachen bestens geeignet. Sowohl morphologische, syntaktische und auch semantische Fragestellungen lassen sich in beiden Programmiersprachen lösen. Durch ihren deklarativen Charakter scheint die Programmiersprache PROLOG aber leichte Vorteile bei der Präsentation lexikalischer und semantischer Information zu haben, die ja zweckmäßigerweise in Form von Datenbanken eingegeben wird. Beim reinen Parsen allerdings scheint LISP geringfügige Vorteile für sich zu verbuchen, ist doch hier ein prozedurales Vorgehen von Vorteil, da man direkt Einfluß auf die Parsing-Wege nehmen möchte. Allerdings hängt dies wesentlich von der Theorie ab, auf der man das Parsing-Programm aufbaut und, das sei nochmals gesagt, prozedurales Programmieren ist auch in PROLOG möglich.

Man kann also feststellen, daß beide Programmiersprachen durch ihren hohen Grad an Flexibilität als gleichwertig anzusehen sind.

Und diese Flexibilität erlaubt es sogar in einer der beiden Programmiersprachen die jeweils andere oder auch sich selbst zu definieren. So kann man in LISP einen PROLOG-Interpreter und ebenso in PROLOG einen LISP-Interpreter erstellen. Ist man also der Meinung, daß es sinnvoll ist, gewisse Programmteile in LISP und andere in PROLOG einzugeben, warum bedient man sich nicht eines Programmoduls, das z.B. in LISP einen PROLOG-Interpreter aufruft?

Ausgehend von der Illustration der allgemeinen Schritte anhand der Darstellung eines LISP-Interpreters in LISP, soll das in den folgenden Abschnitten ansatzweise durchgeführt werden.

6.2 LISP in LISP

Eine beliebte Aufgabenstellung für fortgeschrittene LISP-Programmierer ist das Definieren eines LISP-Interpreters in LISP. Dabei kann man sich die internen Abläufe der Prozeduren dieser Programmiersprache erneut verdeutlichen. Hat man erst einmal verstanden, wie man LISP sozusagen auf sich selbst anwendet, kann man auch weitere interessante Programmieraufgaben, z.B. die Programmierung von Schnittstellen zu anderen Interpretern oder gar das Programmieren dieser Interpreter selbst, vornehmen.

In unserem Beispiel soll ein LISP erzeugt werden, das X-LISP genannt wird. Es ist ein Fragment des normalen muLISP und verwendet eine Reihe von Primitiva, die - als Zusatz - in deutscher Sprache definiert wurden. Der X-LISP-Interpreter wird durch die Funktion X-LISP aufgerufen:

```
(defun x-lisp ()
  (let ((werte-liste nil))
    (clear-screen)
    (write-line "X-LISP, 8/1987, BUGH Wuppertal ")
    (terpri)
    (write-line "Bitte END zum Verlassen eingeben.")
    (write-line
          "Bitte PRIMITIVA eingeben, um Primitiva zu sehen.")
    (prompt)))
```

X-LISP setzt zunächst eine für Variablenbindung vorgesehene
Liste auf leer, erzeugt anschließend eine Reihe von Bildschirmausgaben und ruft danach die Funktion PROMPT auf:

```
(defun prompt()
   (do ((umgebung nil)
        (form nil))
       (terpri)
       (princ "> ")
       (setq form (read))
       (cond ((equal form 'end)
              (return '(zurueck zu standard lisp)))
             ((equal form 'primitiva)
              (primitiva))
             (t (print (x-eval form umgebung))))))
```

PROMPT setzt zwei Anfangswerte, die Werte FORM und UMGEBUNG,
auf NIL, da sie als lokale Variablen im Verarbeitungsprozess
fungieren. Danach wird ein Promptzeichen auf den Bildschirm
gegeben und eine Eingabe verlangt:

```
>_
```

Die nun folgende Eingabe wird der Variablen FORM zugeordnet
und ausgewertet. Das geschieht durch den folgenden COND-Ausdruck. Bekommt FORM den Wert END, so wird die gesamte Iteration abgebrochen und das X-LISP wieder verlassen. Bei Eingabe
von PRIMITIVA werden die in X-LISP definierten Primitiva zur
Information angezeigt:

```
(defun primitiva ()
   (clear-screen)
   (write-line "Verfuegbare Primitiva: ")
   (terpri)
   (write-line " ZIT    = QUOTE        WENN     = COND")
   (write-line " BINDE  = SETQ         IST-ATOM = ATOM")
   (write-line " HINEIN = CONS         GLEICH   = EQUAL")
   (write-line " ERST   = CAR          REST     = CDR")
   (write-Line " LEER   = NULL ")
   (terpri))
```

Alle übrigen Eingaben werden ausgewertet. Das geschieht mit
der Haupt-Auswerte-Funktion X-EVAL. Diese Funktion entscheidet, was mit einer Eingabe zu tun ist:

```
(defun x-eval (form umgebung)
   (cond
        ((numberp form) form)
        ((atom form)
         (cond ((equal form 'T) form)
               ((equal form 'NIL) form)
               (t (get-wert form werte-liste))))
        ((equal (car form) 'zit)(cadr form))
        ((equal (car form) 'wenn)
                (x-eval-cond (cdr form) umgebung))
        ((equal (car form) 'binde)
                (binde-wert (cadr form)
                            (x-eval (caddr form) umgebung)
                            umgebung))
        (t (x-apply (car form)
                (mapcar '(lambda (x)
                          (x-eval x umgebung))
                        (cdr form))
                umgebung)))))
```

Dabei wird in der ersten COND-Klausel getestet, ob die Eingabe eine Zahl ist. Zahlen werden in LISP ja direkt wieder
zurückgegeben. Also geschieht das auch in X-LISP.

Alle übrigen Atome werden durch die folgende, komplexe Klausel ausgewertet. Liegt nämlich ein nicht-numerisches Atom
vor, tritt ein weiterer eingebetteter COND-Ausdruck in Aktion. Dieser entscheidet, was mit Eingaben wie T oder NIL zu
tun ist. Sie werden wie Zahlen ebenfalls wieder zurückgegeben. Die T-(wahr)-Klausel dieses eingebetteten COND-Ausdrucks
behandelt Variablen und gibt deren Werte aus. Dazu bedient
man sich der Funktion GET-WERT, die unten besprochen wird.

Die übrigen Klauseln des obersten COND-Ausdrucks behandeln
unsere Prozeduren, die ja am Anfang einer Eingabeliste stehen. Für ZIT, unser QUOTE, ist das recht einfach, wird doch
einfach das zweite Element der Eingabe wieder ausgegeben:

```
> (zit (der mann))
(DER MANN)
```

Die beiden nächsten Klauseln dieses COND-Ausdrucks behandeln
die Eingaben WENN (COND) und BINDE (SETQ) und rufen entsprechende Unterfunktionen auf. Die sonstigen definierten Funktionen werden in der zweiten Hauptfunktion X-APPLY behandelt,
die mit folgenden Werten von der T-(wahr)-Klausel des COND-
Ausdrucks von X-EVAL aufgerufen wird:

```
(x-apply (car form)
    (mapcar
        '(lambda (x) (x-eval x umgebung))
                    (cdr form)) umgebung)
```

Nehmen wir einmal folgende Eingabe an:

```
> (erst (zit (a b c)))
```

In diesem Fall erfolgt folgende Variablenübergabe:

```
(x-apply erst (mapcar '(lambda (x) (x-eval x umgebung))
                      (zit (a b c)) umgebung)
```

Das muLISP Primitiv MAPCAR ist dabei wie folgt zu verstehen:

```
( MAPCAR '<Prozedur> <Argumente> )
```

Beispiel:

```
$ (mapcar 'numberp '(1 2 a))
(T T NIL)
```

Mit MAPCAR wendet man also eine Prozedur auf eine Reihe von Argumenten an. Die Prozedur kann dabei auch anonym bleiben wie in unserem Falle:

```
(lambda (x)
   (x-eval x umgebung))
```

könnte sein:

```
(defun aufruf (x)
   (x-eval x umgebung))
```

Um das Programm transparent zu halten, kann man über LAMBDA Funktionen ohne Funktionsnamen direkt mit ihren Argumenten in das Programm integrieren.

In unserem Falle wird also die Funktion (lambda ... umgebung) auf die Liste (zit (a b c)) angewendet. Dabei erhält UMGEBUNG den Wert ((a b c)). Somit kann nunmehr die Funktion X-APPLY aufgerufen werden:

```
(defun x-apply (prozedur argumente umgebung)
   (cond ((atom prozedur)
          (cond ((equal prozedur 'erst)(caar argumente))
                ((equal prozedur 'rest)(cdar argumente))
                ((equal prozedur 'ist-atom)
                       (atom (car argumente)))
                ((equal prozedur 'gleich)
                    (equal (car argumente)
                           (cadr argumente)))
                ((equal prozedur 'hinein)
                       (cons (car argumente)
                             (cadr argumente)))
                ((equal prozedur 'leer)
                       (null (car argumente)))
                (t (x-apply (x-eval prozedur umgebung)
                            argumente umgebung))))
         ((equal (car prozedur) 'funktion)
                'noch-nicht-implementiert)))
```

Folgende Variablenwerte sind dabei vorhanden:

```
Prozedur   = ERST
Argumente  = ((a b c))
Umgebung   = NIL
```

Die ersten 6 COND-Klauseln, die auf Prozeduren angewendet
werden, die Atome sind, wenden dabei diese Prozedur direkt
an, während die T-(wahr)-Klausel sich mit Funktionen, die
über FUNKT (DEFUN) definiert werden, beschäftigt (Kapitel 23
in Winston & Horn sollte diesbezüglich zur Erweiterung von X-
APPLY zu Rate gezogen werden).

Schauen wir uns noch eine weitere Hilfsfunktion an:

```
(defun x-eval-cond (klauseln umgebung)
  (cond ((null klauseln) nil)
        ((x-eval (caar klauseln) umgebung)
         (x-eval (cadar klauseln) umgebung))
        (t (x-eval-cond (cdr klauseln) umgebung)))))
```

Bei einer Eingabe wie etwa:

```
> (wenn ((ist-atom (zit a))(zit richtig)))
RICHTIG
```

würden folgende Schritte ablaufen: Von X-EVAL aus wird X-
EVAL-COND aufgerufen, da das erste Element der Eingabe ja
WENN ist. Als Klauseln werden dabei übergeben:

```
((ist-atom (zit a))(zit richtig))
```

Anschließend wird zunächst das erste Argument der Klausel an
X-EVAL zurückgegeben, also (ist-atom (zit a)), das dann nach
den bereits bekannten Prinzipien untersucht wird. Danach wird
noch (zit richtig) nach ebenfalls nunmehr bekannten Methoden
ausgewertet.

Nun kann man noch BINDE-WERT definieren, um ein SETQ (in X-
LISP BINDE) darzustellen. Damit können Werte an Variablen gebunden werden. Im folgenden ist eine relativ einfache Form
dieser Funktion dargestellt.

```
(defun binde-wert (variable wert)
  (cond ((member (assoc variable werte-liste) werte-liste)
         (rplacd (assoc variable werte-liste)
                 (list wert)))
        (t (push (list variable wert) werte-liste)
                 wert)))
```

Dabei wird in der ersten COND-Klausel überprüft, ob die über
BINDE definierte Variable schon gebunden wurde. Ist das der
Fall, wird über das LISP-Primitiv **RPLACD** (= replace CDR,
engl. replace = ersetze), diese Variablenbindung durch eine
neue ersetzt. So würde z.B. folgende Umformung stattfinden:

```
(A (B C D)) --> (A (F G H))
```

Ist das nicht der Fall, wird die neue Variable nebst Bindung
der Werte-Liste hinzugefügt.

Geben wir nun in X-EVAL den gebundenen Wert für A ein, so
wird durch die T-(wahr)-Klausel des eingebetteten COND-Ausdrucks die Funktion GET-WERT aufgerufen:

(defun get-wert (variable werte-liste)
    (cadr (assoc variable werte-liste)))

Diese Funktion gibt danach den an die eingegebene Variable
gebundenen Wert aus, indem über ASSOC die Variable zunächst
gesucht und anschließend der CADR, also die gebundenen Werte
abgerufen werden.

Man könnte dieses zugegebenermaßen recht einfache und in
vielen Bereichen noch unzureichende LISP natürlich beliebig
erweitern, doch wollen wir es hierbei bewenden lassen.

Wenden wir uns nun der Implementierung eines Teils eines PRO-
LOG-Interpreters in LISP zu. Um es nochmals zu betonen, eine
Übung wie die obige, also das Implementieren von LISP in LISP
diente dazu, zum einen noch mehr Klarheit über die internen
Abläufe der Programmiersprache LISP zu gewinnen und zum ande-
ren ein Gefühl für die gewaltigen Möglichkeiten dieser
Programmiersprache zu bekommen. Hat man erst einmal diese
Möglichkeiten kennengelernt, kann man ohne Weiteres auch eine
Schnittstelle zu PROLOG schaffen. Das soll im folgenden an-
hand des PROLOG-typischen pattern-matching fragmentarisch ge-
zeigt werden.

6.3 PROLOG in LISP

Um von LISP aus PROLOG anzusprechen, bedarf es zunächst einer
grundlegenden Umformung der Eingabe. Wir erinnern uns: Während LISP den Operator innerhalb des Klammerausdrucks führt,
steht er bei PROLOG außerhalb. Es gilt daher, den Operator in
die Klammer mit hineinzunehmen, um ihn für LISP verarbeitbar
zu machen. Dies soll anhand des Aufbaus und Überprüfens einer
Datenbank gezeigt werden.

Zunächst benötigen wir wiederum eine Eingabefunktion, die den
PROLOG-Interpreter aufruft:

(defun prolog ()
  (let ((datenbank nil))
      (clear-screen)
      (write-line "PROLOG-Interpreter in LISP")
      (write-line "BUGH Wuppertal 8/1987")(terpri)
      (write-line "end-of-file zum Verlassen eingeben")
      (prompt)))

Diese Eingangsfunktion ist der X-LISP Eingangsfunktion sehr
ähnlich und bedarf keiner weiteren Erläuterung. Wie in X-LISP
ruft sie im Anschluß die iterative Funktion PROMPT auf:

```
(defun prompt ()
   (do ((eingabe nil))
        (terpri)
        (princ "?- ")
        (setq eingabe (forme-um))
        (cond ((equal (car eingabe) 'end)
               (return '(zurueck zu Standard-Lisp)))
              (t (print (prol-eval eingabe)))))))
```

Auch PROMPT ist der X-LISP Funktion PROMPT sehr ähnlich. Bei
Eingabe von END kehrt sie zum LISP-Interpreter zurück. Allerdings ruft sie neben einem neuen PROLOG-PROMPT (so wie wir
ihn vom IFPROLOG her kennen) auch die Funktion FORME-UM auf:

```
(setq sonderzeichen '( ")" "(" "[" "]" "," ))

(defun forme-um (satz wort)
   (do (())
        ((equal wort ".")
         (pop satz)
         (reverse satz))
        (setq wort (ratom))
        (cond ((and (equal wort "(")
                    (null satz))
               (return (write-line "syntax-error")))
              ((member wort sonderzeichen)
               nil)
              (t (push wort satz)))))
```

FORME-UM überführt unsere Eingabe, die wir in PROLOG-typi-
scher Form eingeben können, in eine LISP lesbare Form. Dazu
bedient sie sich der Liste SONDERZEICHEN. Jedes dieser Sonderzeichen, das zwar bei der Eingabe benutzt werden kann,
wird dabei schlicht übergangen. Die Eingabe wird in eine Liste, die LISP Datenform, überführt. Da wir uns auf die Eingabe von Datenbankprädikaten beschränken wollen, können wir
es bei der in FORME-UM dargestellten Einfachheit belassen.
Die erste COND-Klausel des Inhalts von DO enthält übrigens
einen einfachen Syntaxtest. Dieser meldet einen Fehler, wenn
eine Eingabe versehentlich mit einer Klammer begonnen wird.
FORME-UM ist der in 4.10.2 dargestellten Funktion MACH-LISTE
sehr ähnlich und benötigt daher keine weiteren Erläuterungen.
Sie wandelt eine Eingabe wie etwa

?- assertz(det(der mask)). in **(assertz det der mask)**

um und macht sie damit für LISP interpretierbar.

Ebenso wie beim X-LISP-Interpreter wird danach eine Kernfunk-
tion aufgerufen, welche die Eingabe evaluiert:

```lisp
(defun prol-eval (eingabe)
 (let ((arbeitsdat datenbank))
      (cond
           ((numberp (car eingabe)) 'structure-expected)
           ((equal (car eingabe) 'listing)
                   (daten-list datenbank))
           ((equal (car eingabe) 'assertz)
            (eval-ass (cdr eingabe)))
           ((listp eingabe)
            (finde (car eingabe) (car datenbank)))
           (t 'no))))
```

PROL-EVAL, so der Name der Funktion, legt dabei über LET lokal eine Arbeitsdatei an, die im Laufe der Verarbeitung verwendet wird. Sie ist zunächst identisch mit der einzugebenen
Datenbank, wird aber im Verlaufe des PROLOG-typischen pattern-matching ab- bzw. umgebaut. Im Anschluß werden im COND-
Ausdruck einige typische PROLOG Eingaben ausgewertet.

Ist das erste Element der Eingabe eine Zahl, antwortet PROLOG
mit einer Fehlermeldung. Handelt es sich beim ersten Eingabeelement um das PROLOG-Prädikat listing, so wird, soweit
vorhanden, die Datenbank auf den Bildschirm gegeben. Dazu
wird die Funktion DATEN-LIST aufgerufen:

```lisp
(defun daten-list (datenbank)
    (cond ((null datenbank) 'yes)
          (t (print (list (caar datenbank)
                          (cdar datenbank)))
             (daten-list (cdr datenbank)))))
```

DATEN-LIST zeigt die jeweiligen Datensätze dabei in der PRO-
LOG-typischen Form an.

Wird im COND-Ausdruck die dritte Klausel durch die Eingabe
assertz aufgerufen, so wird die Datenbank ergänzt. Das geschieht mit EVAL-ASS:

```lisp
(defun eval-ass (eingabe)
    (push eingabe datenbank) 'yes)
```

Jeder neue Datensatz wird dabei in Listenform der Datenbank
hinzugefügt.

Die letzte COND-Klausel schließlich evaluiert alle sonstigen
Listen. In unserem Falle sollen dabei Datensätze in der Datenbank gefunden werden. Die Eingangsfunktion zu diesem Prozess ist FINDE:

```lisp
(defun finde (funktor teildat)
 (cond ((null teildat) 'no)
       ((equal funktor (car teildat))
        (match (cdr eingabe)(cdr teildat)))
       (t (setq arbeitsdat (cdr arbeitsdat))
          (finde funktor (car arbeitsdat)))))
```

FINDE überführt die Variablen (CAR EINGABE) und (CAR DATEN-
BANK) zunächst in FUNKTOR und TEILDAT. Schauen wir uns das an
einem Beispiel an:

```
EINGABE           = ( det der mask)
(CAR EINGABE)     = FUNKTOR = det
DATENBANK         = ((det die fem)(det der mask))
(CAR DATENBANK)   = TEILDAT = (det die fem)
```

Sollte dabei die Datenbank und damit TEILDAT leer sein, antwortet unser PROLOG mit 'no'. Für den Fall, daß Funktor und
erstes Element der Liste TEILDAT identisch sind, wird die
Funktion MATCH aufgerufen, die das eigentliche pattern-matching durchführt. Trifft all dies nicht zu, wird die Datenbank um ihren ersten Datensatz verkürzt und FINDE mit veränderten Eingabeparametern erneut aufgerufen. Das geschieht solange, bis entweder die Datenbank leer ist oder der matching-
Prozess einsetzen kann:

```
(defun match (pattern datum)
   (cond
     ((and (null pattern)
           (null datum))
      (princ "  yes")
      (setq arbeitsdat (cdr arbeitsdat))
      (weiter funktor arbeitsdat))
     ((equal (car pattern)(car datum))
      (match (cdr pattern)(cdr datum)))
     ((and (equal (car pattern) '?)
           (= (length pattern)(length datum)))
      (princ "  ? = ")(prin1 (car datum))(terpri)
      (match (cdr pattern)(cdr datum)))
     ((= (length pattern) 1)
      (match (cdr pattern)(cdr datum)))
     (t (setq arbeitsdat (cdr arbeitsdat))
        (finde funktor (car arbeitsdat))))))
```

Die erste COND-Klausel ist die Abbruchbedingung für den Fall
einer erfolgreichen Suche. Sind nämlich beide Datensätze, das
eingegebene Pattern und das Datum leer, wird die Suche beendet. Nun wird ARBEITSDATEI verkürzt und über WEITER wird eine
Weitersuche veranlaßt. Es soll also, um in der PROLOG-Termi-
nologie zu bleiben, ein Backtracking durchgeführt werden.
Sollten, so wie in der zweiten COND-Klausel vorgesehen, die
jeweils ersten Elemente der Datensätze identisch sein, so
werden die jeweiligen Reste über einen rekursiven Aufruf von
MATCH verglichen. Die dritte COND-Klausel simuliert das Instantiieren von Variablen: Ist nämlich das jeweils betrachtete Element des eingegebenen Patterns ein Fragezeichen und
die Länge der zu vergleichenden Datensätze identisch, so wird
das Fragezeichen über eine einfache PRINT-Anweisung mit dem
korrespondierenden Wert des gefundenen Datensatzes abgeglichen. Danach wird wie in der zweiten COND-Klausel die Funktion MATCH erneut aufgerufen, um die weiteren Elemente des
Datensatzes zu vergleichen. Die dritte COND-Klausel führt
also das durch, was wir von PROLOG her als Variableninstantiierung kennen. Die t-(wahr)-Klausel schließlich ruft erneut

FINDE auf, für den Fall, daß zwar Funktor vom Pattern und Datum übereinstimmen, nicht aber die Datenelemente. Diese Klausel veranlaßt also zur Weitersuche.

Diese Weitersuche können wir auch manuell veranlassen, nämlich dann, wenn unser matching erfolgreich war und die erste
COND-Klausel von MATCH zutrifft:

```
(defun weiter (funktor arbeitsdat)
  (terpri)
  (princ "  weiter (j/n) ?")
  (let ((antw (read)))
       (cond ((and (null arbeitsdat)
                   (equal antw 'j))'no)
             ((equal antw 'j)(finde funktor(car arbeitsdat)))
             ((equal antw 'n) 'no)
             (t (weiter)))))
```

In PROLOG wird diese Weitersuche durch Eingabe eines Semikolons veranlaßt, in unserem Fall bedienen wir uns der Eingaben
j = ja oder n = nein. Sollte für den Fall einer positiven
Eingabe die Datenbank allerdings schon völlig durchsucht worden sein, so antwortet unser PROLOG mit 'no. Ist das noch
nicht der Fall, wird in der Funktion FINDE wieder weiterge-
sucht.

Dieses kleine Programm zeigt sehr schön nochmals die internen
Schritte des pattern-matching in PROLOG. Die Funktion FINDE
veranschaulicht dabei die Suche in die Tiefe, d.h. nur der
Funktor eines Datensatzes wird abgeglichen. In MATCH schließlich wird der gefundene Datensatz von links nach rechts abge-
sucht. Programme dieser Art können natürlich beliebig erwei-
tert und ihrer Unzulänglichkeiten beraubt werden. Ebenso kann
natürlich ein LISP-Interpreter von PROLOG aus aufgerufen werden.

Die Programmierbeispiele der vergangenen Abschnitte haben gezeigt, welch hohe Flexibilität die Programmiersprache LISP
und - auch wenn nicht anhand eines LISP-Interpreters gezeigt
- PROLOG besitzen. Eine Entscheidung, welche dieser beiden
Programmiersprachen nun zu bevorzugen sei, kann daher nicht
getroffen werden. Es wird wohl immer eine Frage des persönlichen Geschmacks sein.

6.4 Die Problematik natürlichsprachlicher Verarbeitung auf dem Mikrocomputer

Wie immer eine Entscheidung für oder gegen die eine oder andere Programmiersprache der KI fallen wird, Hauptproblem wird
es bleiben, die Regeln und Gesetzmäßigkeiten einer natürlichen Sprache möglichst ökonomisch auf dem Computer darzustellen. Und gerade in diesem Bereich gibt es immense Probleme.

So ist der gesamte Bereich der Erkennung gesprochener natürlichsprachlicher Eingaben nur unter ganz bestimmten Vorgaben
für den Computer verarbeitbar. Bis heute ist es nur bedingt
gelungen, die akustischen Charakteristika gesprochener Spra-

che eindeutig darzustellen. Sprecherspezifische akustische Spektra, Intonation, Wortakzent und die unterschiedliche gegenseitige Beeinflussung akustischer Segmente im Verbund machen die Spracherkennung zu einem schwerwiegenden Problem.

Im Bereich der Morphologie sind eine Reihe von Fragen gelöst. So bereitet die Analyse natürlichsprachlicher Eingaben auf der Basis eines Stamm- und eines Affixlexikons in Zusammenarbeit mit einem Syntaxparser nur bedingt Probleme. Weitaus schwieriger ist die Generierung von Ausgaben, wobei insbesondere die lexikalischen Prozesse eine Reihe von Fragen aufwerfen. (Als Beispiel seien hier erneut die -bar Adjektive erwähnt, oder das s in deutschen Nominalkomposita, wie etwa Brautpaar, Hochzeitspaar). Woher weiß man, daß gewisse Wörter von einer Regel abweichen oder nicht? Ein weiteres Problem wird entstehen, wenn es gelingen sollte, gesprochene Eingaben zu verarbeiten. Dann nämlich kann die morphologische Komponente nicht mehr auf der Basis graphemischer Information operieren, sondern sie muß phonologische Gesetzmäßigkeiten beachten.

Die Verarbeitung der Syntax ist im wesentlichen geklärt, eine Reihe von Syntaxparsern sind trotz zahlreicher kleinerer Probleme (Ellipsenverarbeitung, Referenzbeziehungen) einsatzfähig. Problematisch ist allerdings die Wahl des Syntaxparsertyps. Wie in Kapitel 4 erwähnt erhitzen sich an dieser Frage z.Zt. die Gemüter. Hier sind die Linguisten gefordert, die herausfinden müssen, auf der Basis welcher Syntaxtheorie der menschliche Verstand natürlichsprachliche Information verarbeitet.

Das wohl größte Problem wirft z.Zt. die Darstellung semantischer Information auf. Neben der Wahl der geeigneten Darstellungstechnik bereitet die ungeheure Menge semantischer Aspekte einer natürlichen Sprache ein nahezu unüberwindbares Problem. Das menschliche Wissen über die Welt, deren Ordnung und deren Abläufe ist so komplex, daß auch nicht im entferntesten ein Computersystem dazu in der Lage wäre, es in seiner Vollständigkeit zu speichern und zu verarbeiten, geschweige denn ein Mikrocomputer. Aus diesem Grunde macht man Computer, wenn überhaupt, zu Experten auf bestimmten Teilgebieten menschlichen Wissens.

Neben diesen Problemen gibt es noch eine Reihe spezieller Probleme, die bereits in Kapitel 1 erwähnt wurden (Verarbeitung pragmatischer Aspekte, Dialogverhalten usw.).

Natürliche Sprache auf dem Mikrocomputer, ob in LISP oder PROLOG programmiert, wird daher immer fragmentarisch bleiben müssen bedingt durch die Hardware und durch die z.Zt. auf vielen Gebieten fehlenden abgesicherten Erkenntnisse über die Eigenschaften natürlicher Sprache.

6.5 Abschlußbemerkung

Welchen Bereich natürlicher Sprache man auch immer programmiert, der Leser wird sich fragen, welches denn nun die ge-
eignetere Programmiersprache dazu ist.

Ein Ergebnis der Diskussion, ob nun LISP oder PROLOG zu bevorzugen ist, kann nicht eindeutig erzielt werden. Sicherlich
hat PROLOG gewisse Vorteile gegenüber LISP und findet daher
immer mehr Freunde. Allerdings hängt die Verbreitung und damit die Zukunft einer Programmiersprache nicht nur von ihrer
Struktur ab, sondern von einer Reihe von Faktoren, die nur
indirekt mit der Sprache selbst zu tun haben: Ankopplung an
andere Sprachen, Ankopplung an Betriebssysteme, Graphikfähig-
keit, Netzwerkfähigkeit, Rechengeschwindigkeit usw. Histo-
risch ist hier LISP im Vorteil. Durch das kühne Projekt der
Japaner im Bereich der KI allerdings kann sich PROLOG aber
durchaus zu einer Herausforderung von LISP entwickeln.

Daß LISP aber nicht aussterben wird, dafür werden eine Reihe
von Projekten sorgen, die in den USA seit geraumer Zeit be-
trieben werden. Dabei setzt man ausschließlich auf LISP. Mehrere Firmen, die sich mit KI-Programmierung beschäftigen, bedienen sich der diversen LISP-Interpreter. Nicht zuletzt die
NASA arbeitet seit 1983 an einem automatischen Landesystem
für ihre Raumfähren. Die Programmiersprache dazu ist LISP.

Auch im Bereich der Programmierung natürlichsprachlicher Phänomene ist bisher keine Entscheidung zugunsten einer der beiden Sprachen gefallen. Sowohl LISP als auch PROLOG eignen
sich sehr gut zur Lösung morphologischer, syntaktischer und
semantischer Fragestellungen. Vielleicht läßt sich erst dann
eine Entscheidung erzielen, wenn die Linguistik klarere Aussagen über die Verarbeitung natürlicher Sprache durch den
Menschen machen kann, wenn linguistische Theorien auf gesi-
cherten Fundamenten stehen und damit die Darstellung natürlichsprachlicher Phänomene abgesichert ist. Gegenwärtig
allerdings ist weder aus der Sicht eines Linguisten noch aus
informationsverarbeitenden Gesichtspunkten heraus eine Entscheidung zu fällen.

Es werden daher wohl beide Programmiersprachen noch länger
nebeneinander existieren, ohne daß zu sagen ist, welche nun
die KI-Programmiersprache Nummer 1 ist. Programmieraufgaben,
nicht zuletzt im Bereich der natürlichsprachlichen Verarbeitung, wird es noch für viele Jahre geben. Ob diese den Computer zu einer intelligenten Maschine machen, ist völlig un-
klar:

> "Hierzu müßten wir mehr über unsere eigene Intelligenz
> wissen; worin sie besteht, wie das Gehirn sie produ-
> ziert, wie sie sich entwickelt. Von solchem Wissen
> aber sind wir weit entfernt." (Ditfurth/Arzt, S. 158)

7 Anhänge

● Anhang A
Operationen im Dualsystem
Der ASCII-Code
Das Rechnen mit Binärzahlen
Weitere gebräuchliche Zahlensysteme

● Anhang B
Logische Schaltungen

● Anhang C
Das Arbeiten mit Editierungsprogrammen

10011101
11001000
01001111
K. I.
editieren

7 Anhänge

Die folgenden Abschnitte sollen einige Grundbegriffe moderner Computertechnologie sowie der Bedienung von Computern veranschaulichen. Darüberhinaus werden einige wissenswerte sowie praktische Hinweise zur Handhabung ganz bestimmter Probleme, die im Zusammenhang mit den vergangenen Kapiteln stehen, besprochen.

7.1 Anhang A

(a) Operationen im Dualsystem

Bekanntlich "verstehen" Computer ja nur solche Informationen, die zwei Zustände haben: elektronische Schalter die entweder an oder aus sind, elektronische Impulse, die eine hohe oder eine niedrige Frequenz haben oder magnetisierte Elemente, die eine der beiden Polaritäten besitzen können. Diese beiden Zustände elektronischer Elemente lassen sich durch zwei Ziffern darstellen:

0	1
(Strom fließt)	(Strom fließt nicht)
(hoher Impuls)	(niedriger Impuls)

Mit diesen beiden **Binärzahlen**, auch **Bit** (engl. binary digit) genannt, lassen sich also genau zwei Zustände charakterisieren. Da wir aber auch Dezimalzahlen oder alphanumerische Information darstellen wollen, müssen wir Wege finden, mittels dieser beiden Binärzahlen die gewünschte Information auszudrücken. Mit einer Kombination von 2 Bits zum Beispiel können wir schon vier Symbole codieren:

Bit A	Bit B	gewünschtes Symbol
0	0	0
0	1	1
1	0	2
1	1	3

Beobachtungen dieser Art führten Leibniz dazu, ein komplettes Zahlensystem auf der Basis der Binärzahlen, das Dualsystem, zu entwickeln. Zum Zwecke des Verständnisses zunächst eine Parallele zum allseits bekannten Dezimalsystem:

Eine Dezimalzahl wie z.B. 4308 läßt sich wie folgt in Teilkomponenten zerlegen:

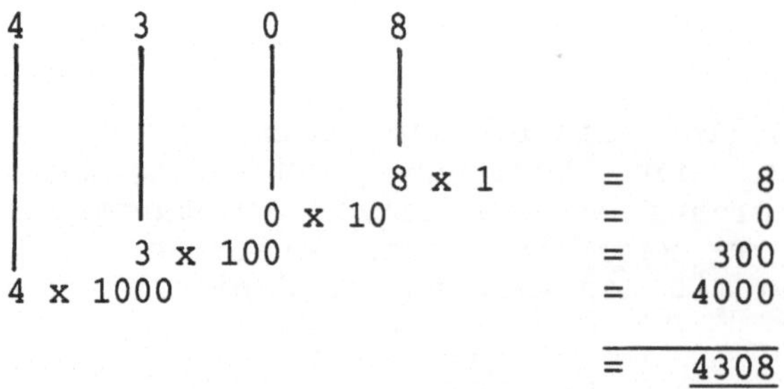

Anders ausgedrückt, der Wert einer Zahl im Dezimalsystem ergibt sich durch Addition der jeweiligen Produkte aus Positi-
onszahl und Positionswert. Basis für den Positionswert ist
die 10. Dabei bekommen die Einerwerte den Positionswert 10^0 =
1, die Zehnerwerte den Positionswert 10^1 = 10, die Hunderter-
werte den Positionswert 10^2 = 100 usw. Aus der Multiplikation
der jeweiligen Positionszahlen mit denen in den Positions-
werten ergibt sich die resultierende Zahl. Da dieses Zahlensystem auf dem Positionswert 10 aufgebaut ist, nennt man es
Dezimalsystem. Als Schema läßt sich das Dezimalsystem wie
folgt darstellen:

4	3	0	8	Positionszahl
10^3	10^2	10^1	10^0	Positionswert
4000	300	0	8	Wert x Zahl

Ergebnis = 4000 + 300 + 0 + 8 = 4308

<u>Fig. 28:</u> Das Schema des Dezimalsystems

Je nach Belieben könnte man nun Zahlensysteme aufbauen, die
einen anderen Positionswert haben, z.B. 7 oder 25 usw. Für
die elektronischen Computer bietet sich nun das **Dualsystem**
an, das als Basis des Positionswertes die Zahl 2 hat.

Analog zu Fig. 28 läßt sich eine Binärzahl, die ja nur aus
den Ziffern 0 und 1 bestehen kann, wie folgt darstellen:

1	0	1	1	Positionszahl
2^3	2^2	2^1	2^0	Positionswert
8	0	2	1	Zahl x Wert

Ergebnis = 8 + 0 + 2 + 1 = 11

<u>Fig. 29:</u> Das Schema des Dualsystems

Wie man aus den obigen Beobachtungen entnehmen kann, ist es
möglich, mit 4 bits insgesamt 16 Kombinationen zu erzeugen.[1]
Da man auf dem Computer jedoch ein Vielfaches an Zeichen
benötigt, reichen vier Bits nicht aus. Etwa 60 verschiedene
Buchstaben (Groß- und Kleinschreibung!), 10 Ziffern, zirka 40
Sonderzeichen wie z.B. /, &, $ etc. sowie einige Dutzend Gra-
phikdarstellungszeichen wie etwa ¬, ├, ╫, ■ erfordern Binär-
darstellungen von mindestens 8 Bit. Mit 8 Bit lassen sich genau 256 Zeichen darstellen:

8.Bit	7.Bit	6.Bit	5.Bit	4.Bit	3.Bit	2.Bit	1.Bit
1	1	1	1	1	1	1	1
2^7	2^6	2^5	2^4	2^3	2^2	2^1	2^0
128 +	64 +	32 +	16 +	8 +	4 +	2 +	1

      1111 1111 = 255
      (die 256. Zahl ist die 0)

<u>Fig. 30:</u> Das höchste 8-Bit Muster

Per Konvention kann man sich nun einigen und sagen, daß jedem
Zeichen ein bestimmtes Bitmuster zugeordnet wird. Man nennt
eine solche Bitkombination auch ein **Binärwort** oder **Byte**. Eine
solche Konvention ist bereits erfolgt, sie hat z.B. in dem
sogenannten **ASCII-Code** ihren Ausdruck gefunden (siehe unten):
So steht zum Beispiel das Byte 65 (0100 0001) für das **A**, das
Byte 49 (0011 0001) für die 1 usw. Je nach Anzahl der verwendeten Bits, also nach der **'Bitbreite'** der Binärwörter oder
Bytes unterscheidet man auch verschiedene Prozessoren. So
gibt es z.B. 8-Bit Prozessoren, 16-Bit Prozessoren und neuerdings auch schon die ersten 32-Bit Prozessoren. Mit 32-Bit
breiten Bytes kann man z.B. einen höheren Zeichenvorrat aber
auch einen größeren Standardbefehlssatz verarbeiten.

Mit Bits und Bytes kann man natürlich genausogut arithmetische Operationen durchführen wie mit den Dezimalzahlen. Da
ein Computer grundsätzlich nur mit Binärzahlen arbeitet, muß
jegliche Information in den Dualcode umgewandelt werden, damit das Rechenwerk in der CPU die jeweiligen Daten fachgerecht behandeln kann. Man könnte sich also eine Liste mit De-
zimalzahlenwerten anfertigen und jedem dieser Zahlenwerte ein
entsprechendes Symbol zuordnen. Anschließend müßten wir die
Zahlen unserer Liste noch in den Dualcode umwandeln und dem
Computer zuführen. Für diese Umwandlung gibt es verschiedene
Methoden. Eine davon ist die sogenannte **Trial and Error Methode** (c.f. Malvino, S. 12 ff.):

---

[1]Der Leser mag, Interesse vorausgesetzt, an dieser Stelle
   einmal die Kombinationsmöglichkeiten der vier bits von 0000
   bis 1111 ermitteln und mittels des in Fig. 28 gegebenen
   Schemas die jeweiligen Dezimalzahlen errechnen.

Folgende Schritte müssen dabei durchgeführt werden:

1. Aufschreiben der gewünschten Dezimalzahl.
2. Aufschreiben aller Binärwerte, die kleiner als die Dezimalzahl sind.
3. Ermitteln der jeweiligen Binärpositionszahl durch Teilung der Dezimalzahl bzw. ihres Restes durch den größtmöglichen Binärwert und dann durch die folgenden kleineren Binärwerte.
4. Abarbeiten aller Binärwerte.

An einem Beispiel werden diese Schritte klarer:

1. Dezimalzahl = 42

2. darin enthaltene Binärwerte = 32 16 8 4 2 1

3. Die größtmögliche Binärzahl, die in 42 enthalten ist: 32

```
    42 : 32 = 1 Rest 10
    10 : 16 = 0 Rest 10
    10 :  8 = 1 Rest  2
     2 :  4 = 0 Rest  2
     2 :  2 = 1 Rest  0
     0 :  1 = 0 Rest  0

    Binärzahl: 101 010
```

Analog kann man nun für jede beliebige Dezimalzahl die entsprechende Dualzahl ermitteln. Hier noch ein Beispiel:

1. Dezimalzahl: 245

2. darin enthaltene Binärwerte: 128 64 32 16 8 4 2 1

3. die größtmögliche Binärzahl, die in 245 enthalten ist: 128

```
    245 : 128 = 1 Rest 117
    117 :  64 = 1 Rest  53
     53 :  32 = 1 Rest  21
     21 :  16 = 1 Rest   5
      5 :   8 = 0 Rest   5
      5 :   4 = 1 Rest   1
      1 :   2 = 0 Rest   1
      1 :   1 = 1 Rest   0

    Binärzahl: 1111 0101
```

(b) der ASCII-Code

Je nach Größe der Dezimalzahl hat die entsprechende Binärzahl eine bestimmte Bitbreite. Mit 8-bit breiten Binärzahlen kann man genau 256 verschiedene Dezimalzahlen definieren:

1111 1111 = 255 (sowie die 0)

Wie schon erwähnt, hat man sich bezüglich der Belegung dieser
256 Zahlenwerte auf einen Standard geeinigt, den sogenannten
ASCII-Code. Dieser legt fest, welches Symbol welchen Zahlen-
wert zugeordnet bekommt. In den meisten Computerbedienungs-
anleitungen befindet sich eine Tabelle, die dem Benutzer den
ASCII-Code anzeigt. Sollte man diese nicht zur Hand haben, so
kann man sich den ASCII-Code auch mit den folgenden BASIC,
LISP bzw. PROLOG Programmen aufrufen:

BASIC:

```
10 REM *** ASCII ***
20 CLS
30 FOR I = 1 TO 255
40    PRINT CHR$(I);" = ";I,
50 NEXT I
60 END
```

LISP:

```
(defun ascii ()
   (do ((zahl 0))
       ((= zahl 255)
          (terpri)
         '(ascii-code angezeigt))
          (write-byte zahl)(princ "=")(prin1 zahl)(princ" ")
         (setq zahl (+ 1 zahl)))))
```

PROLOG:

```
ascii(0):- write('ASCII-Code angezeigt'),!.
ascii(ZAHL):-
   put(ZAHL),write(' = ASCII-Wert '),write(ZAHL),nl,
   ZAHL1 is ZAHL-1,ascii(ZAHL1).
```

Da in vielen Handbüchern eine ASCII-Codetabelle fehlt oder
ziemlich versteckt präsentiert ist, wird auf der folgenden
Seite die Codierung der auf dem PC verfügbaren Zeichen
vorgestellt:

ASCII-Wert	Zeichen	ASCII-Wert	Zeichen	ASCII-Wert	Zeichen	ASCII-Wert	Zeichen
000	(Leer)	032	(Leerstelle)	064	@	096	
001	☺	033	!	065	A	097	a
002	●	034	"	066	B	098	b
003	♥	035	#	067	C	099	c
004	♦	036	$	068	D	100	d
005	♣	037	%	069	E	101	e
006	♠	038	&	070	F	102	f
007	(Alarm)	039	'	071	G	103	g
008		040	(	072	H	104	h
009	(Tabulator)	041	)	073	I	105	i
010	(Zeilenvorschub)	042	*	074	J	106	j
011	(Grundstellung)	043	+	075	K	107	k
012	(Seitenvorschub)	044	,	076	L	108	l
013	(Schreibkopfrücklauf)	045	—	077	M	109	m
014	♫	046	.	078	N	110	n
015	☼	047	/	079	O	111	o
016	►	048	0	080	P	112	p
017	◄	049	1	081	Q	113	q
018	↕	050	2	082	R	114	r
019	‼	051	3	083	S	115	s
020	¶	052	4	084	T	116	t
021	§	053	5	085	U	117	u
022	▬	054	6	086	V	118	v
023	↨	055	7	087	W	119	w
024	→	056	8	088	X	120	x
025	←	057	9	089	Y	121	y
026	↑	058	:	090	Z	122	z
027	↓	059	;	091	[	123	{
028	(Positionsanzeiger nach rechts)	060	<	092	\	124	|
029	(Positionsanzeiger nach links)	061	=	093	]	125	}
030	(Positionsanzeiger nach oben)	062	>	094	^	126	~
031	(Positionsanzeiger nach unten)	063	?	095	—	127	⌂

ASCII-Wert	Zeichen	ASCII-Wert	Zeichen	ASCII-Wert	Zeichen	ASCII-Wert	Zeichen
128	Ç	160	á	192	└	224	α
129	ü	161	í	193	┴	225	β
130	é	162	ó	194	┬	226	Γ
131	â	163	ú	195	├	227	π
132	ä	164	ñ	196	─	228	Σ
133	à	165	Ñ	197	┼	229	σ
134	å	166	ª	198	╞	230	µ
135	ç	167	º	199	╟	231	τ
136	ê	168	¿	200	╚	232	Φ
137	ë	169	⌐	201	╔	233	Θ
138	è	170	¬	202	╩	234	Ω
139	ï	171	½	203	╦	235	δ
140	î	172	¼	204	╠	236	∞
141	ì	173	¡	205	═	237	ø
142	Ä	174	«	206	╬	238	∈
143	Å	175	»	207	╧	239	∩
144	É	176	░	208	╨	240	≡
145	æ	177	▒	209	╤	241	±
146	Æ	178	▓	210	╥	242	≥
147	ô	179	│	211	╙	243	≤
148	ö	180	┤	212	╘	244	⌠
149	ò	181	╡	213	╒	245	⌡
150	û	182	╢	214	╓	246	÷
151	ù	183	╖	215	╫	247	≈
152	ÿ	184	╕	216	╪	248	°
153	Ö	185	╣	217	┘	249	∙
154	Ü	186	║	218	┌	250	·
155	¢	187	╗	219	█	251	√
156	£	188	╝	220	▄	252	ⁿ
157	¥	189	╜	221	▌	253	²
158	Pt	190	╛	222	▐	254	■
159	ƒ	191	┐	223	▀	255	(Leerzeichen 'FF')

Fig. 31: Der ACII-Code

(c) Das Rechnen mit Binärzahlen

Wie ja bereits bekannt, lassen sich alle Operationen eines
Computers auf die Verarbeitung binärer Zahlen zurückführen.
Ob Texte verarbeitet, Datenbanken angelegt oder KI-Programme
zum Ablauf gebracht werden, der Computer führt die entspre-
chenden Programme aus, indem er mit binären Zahlen hantiert.
Grundlegend dabei ist die Addition von Binärzahlen:

Folgende Ergebnisse sind bei der Addition im Dualsystem möglich:

$$
\begin{aligned}
0 + 0 &= 0 \\
0 + 1 &= 1 \\
1 + 0 &= 1 \\
1 + 1 &= 0
\end{aligned}
$$

Während sich die ersten drei Additionen völlig normal darstellen, erscheint die vierte Addition problematisch. Auf den
ersten Blick scheint sie den Gesetzen der Logik zu widersprechen. Da im Dualsystem allerdings nur zwei Zahlenwerte möglich sind, 0 und 1, kann 1 + 1 nicht wie im Dezimalsystem 2
werden, sondern es verlangt einen Übertrag. In den verschiedenen Zahlensystemen ist die Methode des Übertrags nichts Un-
gewöhnliches. Schauen wir uns diesbezüglich das Dezimalsystem
an:

```
(a)    22    (b)    93
     + 13         + 28
     -----        -----
   =  35        = 121
```

Bei einer Addition im Dezimalsystem werden die jeweiligen
Positionswerte addiert. Das verläuft völlig unproblematisch,
solange wie in (a) der Wert 9 nicht überschritten wird. In
Einzelschritte zerlegt verläuft die Addition (a) wie folgt:

```
2 + 3 = 5 ---> Einerwert = 5
2 + 1 = 3 ---> Zehnerwert = 3
               Ergebnis   = 35
```

Normalerweise wird dies vertikal dargestellt:

```
    2 2
  + 1 3
  -----
  = 3 5
```

Bei der Addition (b) benötigt man Überträge:

```
8 + 3     = 1 Übertrag zu den Zehnerwerten    --> 1
2 + 9 + 1 = 2 übertrag zu den Hunderterwerten --> 1
0 + 1     = 1
Ergebnis  = 121
```

Hier wieder die vertikale Darstellung:

```
              2 8
      +       9 3
              1 1        (Überträge)
      -----------
      =       1 2 1
```

Dieses Prinzip der Addition mit eventuellen Überträgen kann
man analog auf das Dualsystem übertragen. Nehmen wir folgende
Binärzahladdition an:

```
        0 0 0 1
      + 0 0 1 1
      -----------
      = 0 1 0 0
```

Wie wurde gerechnet? In der Spalte ganz rechts, der Spalte
für die Einerwerte, ergaben zwei Einser 0 mit dem Übertrag 1.
Wegen des Übertrags wurde auch in der nächsten Spalte, der
Spalte für die Zweierwerte, 0 mit Übertrag erzielt. Dieser
Übertrag steht jetzt in der dritten, der Viererwertespalte.
Schematisch kann man diesen Additionsvorgang in der vertika-
len Darstellungsweise wie folgt illustrieren:

```
        0 0 0 1
      + 0 0 1 1
          1 1            (Überträge)
      -----------
      = 0 1 0 0
```

Nach diesem Prinzip werden Binärzahladditionen, ob einfach
oder komplex, durchgeführt. Hier noch ein relativ komplexes
Beispiel:

```
        0 1 1 0 1 0
      +   1 1 1 0 0 0 1 0
          1 1 1       1     (Überträge)
      -------------------
      = 1 0 0 0 1 1 1 0 0
```

Die fettgedruckten Werte sind durch Überträge zustande gekommen. Eine Umwandlung in Dezimalzahlen zeigt, daß richtig ge-
echnet wurde:

```
        0 1 1 0 1 0     =    58
      +   1 1 1 0 0 0 1 0   =   226
      -----------------------------
      = 1 0 0 0 1 1 1 0 0   =   284
```

Mit der Addition von Binärzahlen haben wir die grundlegende
Operation, welche das Rechenwerk in der CPU ausführt,
kennengelernt. Überspitzt könnte man sagen, daß die Addition
die einzige Tätigkeit ist, die ein Computer kennt, da sich
auch die übrigen arithmetischen Operationen auf die Addition
zurückführen lassen. So ist die Subtraktion von Binärzahlen
eine Addition der Komplemente der zu addierenden Zahlen.

Prinzipiell also ist die Addition die Haupttätigkeit des Rechenwerks eines Computers.

(d) weitere gebräuchliche Zahlensysteme

Ein Nachteil des Dualsystems ist die bei hohen Zahlen erhebliche Bitbreite. Das erschwert die Übersicht sowie die Darstellungsweise. Eine Methode dieses System zu vereinfachen, ist das **Hexadezimalsystem**. Bei diesem Zahlensystem handelt es sich um eine ökonomische Zusammenfassung des Dualsystems. Da die Zahl 16 durch das Bitmuster 1111 dargestellt wird, kann man Bänke (engl. nibbles) von 4 Bits zu einem neuen Symbol zusammenfassen. Das auf der Basis der 16 arbeitende Hexadezimalsystem bietet sich hier an. Folgende Symbolik besteht im Hexadezimalsystem:

```
0 = 0000      4 = 0100      8 = 1000      C = 1100
1 = 0001      5 = 0101      9 = 1001      D = 1101
2 = 0010      6 = 0110      A = 1010      E = 1110
3 = 0011      7 = 0111      B = 1011      F = 1111
```

Nun können wir Dualzahlen wesentlich platzsparender und übersichtlicher darstellen:

Hier einige Beispiele der Dual- zu Hexadezimalcode Beziehung:

```
Binärzahl:          1110  0101        1 1001 0011     1100 1000
Hexadezimalzahl:     E     5          1  9    3        C    8
```

Man muß zugeben, daß die Zahlen E5, 193 oder C8 einfacher zu überschauen sind als die korrespondierenden Binärzahlen. Durch Rückrechnung zum Dualcode kann man den jeweiligen Dezimalwert einer Hexadezimalzahl wie etwa E5 ermitteln:

```
E5  (Hexadezimal)  =   1110 0101 (Dual) = 229 (Dezimal)
193 (Hexadezimal)  = 1 1001 0011 (Dual) = 403 (Dezimal)
C8  (Hexadezimal)  =   1100 1000 (Dual) = 200 (Dezimal)
```

Analog zum Hexadezimalsystem könnte man nun Zahlensysteme aufbauen, die auf einer anderen mit dem Dualsystem in Beziehung stehenden Basis arbeiten, z.B. das Oktalsystem (Basis 8). Zum Abschluß dieses Anhangs daher eine Übersicht über die verschiedenen Zahlensysteme und ihre gegenseitigen Entsprechungen:

Dezimal Basis 10	Dual Basis 2	Oktal Basis 8	Hexadezimal Basis 16
00	0000	00	0
01	0001	01	1
02	0010	02	2
03	0011	03	3
04	0100	04	4
05	0101	05	5
06	0110	06	6
07	0111	07	7
08	1000	10	8
09	1001	11	9
10	1010	12	A
11	1011	13	B
12	1100	14	C
13	1101	15	D
14	1110	16	E
15	1111	17	F

Fig. 32: Unterschiedliche Zahlensysteme

7.2 **Anhang B**

<u>Logische Schaltungen</u>

Logische Schaltungen sind die Grundlage für die Arbeit eines
Computers. Aus sogenannten **Gattern** (engl. <u>gates</u>) entstehen
bestimmte Schaltglieder, die zum Speichern und zum Zählen,
also für die Grundoperationen eines Computers verwendet werden. Diese Schaltelemente beantworten mehrere Millionen Male
in der Sekunde die Frage: "Liegt ein positiver oder ein nega-
tiver Zustand vor?", oder ausgedrückt in der Sprache der Informatiker: "Ist ein Bit gesetzt oder nicht ?" Und diese un-
gezählten Bits werden im Laufe der täglichen Tätigkeit kombiniert, sortiert, analysiert, gruppiert, verknüpft und ver-
schoben. Drei logische Grundschaltungen sind dafür verantwortlich, daß diese Operationen auch in der rechten Art und
Weise vonstatten gehen:

<u>Fig. 33:</u> Logische Schaltelemente und ihre Darstellung

Realisiert werden diese Gatter durch Transistoren, die Grundschaltelemente der Computer moderner Generationen. So bilden
zwei Transistoren ein UND-Gatter, wenn sie an eine Leiterbahn
angeschlossen sind. Durch diese Leiterbahn kann nur dann
Strom fließen, wenn die Schalter beider Transistoren Strom
durchlassen (Stromfluß wird hier durch eine 1 dargestellt):

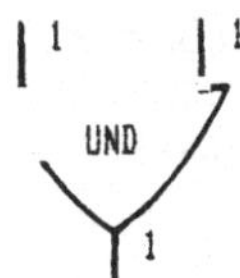

Das UND im UND-Gatter funktioniert damit analog zum LISP AND.
Nur wenn beide Argumente wahr sind, bei einem UND-Gatter also
beide Zuleitungen Strom führen, kann auch das Resultat wahr
sein, d.h. der Ausgang führt ebenfalls Strom.Völlig analog
kann man nun ein ODER-Gatter sehen:

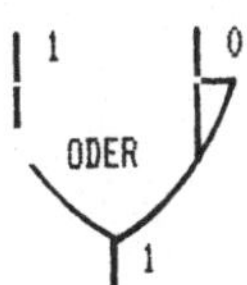

Führt nämlich eine der beiden Zuleitungen Strom (im LISP OR
wäre eines der beiden Argumente von OR wahr), dann ist die
Gesamtverknüpfung wahr, d.h. die Ausgangsleitung führt Strom.

Ein NICHT-Gatter schließlich, auch **Inverter** genannt, kehrt
den jeweils an der Eingangsleitung liegenden Stromimpuls um
und ist damit äquivalent zum NOT in LISP.

Durch geschickte Kombination der logischen Gatter kann man
nun mehr oder weniger komplexe Schaltungen aufbauen. Aus zwei
UND-Gattern, einem ODER- und einem NICHT-Gatter z.B. kann man
einen Addierer bauen, der die zugegebenermaßen recht einfache
Addition 1+1 durchführen kann:

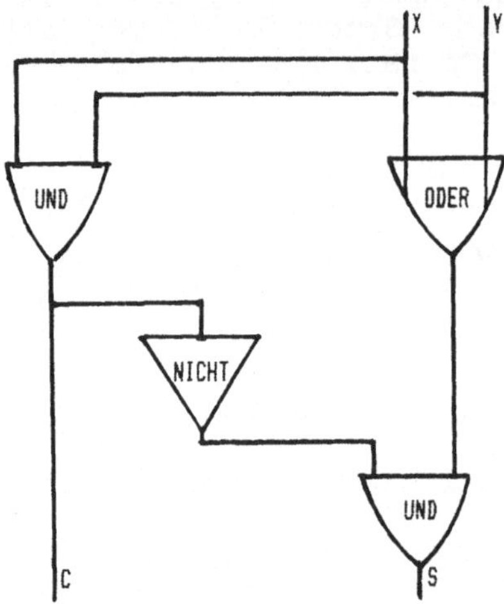

<u>Fig. 34:</u> Logische Schaltelemente im Verbund (Halbaddierer)

Bei einer Schaltung der in Fig. 30 gezeigten Art handelt es
sich um einen sogenannten **Halbaddierer.** Eine solche Schaltung
kann nur zwei Werte addieren, nicht aber einen Übertrag ausführen. Sie hat zwei Eingangsbahnen (x und y), sowie zwei
Ausgangsbahnen (C = engl. <u>carry</u> - <u>Träger</u>) und (S = engl. <u>sum</u>
- <u>Summe</u>). Nehmen wir einmal positive Werte, also den Wert 1,
als Eingangswert für die Eingangsbahnen an. Das UND-Gatter
oben links hat dann als Ausgangswert 1. während das ODER-Gatter den Ausgangswert 0 hat. Folglich liegt an S die 0 und an
C die 1 an. In einer Wertetabelle können wir die jeweils re-
sultierenden Werte darstellen:

x	y	C	S
0	0	0	0
1	0	0	1
0	1	0	1
1	1	1	0

<u>Fig. 35:</u> Wertetabelle für einen einfachen Halbaddierer

Man sieht, der Ausgangswert für C ist 0, wenn nicht beide
Eingangswerte 1 sind. Folgende Konventionen kann man nun für
einfache Additionen treffen:

```
0 + 0 = 0   weder C noch S führen Strom
0 + 1 = 1   C führt keinen Strom, S führt Strom
1 + 0 = 1   C führt keinen Strom, S führt Strom
1 + 1 = 2   C führt Strom, S führt keinen Strom
```

Übrigens gibt es noch weitere Alternativen, einen Halbaddierer zu konstruieren, der genau die gleichen Resultate erzeugt. In Fig. 4-2 in Mano (S. 92) sind diese dargestellt.

Um auch Überträge verarbeiten zu können, verknüpft man zwei
Halbaddierer zu einem **Volladdierer**, wobei der erste Halbaddierer dem zweiten 'zuarbeitet'.

Nach dem Prinzip des Zusammenschaltens immer neuer Gatter,
hardwaretechnisch realisiert durch Transistoren, werden auch
die komplexeren Rechenwerke der CPU aufgebaut. Da man heute
Hunderttausende von Transistoren auf einem fingernagelgroßen
Chip unterbringen kann, die Leiterbahnen mikroskopisch dünn
sind und innerhalb von milliardstel Sekunden die Impulse auf
die Leiterbahnen gegeben werden können, kann man leicht Ermessen, wie die gewaltige Leistung von Computern zustande
kommt.

Doch eines sollte man nicht vergessen: Bei aller Komplexität
eines Computerprogramms werden intern doch nur Bits verarbeitet. Grundvoraussetzung dafür sind die logischen Schaltungen,
die Gatter.

7.3. Anhang C

<u>Das Arbeiten mit Editierungsprogrammen</u>

Bei den meisten höheren Programmiersprachen benötigt man sogenannte **Editierungsprogramme** oder kurz **Editoren**, um auf
effektive Art und Weise Programme erstellen und verändern zu
können. Es handelt sich dabei im Grunde genommen um Textver-
arbeitungsprogramme, die in manchen Fällen noch besondere **De-
bugging-** (Programmierhilfe) Funktionen enthalten. Diese Editierungsprogramme befinden sich zumeist in besonderen Dateien, die in der Regel erst einmal aufgerufen werden müssen,
damit man mit ihnen arbeiten kann. Lediglich der BASIC Editor
wird im DOS beim Aufruf des BASIC Interpreters mitgeladen.
Daher befindet man sich beim BASIC automatisch im Program-
mier- und Editiermodus. Bei den besprochenen KI-Programmiersprachen muß der jeweilige Editor erst gesondert geladen werden. (Da das IFPROLOG keinen eigenen Editor hat, wurde der
PC-WRITE Editor als Editor für das IFPROLOG verwendet).

Die folgenden Übersichten zeigen, wie der jeweilige Editor
geladen und wie mit ihm gearbeitet wird.

Funktion	Aufrufen des Editors
muLISP	vom muLISP Interpreter mit: **(rds edit)**[2]
GCLISP	vom GCLISP Interpreter mit: **CTRL E**
IFPROLOG	vom IFPROLOG Interpreter mit: **dos(ed)**.

<u>Fig. 36:</u> Editoraufruf

Im Editor selbst können nun Dateien erstellt, gelöscht bzw.
verändert werden.

Funktion	Erstellen einer Datei
muLISP	**(edit** <Dateiname>)
GCLISP	**(ed** "<Dateiname>")
IFPROLOG	(wahlweise einen Dateinamen einsetzen)

<u>Fig. 37:</u> Dateierstellung

Im Golden-Common LISP kann man auch nach dem Schreiben einer
Datei dieser einen Namen geben. Das geschieht mit CTRL X und

---

[2] Eine weitergehende Möglichkeit erlaubt es, sogenannte SYS-
Dateien in muLISP anzulegen. Tut man dies für den Editor,
so läßt er sich wesentlich schneller durch **(load edit)**
laden.

CTRL W oder alternativ durch die Funktionstaste F 10. Man
wird dann aufgefordert, einen Dateinamen einzugeben.

Funktion	Speichern einer Datei
muLISP	**CTRL ALT S**
GCLISP	**CTRL X CTRL S** oder alternativ **F9**
IFPROLOG	**F1** --> Rückkehr zum Hauptmenü, dann **F3**

<u>Fig. 38:</u> Dateispeicherung

Anschließend will man zurück in den Interpreter, um die neue
Datei auszuprobieren:

Funktion	Verlassen des Editors
muLISP	**CTRL ALT A, L** (für LISP)
GCLISP	**F1**
IFPROLOG	**F1 F2**

<u>Fig. 39:</u> Verlassen des Editors

Nun kann man die neue Datei laden und zum Ablauf bringen:

Funktion	Laden einer Datei
muLISP	im muLISP Interpreter mit: (**rds** <Dateiname>)
GCLISP	im GCLISP Interpreter mit: (**load** "<Dateiname>")
IFPROLOG	folgende Möglichkeiten:
	consult(<dateiname> **).** oder [<dateiname>].
	reconsult(<dateiname>**).** oder [-<dateiname>].

<u>Fig. 40:</u> Dateiladen

Bei den Lade- und Speicherbefehlen von Dateien kann wahlweise
jeweils auch eine Laufwerkkennung angegeben werden, wenn
nicht auf dem Standardlaufwerk gespeichert/geladen werden
soll:

```
z.B.: (rds a:prog1)            muLISP
      (load "b:prog1")         GCLISP
      reconsult( 'b:prog1' ).  IFPROLOG
      [-'b:prog1`].
```

Über die grundlegenden Editierungsaufrufe hinaus sehen die
LISP-Editoren noch eine Reihe von speziellen Editierungsfunktionen vor, die ganze Zeilen löschen (**CTRL K**), sich im Editor
bewegen (**Home**) usw. Spezielle Kombinationen von Tasten sehen
darüberhinaus noch ein Debugging vor. Sie können einzelne
LISP Funktionen auf Richtigkeit überprüfen. Dazu fährt man

auf den Anfang einer Funktion (also auf die erste DEFUN-Klam-
mer) und ruft die entsprechende Tastenkombination auf:

Funktion	LISP-Debugging
muLISP	**CTRL Z, E, CTRL Z,** ! durch (**return**) kommt man zu- rück in den Editor
GCLISP	**ALT 1,** Leertaste

<u>Fig. 41:</u> LISP-Debugging

Weitere Debugging-Hilfen sind die Klammertestverfahren der
beiden LISP-Editoren. Durch Aufblinken der jeweiligen Gegenklammer wird dem Benutzer eine wichtige Hilfe gegeben, syntaktisch korrekte Programme zu erstellen.

Editoren sind also nicht nur Benutzeroberflächen zum Erstellen wirkungsvoller Programme sondern auch nützliche Hilfen
bei deren Überprüfung. Zu einem großen Teil werden die Funktionen eines Editors über Sondertasten wie z.B. Kombinationen
von CTRL und ALT oder die Funktionstasten gesteuert. Bevor
man also effektiv mit einem Editor arbeiten kann, sollte man
sich die Belegung der Sondertasten im jeweiligen Handbuch ge-
nauestens ansehen.

Daß aufwendige Editierungsprogramme ihren Preis haben, kann
man bei den beiden LISP-Editoren feststellen. Zum einen dauert der Ladevorgang seine Zeit, zum anderen verbleibt nur
noch ein gewisser Teil des Arbeitsspeichers zum Erstellen der
Programme. Letzteres gilt insbesondere für das Golden-Common
LISP. Der PROLOG Editor lädt sich dagegen sehr schnell, läßt
aber auch einige zusätzlichen Hilfen vermissen.

Literaturverzeichnis

<u>Abkürzungen:</u>

ACM   = Association for Computing Machinery
AI   = Artificial Intelligence
CACM   = Communications of the Association for Computing
         Machinery

Abeld, G. 1979. BASIC. Stuttgart: Frech Verlag.

Abrams, M.D. & Stein, P.G. 1973. Computer Hardware and Software. New York: Addison Wesley.

Allen, J. 1978. Anatomy of LISP. New York: McGraw Hill.

Barr, A. & Feigenbaum, E. A. (eds.). 1981. The Handbook of Artificial Intelligence. (Vol. I). London: Pitman.

Barr, A. & Feigenbaum, E. A. (eds.). 1982. The Handbook of Artificial Intelligence. (Vol II). London: Pitman.

Barron, D.W. 1977. An Introduction to the Study of Programming Languages. Cambridge University Press.

Berwick, R. & Weinberg, A. 1984. The Grammatical Basis of Linguistic Performance. MIT press.

Besag, F.P. & Levine,, L.P. 1984. BASIC for Teachers. London: Sage Publications.

Bratko, I. 1986. PROLOG - Programming for Artificial Intelligence. Amsterdam: Addison-Wesley.

Bundy, A. (ed.) 1980. Artificial Intelligence. Edinb. Univ.Press.

Charniak, E. & McDermott, D. 1985. Introduction to Artificial Intelligence. New York: Addison-Wesley.

Charniak, E., Riesbeck, C. & McDermott, D. 1979. Artificial Intelligence Programming. New Jersey: Lawrence Erlbaum Ass.

Clark, K.L. & McGabe, F.G. 1984. micro-PROLOG: Programming in Logic. New York: Prentice Hall.

Clocksin, W.F. & Mellish, C.S. 1984. Programming in PROLOG. Berlin: Springer Verlag.

Coxhead, P. 1987. Starting LISP for AI. Oxford: Blackwell.

Cutler, D.I. 1972. Introduction to Computer Programming. New Jersey: Prentice-Hall.

Davis, G. 1977. Introduction to Computers. New York: McGraw Hill.

Ditfurth, H.von & Arzt, V. 1984. Dimensionen des Lebens. München: Deutscher Taschenbuch Verlag.

Farber, D,J., Griswold, R. & Polonsky, I.P. 1964. SNOBOL. A String Manipulation Language. JACM 11: 21 - 31.

Flores, I. 1971. Computer Programming. New York: Prentice-Hall.

Ford, N. 1987. How machines think. Chichester: Wiley & Sons.

Friedman, D. 1974. The Little LISPer. Chicago: Scientific Research Associates Inc.

Funkhouser, R. 1985. BASIC auf dem IBM PC. München: Hanser.

Garavaglia, S. 1987. PROLOG. New York: Harper & Row.

Garside, R.G. 1980. The Architecture of Digital computers: Oxford University Press.

Goldstein, L.L. 1985. Goldsteins IBM PC Buch. München: Hanser.

Graham, N. 1983. Artificial Intelligence: Make Machines "think". TAB Books Inc.

Hahn, R. 1981. Höhere Programmiersprachen im Vergleich. Wiesbaden: Akademische Verlagsgesellschaft.

Hasemer, T. 1984. A Beginner's Guide to LISP. Amsterdam: Addison-Wesley.

Higman, B. 1971. Programmiersprachen. Eine vergleichende Studie. Leipzig: Teubner Verlagsgesellschaft.

Hill, I.D. & Meek, B.L. (eds.). 1980. Programming Language Standardisation. Chichester: Ellis Horwood Publishers.

Hofstadter, D. 1979. Gödel, Escher und Bach: Ein endloses geflochtenes Band. Stuttgart: Klett (deutsche Ausgabe).

Holtz, F. 1985. LISP: The Language of Artificial Intelligence. Blue Ridge Summit: TAB Books Inc.

Kahn, K. 1983. Pure PROLOG in Pure LISP. Logic Programming Newsletter 5.

Kindred, A.R. 1976. Introduction to Computers. N.Y.: Prentice Hall.

Koffman, E. & Friedman, F. 1984. Problem Solving in Structured BASIC-PLUS and VAX-11 BASIC. New York: Addison-Wesley.

Ladd, S. 1986. The Computer and the Brain. New York: Bantam
     Books.

Malvino, A. 1977. Digital Computer Electronics. New York: Mc-
     Graw-Hill.

Mano, M.M. 1972. Computer Logic and Design. New Jersey: Pren-
     tice-Hall.

Marcus, M. 1980. A Theory of Syntactic Recognition for Natu-
     ral Language. MIT Press.

Maurer, W.D. 1972. A Programmer's Introduction to LISP. New
     York: American Elsevier Inc.

Mazda, F.F. 1969. The Components of Computers. Rank Xerox De-
     velopment Laboratory.

McCarthy, J. 1978. History of LISP. ACM 13: 217-223.

McCord, M. 1986. Natural Language Processing and PROLOG. IBM
     T.J. Watson Research Center, PO Box 218, New York:
     Yorktown Heigths.

Müller, D. 1985. LISP. Mannheim: Hain-Druck GmbH.

Nilsson, M. 1984. The World's Shortest PROLOG Interpreter ?.
     In: Campbell, J.A. (ed). Implementations of PROLOG.
     Chichester: Ellis Hoorwood Ltd.

Osborne, A. 1978. Microcomputer-Grundwissen. München: Te-Wi
     Verlag.

Peterson, W.W. 1974. Introduction to Programming Languages.
     New Jersey: Prentice Hall.

Pylyshyn, Z.W. (ed.). 1970. Perspectives on the Computer Re-
     volution. New York: Prentice Hall.

Queinnec, C. 1983. LISP. Basingstoke: Macmillan Publishers.

Rogers, L.B. 1986. A Prolog Primer. Amsterdam: Addison-Wes-
     ley.

Rosen, S. 1967. Programming Systems and Languages. New York:
     Mac-Graw Hill.

Sammet, J.E. 1969. Programming Languages: History and Funda-
     mentals. New Jersey: Prentice-Hall.

Schleuder, G. 1972. Periphere Geräte in der Datenverarbei-
     tung. München: Hanser.

Schmidt, R.N. & Meyers, W.E. 1970. Introduction to Computer
     Science and Data Processing. New York: Holt.

Schoffa, G. 1987. Die Programmiersprache LISP. München: Francis Verlag.

Siklossy, L. 1976. Let's Talk LISP. New York: Prentice Hall.

Steele, G. 1984. Common LISP: The Language. Hanover, Mass.: Digital Press.

Sterling, L. & Shapiro, E. 1986. The Art of PROLOG. Massachusetts: MIT Press.

Steinacker, I. 1984. Intelligente Maschinen? In: L. Richter & W. Stucky (eds.). Artificial Intelligence: eine Einführung. Stuttgart.

Stoyan, H. 1980. LISP. Berlin (Ost): Akademie Verlag.

Stoyan, H. & Görtz, G. 1984. LISP - Eine Einführung in die Programmierung. Berlin: Springer Verlag.

Torrance, S.B. (ed.). 1984. The Mind and the Machine. Chichester: Ellis Horwood Ltd.

Touretzky, D.S. 1984. LISP: A Gentle Introduction to Symbolic Computation. New York: Harper & Row.

Vester, F. 1978. Denken, Lernen, Vergessen. München: Deutscher Taschenbuch Verlag.

Voß, W. 1985. Einführung in die Künstliche Intelligenz. Düsseldorf: Data Becker GmbH.

Warren, D, & Perreira, F. 1980. Definite Clause Grammars for Language Analysis. AI 13.

Warren, D., Perreira, L.M. & Perreira, F. 1977. PROLOG - the Language and its Implementation Compared with LISP. Proceedings of the ACM (Symposium on Artificial Intelligence and Programming Languages -SIGART/SIGPLAN), Rochester, New York: S. 109-115.

Weizenbaum, J. 1963. Symmetric List Processor. CACM.

Wilensky, R. 1984. LISPcraft. New York: W.W. Norton Comp.

Winograd, T. 1972. Understanding Natural Language. New York: Academic Press.

Winograd, T. 1983. Language as a Cognitive Process. New York: Addison-Wesley.

Winston, P.H. 1984. Artificial Intelligence. New York: Addison -Wesley.

Winston, P.H. & Horn, B.K. 1984. LISP. London: Addison-Wesley. 2nd Edition.

IF/PROLOG User's Manual, Version 2.0. Interface Computer GmbH.

Golden Common LISP Manual, Version 1.01. 1985. Cambridge, Mass: Gold Hill Computers.

muLISP-86 Reference Manual. 1986. Honolulu: Soft Warehouse Inc.

<u>dazu:</u> PM Computerheft 1983-1986, München: Gruner & Jahr Verlag.

Sachwortverzeichnis

(a) allgemein

Die Hinweise auf die Programmiersprachen LISP und PROLOG beziehen sich aus verständlichen Gründen im wesentlichen nur auf die Kapitel 1,2,3 und 6.

Abacus   3
ACE   7
ADA   37
Adjektiv   115,132,143ff
Affix   150
Aiken, Howard   6
Aktionsart   151
ALGOL   35/36
Algorithmus   35,50
ALPAC-Report   19
Alternativfrage   98
Analytical Engine   5
APL 36
Argument   64
Artificial Intelligence   11, 12ff
ASCII   278,279ff
Assembler   34
Assoziationsliste   125ff
ATN   152, 185ff
Atom   62ff,131
Aussagesatz   95ff
Auto-Quoting   67
Auxiliarverben   155

Babbage, Charles   5,6
Backtracking   41,222
BASIC   36
Betriebssystem   18,48ff
Binärzahl   33,276ff
Bit   33,276ff
Boole, George   5
Bottom-Up Verarbeitung   251
Byte   30,278

Church, Alonso   81
COBOL   35/36
Colmerauer, Alain   211
COLOSSUS   7
Common-LISP   39,58
Computergeneration   7ff,21
Connection Machine   17
CONNIVER   41
CP/M   48
CPU   27

Dartmouth College   10
DARPA   39
Datenbank   18,
Datenausgabe   27,107ff,
Dateneingabe   27,107ff,
debugging   15,259,291
deklarativ   211,257ff
DENDRAL   11
Determiner   79,
Dezimalsystem   4,277
Dialogsystem   20,
Difference Engine   5
DOS   48ff
Dualcode   33,277ff

Eckert, J. Presper   7
Editieren   289ff
Editor   49,81,289
Eigenschaftsliste   125ff
Einbettung   258
Elektronengehirn   9
ELIZA   40
ENIAC   7
ENIGMA   7
Entscheidungstabelle   51,52
Evaluierung   65
Expertensystem   11,13,19

Feigenbaum, Edward   11
Festplatte   32
Floppy Disk   32
Flußdiagramm   51,52
FORTH   37
FORTRAN   34ff
Fragesatz   95
Funktion (LISP)   63ff
Funktion (Syntax)   148,151ff
Funktor   214

Garbage Collection   191
Gatter   6,286
Gehirn   9,10
Genus   125
globale Variablenbindung   68
Graduierbarkeit   133
graphemisch   132,133

Halbaddierer   288
Hardware   27
Hexadezimalsystem   282,283
Hollerith, Hermann   6

Imperativ   74ff
Infinitiv   131ff
Infix-Notation   64
Instantiierung   222
integrierter Schaltkreis   8
Intelligenz   9,10
interaktive Verarbeitung   149
intransitiv   144
Inverter   287
ISO   52
Iteration   112,120ff

Kante   116,186ff
Kantenbedingung   186ff
Kasus   174ff
Klausel   97ff
Komparativ   133
Komponente (PROLOG)   214
Konsonant   133
Konstante   214
kontext-frei   241

Laden (LISP)   61
Laden (PROLOG)   213
Lambda   81
Lautanalyse   17,148
Leibniz   4,5,276
Lexikon   50,118,122,125,
    148ff,155ff
LISP   37ff,55ff,
- INTERLISP   57
- MACLISP   57
- FRANZLISP   57
- UCI-LISP   57
- TLC-LISP   57
- LISP-MASCHINEN-LISP   57
- Common-LISP   58
- muLISP   58
LISP Maschine   41
Liste   38,61
Liste (LISP)   62ff
Liste (PROLOG)   226ff
Listen-Konstruktor   74ff
Listen-Selektor   70ff
LOGIC THEORIST   10
logisches NICHT   96
logisches ODER   94
logisches UND   93
LOGO   37
lokale Variablenbindung   68,
    70,146

MARK I   6
maschinelle Übersetzung   19
Mauchley, John   7
Maus   31
Maschinensprache   34ff
MBASIC   59
McCarthy, John   11,39,57
McCulloch, Warren   9
Mehrdeutigkeit   16
Merkmal   126,
Mikrochip   8,22,28
Mikroprozessor   8
Modul   182,240
Modularisierung   239ff
Monitor   47
Morphem   132
Morphologie   131ff,
morphologische Komponente   148,
    150,164ff
MYCIN   12

natürlichsprachliches System
    16ff,21,148ff
Neumann, John von   7
Neuronales Netz   9
Newell, Alan   10
Nomen   115ff
Nominalphrase (NP)   79,115ff,
    170ff
NP-Analyse   169ff
Numerus   74,171
Numerus-Kongruenz   74

OASIS   48
Operand   64
Operator   64,215

Paradigma   131
parallele Verarbeitung   17
Parsen   57,148ff
Parser   84,116ff,148ff
Partnermodellierung   149
PASCAL   4,35
Passicsatz   154,181
pattern matching   221 2
pattern recognition   14
Peripherie   30ff
Perreira, Luis   211
phonetisch/phonologisch   132,148
PLANNER   41
Pointer Technik   38
POP-2   41
Prädikat
- LISP   76ff
- PROLOG   214,219ff
Präfix-Notation   64,215
Präposition   113

Präpositionalphrase   113,173
Pragmatikkomponente   148
Primitiv   63
PROLOG   40ff,211ff
- DEC-10-PROLOG   211
- IFPROLOG   212,213ff
- Micro Prolog   212
- PROLOG 1   212
- Turbo Prolog   212
Prompt   61
PROSPECTOR   13
Prozedur   63
prozedural   52,211,257ff

RAM   29
Rechenwerk   28
Register   29,153
Rekursion   112ff
Relativsatz   75,113
Roboter   13
ROM   29

S-Ausdruck   62ff
SAIL   41
Satzeinbettung   112
Satzklammer   153
Satzkoordination   114
Satztypen   92,153
Schickard   4
Schnittstelle   30,47
Semantikkomponente   148
serielle Verarbeitung   17
sequentiell   149
Shannon, Claude   11
SHRDLU   41
Simon, Herbert   10
Simulation   12,20,152
SLIP   40
SNOBOL   37
Speicher   29ff
Speicherzugriff   32
Sprachgenerierung   20,132
Standardwert   163
Steuerwerk   28
String   37,133ff
Struktur (PROLOG)   214

Sub-Level   77
Subordination   114
Suffix   139,164ff
syntaktische Kategorie   116,150
Syntax   148ff
Syntaxalgorithmus   167ff.
Syntaxkomponente   148
Syntaxtheorien   152

Taktfrequenz   28
Tempus   141,177ff
Term   222
Terminal   31
Top-Down Verarbeitung   241
Top-Level   77
Transformation   153ff,181
Transistor   7
Turing, Alan   7,8

UCSD-p   48
Übergangsnetzwerk   116,186ff.
UNIX   48

Vagheit   16
Variable   68ff,214ff
Variablenbindung   68
Variableninstantiierung   222
Verbanalyse   139ff,176ff
Verbendstellung   153,154
Verbform   131,141
Verbstamm   131
Vokativ   169
Volladdierer   288

w-Frage   101,169
Warren, David   211
Weaver, Warren   19
Wertetabelle   93,94
Wortbildung   132
Wortklasse   125,136
Wortstamm   136

Zählen   4
Zahnrad   4
Zuse, Konrad   6
Zustand   116
Z3   6

(b) LISP Primitiva

Bei den angegebenen Seitenzahlen handelt es sich um den Haupthinweis, in dem die jeweilige Argumentstruktur des Primitivs vorgestellt, bzw. das Primitiv erwähnt wird.

AND	92		PROGN	183
APPEND	77		QUOTE	66
ASSOC	126		PACK	135
ATOM	87		POP	72
CAR	70		PRIN1	109
CDR	71		PRINC	109
C...R	73		PRINT	109
CLEAR-SCREEN	109		PRINT-LENGTH	138
COND	97		PUSH	75
CONS	74		RDS	119
DELETE	179		READ	107
DEFUN	81		RATOM	162
DO	120		RETURN	123
ENDP	89		REVERSE	77
EVAL	183		RPLACD	264
EQL	90		SET-CURSOR	162
EQUAL	90		SETF	127
GET	127		SETQ	68
IF	103		SPACES	162
LAMBDA	263		STRING-UPCASE	162
LENGTH	89		SUBSTRING	138
LET	146		SYMBOLP	87
LIST	77		UNPACK	134
LISTP	87		T	86
LOOP	120		TERPRI	109
MAPCAR	263		WHEN	103
MEMBER	90		WRITE-BYTE	182
NIL	71		WRITE-LINE	109
NOT	96		<	88
NTHCDR	174		>	88
NUMBERP	87		=	88
NULL	89		+	64
OR	94		−	138

(c) LISP-Funktionen

Dabei handelt es sich um Funktionen, die weder dem in 4.10. vorgestellten Syntax-Parser angehören noch in den Übungsaufgaben vorkommen. Die Seitenzahl bezieht sich auf den ersten Verweis der jeweiligen Funktion.

ANALYSE   121
ANALYSIERE-IMPERFEKT   142
ANALYSIERE-SUFFIX   142
APPEND   232
ASCII   280
BEFEHLSSATZ   108
BINDE-WERT   264
DATEN-LIST   266
DEFINIERE-NOMEN   128
EVAL-ASS   267
FINDE   267
FORME-UM   266
FRAGE-TEST   95
GET-MERKMALE   258
GET-WERT   265
LAST   230
LESE-NOMEN   129
LEX-CHECK   122
MACH-ADJ   145
MACH-STAMM   139
MACH-SUFFIX   142
MATCH   268
MEMBER   230
PARSE-ADJ-ODER-NOMEN   117
PARSE-DET   117

PARSE-NOMEN   119
PARSE-NP   117
PARSE-PREP   119
PRIMITIVA   261
PROLOG   265
PROL-EVAL   267
PROMPT   261
SATZANFANG   225
SATZ-TEST   94
SATZ-TYP   86
SPEZ-TEST   127
START   118,145
SUCHE   137
TEMPUS-TEST   141
TESTE-VERB   145
VERTAUSCHE   83
VIELFRASS   115
UNDEF   220
W-SATZ-TEST   96
WEITER   269
WORT1-OUT   82
X-APPLY   263
X-EVAL   262
X-EVAL-COND   264
X-LISP   261

(d) vordefinierte PROLOG-Prädikate/Operatoren

Die Seitenzahlen beziehen sich jeweils auf die erste Ewähnung des Prädikats.

append   230
asserta   216
assertz   216
atom   247
consult   217
cut   223
end_of_file   213
fail   226
dos   213
get   233
get(0)   237
is   236
listing   216
member   230
name   237

nl   232
nonvar   247
notrace   226
op   245
put   232
read   232
reconsult 217
retract   217
tab   234
trace   225
write   233
>   236
<   236
+   236
=..   247
/* */   239

(e) selbstdefinierte PROLOG-Prädikate/Operatoren

anfang   236
ascii   280
car   228
cdr   228
change   249
check   234
det   241
drucke_kette   235
ein   245
eingabe   236
ein_wort   237
ermittle_woerter   237
gen_mehrdeutig   223
hole_default   223
imperativ_subjekt   221
interpreter   246
ist_liste   248
kleinschreibung   236
last   228
linke_seite_regel   247
mach_liste   236
nomen   241
np   241

np_mehrdeutig   223
parse   249
rechte_seite_regel   247
s   241
s_mehrdeutig   223
satzanfang   225
satz_eingabe   249
start   240
test_adj   250
test_det   250
test_nomen   250
test_nomen_end   250
test_verb   250
uebersetze   246
umformung   247
undef   219
verb   241
verknuepfe   248
vielfrass   234
vp   241
wandle_um   234
-->   217

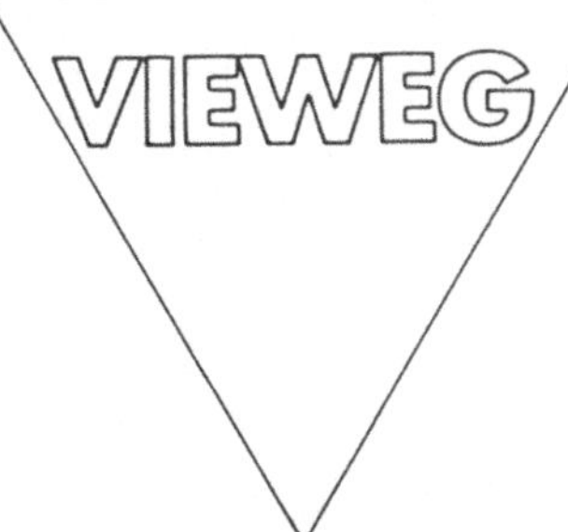

Bücher zu Algorithmen und Datenstrukturen

Dietmar Hermann

Datenstrukturen in Pascal und BASIC

Mit 12 Pascal- und 8 BASIC-Programmen. Hrsg. von Harald Schumny. 1984. VI, 58 S. 16,2 x 22,9 cm. (Programmieren von Mikrocomputern, Bd. 10.) Kart.

Inhalt: Aufzählungs- und Unterbereichstyp – Menge – Verbund – Feld – Liste – Stack – Schlange – Baum – Heap – Graph.
Die Programmierung von Algorithmen wird ganz wesentlich von der Art der gewählten Datenstruktur mitbestimmt. Welche Unterschiede es in Pascal und BASIC bei diesen Datenstrukturen gibt, zeigt dieses Buch. Anhand von Feldern, Verbunden, Mengen, Listen, Stacks, Schlangen, Graphen und Bäumen wird nicht nur ein Einblick in diese wichtigen Datentypen gegeben, sondern es werden auch die Sprachunterschiede herausgearbeitet.

Dietmar Herrmann

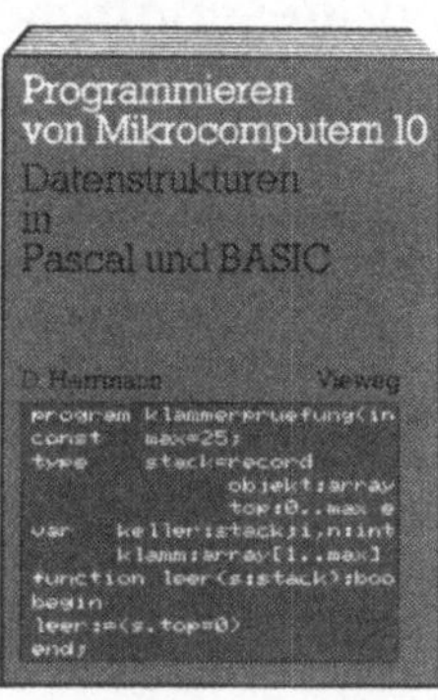

Programmierprinzipien in BASIC und Pascal

Mit 12 BASIC- und 13 Pascal-Programmen. Hrsg. von Harald Schumny. 1984. VII, 59 S. 16,2 x 22,9 cm. (Programmieren von Mikrocomputern, Bd. 11.) Kart.

Inhalt: Top-down-Methode – Algebraische Umformungen – Rekursion – Iteration – Backtracking-Verfahren – Teile- und Herrsche-Prinzip – Heuristische Methoden – Greedy-Methoden – Rückwärtsrechnen – Simulation.
Programmierprinzipien ermöglichen es, komplizierte Algorithmen übersichtlich und elegant zu programmieren. Wie sinnvoll es ist, nach bestimmten Verfahren das Programmieren zu strukturieren, wird jeder verstehen, der bereits Erfahrungen mit komplexen Problemstellungen sammeln mußte. Einige dieser grundlegenden Programmiertechniken werden hier vorgestellt: Top-down-Prinzip – Rekursion – Iteration – Backtracking-Verfahren – Teile- und Herrsche-Prinzip – Greedy-Algorithmen.
Anhand von 12 BASIC- und 13 Pascal-Programmen wird die Realisierung diskutiert.

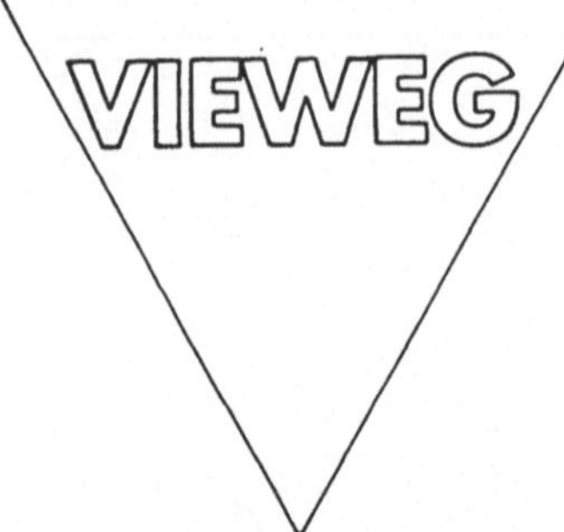

Ekbert Hering und Karl Scheurer

Fortgeschrittene Programmiertechniken in Turbo Pascal

1986. X, 148 S. 16,2 x 22,9 cm. (Programmieren von Mikrocomputern, Bd. 19.) Kart.

Das erste Anliegen dieses Buches ist es, dem Leser die Erstellung von Standardroutinen zu demonstrieren, d. h. Prozeduren und Funktionen zu entwickeln, die häufig auftretende Problemstellungen in sauberer, reproduzierbarer Weise bewältigen. Um dies zu erreichen, verzichten die Autoren darauf, allgemeine, praxisfremde Probleme zu behandeln, sondern beschreiben vielmehr Routinen aus der Praxis. Jede Prozedur und jede Funktion wurde in der hier vorliegenden Form auf mindestens zwei verschiedenen Rechnern (Tandy Modell 1000, Siemens PC-D) gründlich ausgetestet.

Das zweite Anliegen dieses Buches ist es, die Routinen gut zu schreiben. Dazu werden dem Leser folgende Prinzipien vermittelt:

Programmentwurf, Benutzerfreundlichkeit, Zuverlässigkeit und **Effizienz.**

Dieses Buch bietet eine Fülle von Standardroutinen.

Die Auseinandersetzung mit der Vorgehensweise beim Programmieren, bzw. mit den Überlegungen, die den Entwurf und die Implementierung beeinflußt haben, geben dem Benutzer genügend Anregungen für eigene Programmentwicklungen.

Die Software zum Buch:
5 1/4"-Diskette für IBM PC und Kompatible unter MS-DOS mit Turbo Pascal

Kristina Haussmann

LOGO? LOGO!

Ein Programmierbuch. 1987. VIII, 219 S. mit zahlr. Abb. 16,2 x 22,9 cm. (Programmieren von Mikrocomputern, Bd. 21.) Kart.

Inhalt: Start mit LOGO – Einstieg in die Igel-Grafik – Prozeduren – Igel-Grafik für Fortgeschrittene – Das Arbeiten mit Variablen in LOGO – Ablaufstrukturen in Prozeduren – Rekursion und Iteration – Prozeduren mit einer Ausgabe – Datenstrukturen – Modulares Arbeiten mit LOGO – Der Igel im Achsenkreuz – Programmieraufgaben.

Die Einführung in den Umgang mit LOGO zeigt den Weg vom Problem zum Programm und vermittelt dem Anfänger den Zugang zum strukturierten Programmieren. Eine umfangreiche Beispielsammlung, strategische Spiele und Knobeleien mit spielerischem Hintergrund helfen, zu den aufgezeigten Problemen schnell, sinnvolle und gute Programme zu entwickeln.

Die Software zum Buch:
5 1/4"-Diskette für Apple IIe/c und Kompatible unter DOS 3.3